AUFBRECHEN!

AUFBRECHEN!

Inhalt

Deutschland neu erfinden!

Zum Titel des Buches

Wundert Sie es nicht, dass immer noch wirkliche Autos aus den Fabriken herauskommen, obwohl dort jedes Jahr Tausende von Arbeitnehmern entlassen werden? Dass Banken und Versicherungen immer noch funktionieren, obwohl sie jetzt über beträchtlich weniger Personal verfügen? Wenn wir von Massenentlassungen im Fernsehen erfahren, reagieren wir zunehmend allergisch und wütend. Wir sind schnell dabei, über »Gier« und »Menschenverachtung« zu schimpfen. Wir sind fest überzeugt,

o   dass dadurch die Qualität der Arbeit abnimmt,

o   dass es nicht ewig so weitergehen kann und

o   dass Deutschland das nicht länger tragen kann, denn: »Wohin mit all den Leuten, die keine Arbeit haben?«

So die normale Sicht der meisten von uns, die so nicht stimmt. Die wahre Ursache liegt nicht ursprünglich in uneinsichtigen, gewinnsüchtigen Managern, sondern in einem tief greifenden Wandel der Arbeitswelt begründet, der mit dem Computer anfing, sich mit dem Internet ungeheuer beschleunigte und der nun mit dem Umbau der Kommunikationsinfrastruktur zu ganz extremen Veränderungen führen wird. Für diesen Wandel möchte ich mit diesem Buch den Blick schärfen helfen.

Ich weiß, Sie werden seufzen, wenn ich die schon viel zu oft bemühte Wendung vom radikalen Wandel hier auch verwende. Sie haben diese Phrase vielleicht tausend Mal ungläubig oder verbittert gehört – von obskuren Visionären bis hin zu Managern, die mit der Notwendigkeit des radikalen Wandels jede noch so barbarische Zwangsmaßnahme im Unternehmen begründeten. »Wind of Change«, »Umbau«, »Neuaufstellung«, »kein Stein auf dem anderen«, »alles auf den Prüfstand«, »jeden feuern, der nicht voll mitzieht, alle anderen später auch«! Durch solche mitarbeiterfeindlichen Parolen wird die Diskussion um den Wandel entweder ganz unterdrückt oder geht bei jedem Versuch sofort in Lagerkämpfen unter.

Dabei ist die Lage wirklich sehr ernst. Ich will Ihnen zeigen, wie die Dienstleistungsberufe in den nächsten Jahren gnadenlos optimiert und automatisiert werden. Vielleicht die Hälfte aller Deutschen wird sich einen neuen Job suchen müssen oder in einen anderen hineinwachsen. Ja, es gibt einen Niedergang vieler lieb gewonnener und klassischer Berufe, aber auf der anderen Seite auch viele aufstrebende Bereiche in mehr akademischen, technischen und kreativen Sektoren, wo es sich gut arbeiten lässt. Den Niedergang menschlicher Berufe durch Automatisierung halten wir nicht auf. Er vollzieht sich automatisch im Zuge von normalen Effizienzbestrebungen, die wir langsam schon als »Sparwahn« empfinden. Wir müssen mit der Entrüstung aufhören, uns verabschieden und umorientieren. Ich könnte sagen: Deutschland als Land muss sich einen neuen Job suchen.

Den gibt es! Fragen Sie nicht immer wieder, als wollten Sie, dass es besser keine Antwort darauf gäbe, auf die hin man hart arbeiten muss: »Wo gibt es gut bezahlte, interessante und erfüllende Arbeit?« Die gibt es, ganz klar: in einer Exzellenzgesellschaft. Das muss eine Wissensgesellschaft sein, in die wir alle mitnehmen, eine ganz und gar unelitäre Veranstaltung. Exzellenz für alle, die wir am besten nach bewusster Entscheidung plan- und druckvoll aufbauen müssen AUFBRECHEN! Das ist die Forderung der Zeit. Wir dürfen nicht festkleben an alten Strukturen und müssen uns als Land und Kultur in eine neue Zeit transformieren.

Was viele Gurus schon ganz lange sagen, wird heute, durch Computer und Internet, notwendig und gleichzeitig auch möglich. Internet und Computer automatisieren vieles von »uns« bis über jede Schmerzgrenze hinaus, aber sie machen auch technisch den Weg in eine neue Gesellschaft frei.

Lassen Sie mich die Dramatik des Geschehens durch Beispiele aus Ihrem Alltag aufhellen: Sie gehen in den Supermarkt und kaufen eine Dose gehackte Pizzatomaten für 29 Cents oder ein tiefgefrorenes Hähnchen für

1,49 Euro. Haben Sie einmal darüber nachgedacht, wie diese Dose zu Ihnen kommt? Da haben Mitarbeiter Tomatensamen gekauft und Tomaten angezüchtet. Die Setzlinge kommen in Gewächshäuser und werden gegossen und gedüngt. Die Früchte werden geerntet, gewaschen und zerhackt. Derweil sind Lastwagen mit leeren Dosen gekommen, eine Druckerei bringt Etiketten. Eine Abfüllanlage kombiniert Tomaten, Dosen und Etiketten zum fertigen Produkt. Das wird nun auf Lkws zum Großhandel gebracht und gelagert. Schließlich wandert es als Nachschub in den Supermarkt. Der bezahlt vielleicht 20 Cents für die Dose, die Sie dann für 29 Cents mit nach Hause nehmen. Stellen Sie sich einmal vor, Sie selbst müssten die Tomaten in Heimarbeit herstellen. Sie kaufen also in der Gärtnerei eine angezogene Tomatenpflanze für 33 Cents (schon mehr als die Dose kostet!), kaufen einen Topf und Dünger dafür, zählen die Minuten zum Gießen ... Dämmert Ihnen, welche traumhafte Leistung unserer Industrie darin liegt, die Dose für 29 Cents zu liefern? Im Winter und Sommer? Wenn Sie das noch nicht beeindruckt, wiederholen Sie dieses Gedankenexperiment mit dem Hähnchen. Sie kaufen ein befruchtetes Ei für 23 Cents, lassen es im Ofen ausbrüten, Sie füttern das Küken ein paar Monate, schlachten das Hähnchen, rupfen die Federn, nehmen es aus, reinigen es, verpacken es gut, frieren es ein und verkaufen es einem Supermarkt für 1,15 Euro, damit es dort für 1,49 in der Truhe liegt.

Und dann erinnern Sie sich an den letzten Besuch Ihres Versicherungsvertreters, der Ihr neues Auto versichert hat. Er schreibt den halben Fahrzeugschein ab, ganz gewissenhaft die ellenlange Fahrgestellnummer, und blättert in Risikotabellen. Er diskutiert mit Ihnen, wie viele Kilometer Sie im Jahr zurücklegen und ob die Markise vor dem Haus als schützender Carport im Sinne der Versicherung gewertet werden kann. Zur Sicherheit schreibt er, wie bei jedem Besuch, die Nummer des Kontos auf, von dem die Lastschriften abgehen. Das Ganze dauert eine halbe Stunde, dazu kommen An- und Abfahrt und die Telefonate zur Terminvereinbarung. Der Agent fährt dann nach Hause und bucht alles richtig ein. Die Versicherung wiederum ... Verstehen Sie? Es kostet eine solide Stunde der Versicherung, also etwa 80 Euro und eine gute Stunde von Ihnen selbst, vielleicht 20 Euro in entgangenem Lohn, also 100 Euro. Das sind mehr als 300 Dosen Tomaten oder mehr als 65 Hähnchen!

Und ich sage Ihnen: In näherer Zukunft bekommen Sie eine Autoscheckkarte beim Autokauf dazu! Die zeigt man einem Versicherungsautomaten (der ähnlich aussieht wie die Automaten beim Einchecken im Flughafen) oder dem »Internet«. Piep! Alle Autodaten sind sofort im Automaten drin! Der fragt Sie: »Wollen Sie es zu denselben Konditionen wie das alte Auto versichern? Ja? Nein?« Sie tippen »Ja« und das war's schon. Die Kosten? 10 Cents für den Versicherer und ein paar Euro Ihrer eigenen Zeit.

Dienstleistungen wie beispielsweise das Abschließen von Versicherungen bestehen nüchtern besehen lediglich aus dem Erfassen und Eintippen von Daten aus einem System in ein anderes. Solche Arbeit ist manuelle Datenverarbeitung mit einem Lächeln dazu. Dienstleistungen sind im Vergleich zur Produktivität der Industrie atemberaubend ineffizient und werden in Zukunft durch Computer automatisiert, eben weil sie vom Charakter her »Datenübertragung« sind. Da drängt sich ein Computer doch direkt auf! Und alle der Datenübertragung oder -verarbeitung ähnlichen Berufe sind dabei zu verschwinden oder sich entscheidend zu wandeln. Der Computer übernimmt die Arbeiten vieler, vieler Menschen! Diese Arbeiten werden zwar nach wie vor verrichtet, aber nicht von uns! Deshalb verschwinden nicht die Dienstleistungen an sich. Wir werden nur keine typische Dienstleistungsgesellschaft mehr sein, in der sehr viele von uns noch Dienstleistungen im klassischen Sinn erbringen.

Viele Berufe werden überdies durch das Internet »virtualisiert«. Diese Berufe gibt es zwar damit noch, sie können aber ortsunabhängig und deshalb auch »in Indien« ausgeübt werden. Diese Entwicklung kennen Sie, aber meist nur unter dem Stichwort »Globalisierung«. Wie schwerwiegend diese Entwicklung ist, glaubt allerdings keiner. Globalisierung wird oft nur als Lohndumping-Argument gesehen. Die meisten von Ihnen sehen in der Regel nicht, wie ernst die Lage ist, wie sehr sich alles noch verändern und umgestalten wird. Ich gebe Ihnen einmal ein zugegeben futuristisches Beispiel, das Sie noch besser verstehen, wenn Sie einen Panzerführerschein haben:

Im Gefecht schaut der Fahrer eines Panzers natürlich nicht aus seiner Luke heraus, sondern er lenkt den Panzer von innen und sieht die Außenwelt und die Richtung nur über Winkelspiegel. Im Kern sieht er nicht die Wirklichkeit der Straße an sich – er sieht sie auf einem Spiegel oder eben

»Bildschirm«. Das ist nicht angenehm, reicht aber zum Fahren aus, und verlangt allerdings einige Übung und Erfahrung – und es kostet bis dahin ein paar Bäume, Randsteine und Nerven. Wir könnten nach diesem Vorbild des Winkelspiegels alle Autos mit Kameras in alle Richtungen ausrüsten! Deren Bildaufnahmen werden ins Internet gefunkt und wir sehen sie auf mehreren Bildschirmen oder Fenstern vor uns, meinetwegen auf unserem Laptop, mit dem wir gerade im Garten sitzen. Wir könnten nun das Auto wie in einem Computerspiel per Internet starten und irgendwohin fahren. Schauen Sie: Es ist erlaubt, mit Panzern und Winkelspiegeln zu fahren – warum also nicht per Laptop?

Dann brauchen wir keine Fernfahrer mehr, nur noch Fernfernfahrer, oder Remote-Fahrer. Die steuern dann die Lastwagen vom Wohnzimmer aus. Nach acht Stunden fahren sie den physikalisch realen Lkw auf einen realen Parkplatz und stellen ihn ab. Sie geben den Fahrerjob an einen anderen Mitarbeiter der Transportfirma ab, der jetzt die Weiterfahrt von seinem Wohnzimmer aus übernimmt. Der Lkw fährt jetzt ohne Pause. Er wird vielleicht sogar aus verschiedenen Ländern gelenkt, die andere Zeitzonen haben. – Übertragen Sie das Ganze einmal auf das Taxigewerbe! Sie klopfen an ein Internet-Taxi. Das bittet um Ihre Kreditkarte. Es lässt sich jetzt öffnen. Sie steigen ein und sehen auf einem Bildschirm Ihren Fahrer. Der fragt nach Ihrem Wunsch, trägt alles in ein Navigationsgerät ein und fährt Sie hin!

Die Taxis könnten jetzt besser koordiniert werden. Das Taxiunternehmen hat die Taxis nach wie vor dort stehen, wo sie jetzt auch immer stehen (vor dem Bahnhof oder am Flughafen), aber man braucht nicht mehr für jedes Taxi einen Fahrer zu beschäftigen. Immer wenn ein Taxi gebraucht wird, teilt das Taxiunternehmen dem Taxi einen freien Wohnzimmerfahrer zu. Auf diese Weise kann man es schaffen, dass die Taxifahrer nun die volle Arbeitszeit fahren, also voll ausgelastet sind. Keiner wartet mehr!

Es bedeutet aber, dass wir nur noch ein Drittel oder Viertel der Taxifahrer brauchen und dass das Taxifahren für uns wesentlich billiger wird – denn der Fahrer kostet gut zwei Drittel der Gesamtkosten der Taxifahrt.

Ich weiß schon – das Ganze funktioniert nur dann, wenn insbesondere das Internet nicht abstürzt etc. Aber Sie verstehen im Prinzip, wie weitgehend Berufe verändert werden können? Und wie schrecklich ineffizient sie im Augenblick angesichts der Möglichkeiten der neuen Technologien organisiert sind? Sehen Sie denn nicht jeden Tag vor dem Bahnhof die Massen wartender Taxifahrer, die nur wenig verdienen? Fahren Sie auf Autobahnen in der Nacht nicht oft an den Parkplätzen vorbei, die wie Lkw-Schlafburgen wirken? Die Lkws stehen einfach dort herum! Kein Mexikaner fährt sie! Und die kurz schlafenden realen Fahrer können kaum vom Job leben und werden von ihm krank.

Ich hoffe, dass ich Ihnen mit weiteren Beispielen im Buch einen tiefen Eindruck machen und Ihren Blick auf Problemlösungen lenken kann – wie gesagt: Hören Sie bitte mit der resignierten Frage auf: »Was sollen denn die Menschen alle tun, wenn die Arbeit so weitgehend entfällt?«

Das zeige ich jetzt. Und Sie wissen es ja. Die meisten von uns aber wollen nicht aufbrechen, obwohl sie wissen, dass sie es tun sollten.

Wir alle wissen: Wir müssen in die »Exzellenzgesellschaft«, in eine Gesellschaft, die erfindet und sich auf fortgeschrittene Technologien konzentriert.

Wir wissen doch, dass alle Chinesen und Inder noch Häuser, Autos und Infrastrukturen wie beispielsweise Autobahnen brauchen. Wir wissen alle, dass das Aufstreben dieser Länder eine gigantische Arbeit sein wird, bei der wir mitmachen können. Ein Land wie Deutschland kann komplett von der Entwicklung und Produktion der Spezialwerkzeuge und High-End-Produkte für die aufstrebenden Länder leben.

Wir wissen, dass wir als Exzellenzgesellschaft ein sehr gutes Auskommen haben werden. Wir müssen nur energisch aufbrechen. Dazu rufe ich hier auf. Was hindert uns denn?

Ich spüre harten Widerstand. Es gibt einen Punkt, an dem wir uns überfordert fühlen. Wir wissen nämlich auch, dass eine Exzellenzgesellschaft eine allgemeine Hochbildung verlangt. »Fast jeder muss studieren.« Das vertrete ich derzeit bei meinen Reden und muss mich sehr warm anziehen. Mir schlägt der Grimm mit gereizten Worten entgegen: »Die meisten Menschen sind nur Durchschnitt und können das nicht. Die Gene sind sehr unterschiedlich.« Es hilft nichts, wenn ich beweise, dass in Finnland oder Schweden schon fast alle studieren – und dass in Schweden immer zwei (!) Lehrer eine kleine (!)

Klasse betreuen und eben aus jedem Schüler liebevoll etwas machen. Es hilft mir nichts – der Grimm im Publikum bleibt. Es ist schwer, die Forderung nach Hochbildung in einem Land zu stellen, in dem von uns Älteren noch nicht so arg viele das Abitur haben! Dieses ganze Widerstreben zeigt, dass wir kulturell gesehen noch gar nicht auf Hochbildung vorbereitet sind. Dies liegt an dem negativen Menschenbild, das wir Deutschen haben. Bei uns glaubt der Durchschnittliche, dass die Menschen eben biologisch durchschnittlich seien! Und nur die Besten würden gewinnen, und das wären nur wenige. Die Idee aber, den Durchschnitt in der Bildung stark anzuheben, wird hartnäckig abgetan. »Wir lernen doch alle, so gut wir nur können. Was willst du? Uns anklagen?« Und ich frage: »Habt ihr denn immer die Hausaufgaben gemacht?« – »Nein, wir hatten zu große Klassen, demotivierte Lehrer und langweiligen Stoff. Was soll man da tun?« – »Und warum machen wir es nicht wie in Schweden?« – »Das kostet zu viel und geht auch biologisch nicht. Die Statistiken zu PISA sind bestimmt gefälscht.«

In solchen Diskussionsverläufen spiegelt sich der Widerstand gegen eine Kulturveränderung wider. Den will ich mit diesem Buch aufbrechen helfen.

Ich halte Ihnen also im Folgenden den Niedergang der Dienstleistungsberufe vor Augen, ich zeige den Weg zur Exzellenzgesellschaft auf, arbeite die sich stellenden Kulturprobleme heraus und fordere Maßnahmen bis hin zu einer vierten Staatsgewalt, die sich um gesunde Zukunftsentwicklung kümmert.

Wir werden sehen können,
- dass durch Automatisierung die Qualität der Services zunimmt,
- dass wir durch Hochbildung einen guten Weg in die Zukunft haben und
- dass Deutschland für jeden einen guten Platz haben kann.
- Noch einmal: Hören wir also auf, verzagt »Aber was wird dann aus mir?« zu fragen und dabei nach links und rechts auf andere Verzagte zu schauen. Der Blick muss doch nach vorne gerichtet sein! Aufbrechen! Nicht nur ein paar von uns, die an Eliteuniversitäten studieren – alle!

Veränderungen der Infrastrukturen sind wie tektonische Beben

Das Internet führt zu einer vollständigen Umstellung aller Infrastrukturen. Solche Veränderungen kennen wir theoretisch aus früheren Zeiten. Wir wenden die Erkenntnisse aus den damaligen Zeiten aber nicht auf unser Leben an, weil die Veränderung als solche natürlich eine andere ist.

Beispiele aus der Geschichte gibt es genug:

○ Die Eisenbahnen veränderten die Länder, führten zur Erschließung des Wilden Westens und von Kalifornien. Es gab damals einen weltweiten großen Börsenrausch und einen schrecklichen Crash danach – wie heute.

○ Die Elektrifizierung und das Erdöl für die Motoren ermöglichten ganz neue Industrien. Man versprach sich sehr viel davon und erlebte nach dieser Begeisterungsphase die große Krise im Jahre 1929.

○ Die Autoindustrie erlebte in den 80er Jahren einen sagenhaften Aufschwung, den sie der Rationalisierung durch Automation verdankte. Die rosigen Aussichten ließen die Kurse in die Höhe schießen. 1987 folgte ein Crash mit großer Ernüchterung.

Diese Zusammenhänge zwischen Aufstieg und Niedergang im Zusammenhang mit den großen Basisinnovationen habe ich ausführlich in meinem Buch *Abschied vom Homo Oeconomicus* beschrieben: Wenn eine neue Basistechnologie in die Welt tritt, wird sie erst als großartige Möglichkeit bejubelt, die existierenden Dinge viel besser und billiger herstellbar zu machen. Die Unternehmer wittern überall Goldgruben und lösen einen Gründungsboom aus. Diesem Aufschwung folgt fast immer eine Ernüchterung und dann ein Crash.

Warum fährt der erste Gründerboom meist so gründlich an die Wand? Die Unternehmer versuchen, an einzelnen Stellen Geld zu machen, und verstehen nicht, dass die Basisinnovation in Wirklichkeit die Welt verändert. Die Entrepreneure denken zu lokal und zu kurzfristig. Sie sehen das wirkliche Beben nicht. Haben Sie in der Schule das Schauspiel *Die Weber* von

14

Gerhart Hauptmann gelesen? Automatische Webstühle schafften viel höhere Leistung fast ohne menschliche Arbeitskraft. Die Menschen mussten hungern. Viele starben. Nur einige wenige Hochqualifizierte, die die Webstühle bedienen konnten, blieben in Geld und Brot. Die Unternehmer frohlockten, aber dann war die Bevölkerung zu arm, um die Produkte zu kaufen – jetzt starben die Unternehmen ... Erst nach einer großen Notzeit kam wieder ein Aufschwung. Immer mehr Maschinen schafften neue Produkte, die Kinder der Weber fanden neue Arbeit in neuen Berufen, wenn sie denn die Krise überlebt hatten. Das Leben der Menschen selbst aber hatte sich durch den Wandel in der Technologie grundlegend verändert.

Hätte man etwas tun können, um die Katastrophe zu verhindern? Damals machte sich niemand Gedanken, was mit den Massen von Arbeitslosen geschehen würde. Niemand sah die Armutswelle voraus, jedenfalls nicht mit großer Besorgnis um die Industrie. Niemand kümmerte sich darum, dass »sich Deutschland einen neuen Job suchen musste«. Das ist heute wieder so. Die neuen Technologien ermöglichen dramatische Einsparungen – vor allem durch das Freisetzen von Personal. Niedrig bezahlte Arbeitsplätze fallen weg, durchschnittlich bezahlte werden in den Niedriglohnbereich gedrückt und die verbleibenden Leistungsträger der neuen Welt bekommen richtig gutes Geld, weil es am Anfang der neuen Zeit noch viel zu wenige von ihnen gibt. Wenn sich diese Umwälzung zu schnell vollzieht, kommt eine Armutswelle über das Land und konsequenterweise infolgedessen ein Käuferstreik, der schließlich zum Crash der Wirtschaft führt. Was also hätte man tun können?

- Den Wandel in der Schnelligkeit dämpfen und vernünftig steuern, damit die Menschen nicht verhungern und die Unternehmen nicht in den Bankrott gehen.
- Einen Teil der Basisinnovationsgewinne an die Mitarbeiter abgeben, damit sie nicht verarmen und es nicht auf diesem Weg zur Katastrophe kommt.
- Die arbeitende Bevölkerung auf den Wandel positiv einstimmen und sich um neue Berufe und Industrien bemühen, die durch die neue Technologie möglich werden.

Heute sitzen wir in einer solchen Armutsfalle. Der Wandel kam und kommt weiterhin noch sehr, sehr schnell und wird als solcher in dem Maße gar nicht erkannt. Die Löhne fallen, weil viele der Mitarbeiter vor der vollständigen Automatisierung in Niedriglohnfirmen beschäftigt sind, die »abgespalten« werden. So sollen die Mitarbeiter immer mehr selbst die Risiken der Nichtbeschäftigung tragen. Der Konsum sinkt, die Immobilienpreise fallen, die Banken haben sich schwer verkalkuliert, weil sie immer dachten, dass die Wirtschaft zwangsläufig floriert, wenn die Gewinne steigen. Sie gaben vollkommen sorglos Kredite an jedermann. Die Wirtschaft erstickt aber jetzt gerade an den Gewinnen der letzten Jahre, weil die Mitarbeiter zu wenig teilhaben konnten und als Kunden der Unternehmen ausfallen. Wer das in der Öffentlichkeit zu vertreten wagte, wurde als unbelehrbarer Gewerkschafter oder Linker gescholten. Die Unternehmen wundern sich, dass die einstigen Mitarbeiter nach den technologischen Umwälzungen und Entlassungen plötzlich die heute falsche und unbrauchbare Ausbildung haben (immer noch »Weber« sind). Sie beschimpfen die sich selbst überlassenen Menschen, sich endlich vernünftig weiterzubilden. Wir haben Arbeit genug, behaupten die Unternehmen. Wir suchen Leistungsträger der neuen Welt. Der Mangel an solchen verhindert, dass sich die Wirtschaft erholt. Und sie meinen: Deutschland fällt zurück, weil es an (billigen) Ingenieuren und Informatikern fehlt. So kann es sein, dass die Leistungsträger der neuen Welt dann bis zum Burn-out rund um die Uhr arbeiten, während die anderen zum guten Teil nach Hause geschickt werden, weil sie eine zu geringe oder eine falsche (= alte) Ausbildung haben.

Müssen wir auch diesmal über die volle Distanz dieses ganz breiten Jammertals gehen, weil alle gemeinsam ohne Vorbereitung hineinschlittern und denken, es regele sich irgendwann wieder von allein, wenn nur die Zinsen tief gehalten würden und der Staat genug Schulden macht?

Wir kennen doch das Muster dieser tektonischen Verschiebungen aus der Vergangenheit, die durch neue Technologien ausgelöst wurden. Sollten wir sie nicht als Denkanstoß nehmen, um uns über unsere jetzige Situation klar zu werden und die richtigen Entschlüsse zu treffen?

Statt eine gelehrte Abhandlung zu schreiben, erkläre ich die typischen Veränderungen ganz einfach am »Verschwinden« der Landwirtschaft in Deutschland. Als ich auf einem Bauernhof in Groß Himstedt zwischen Hildesheim und Braunschweig aufwuchs, war gut die Hälfte aller Arbeitnehmer in Deutschland in der Landwirtschaft tätig. Heute sind es noch knapp zwei Prozent (in Worten: zwei).

Sehen Sie auf meinen Vater in der Mitte der 50er Jahre. Er pflügt mit Pferden. Die brauchen einen Stall und Futter auch im Winter. Urlaub ist fast unmöglich, denn die Kühe, Rinder, Schweine, Hühner, Gänse sind immer da, Urlaubsvertretung gibt es kaum. Um 5 Uhr morgens beginnt der Tag mit dem Melken, am Abend endet er mit einer letzten Fütterung der Tiere. Oft mussten wir nachts raus, weil eine Kuh von der Kette gekommen war und frei im Stall herumgeisterte. Alles muhte, die anderen Kühe bekamen es im Dunkeln mit der Angst zu tun. Oft wurden Kühe krank, ab und zu starb ein Kalb. Zweimal mussten wegen der Maul- und Klauenseuche unsere lieb gewonnenen Kühe weggeschafft werden. Die Pflichtversicherung zahlte einen Teil des Schadens. Mein Vater bewirtschaftete als Pächter einen nach heutigen Maßstäben eher kleinen Bauernhof (30 ha), hatte vielleicht 40 Mitarbeiter, die entweder ständig arbeiteten oder zeitweise zur Ernte dazukamen. Auf den Feldern baute man damals auch Rotkohl, Weißkohl, Wirsing, Blumenkohl, Spinat, Möhren, Erbsen, Bohnen, Salat, Kartoffeln und Kohlrüben an – nicht nur Getreide!

Und dann kaufte mein Vater Technologie – einen Trecker.

Die Pferde wurden unter unseren Kindertränen als erste Arbeitnehmer entlassen und in eine ungewisse Zukunft geschickt. Sie verschwanden eines Tages. Der Trecker stand jetzt im Pferdestall, wie er noch heute genannt wird. Der Futterplatz wurde durch einen Dieseltank ersetzt. Die Plackerei des Pflügens entfiel jetzt fast ganz! Diese Arbeit war nun fast eine Freude.

Auf der anderen Seite verursachte der Trecker viele Probleme auf dem Hof. Er war sehr teuer und musste abgezahlt werden. Er ging oft kaputt – mein Vater musste neu lernen und wurde fast Hilfsmechaniker. Der Trecker versank bei nasser Erde, die Erdbrücken über die Entwässerungsgräben entlang den Äckern waren zu weich und mussten gefestigt werden. Die Speichenrad-Ackerwagen hatten keine Anhängerkupplungen. Mein Vater musste also neben dem Pflug auch nach und nach alle Geräte erneuern. Er kaufte einen Ackerwagen mit den heute noch üblichen Gummireifen. Die waren zu breit für die Brücken über die Gräben. Die Wege zwischen den Äckern bekamen tiefe Spuren von den Treckern und verschlammten. Es gab schon damals »Grüne«, die das Ende der Welt heraufkommen sahen. Der Acker werde sich von den tiefen Spuren nie erholen. Es kamen wilde Gerüchte in Umlauf (so wie ganz früher bei Eisenbahnen, dass Passagiere bei hohen Geschwindigkeiten stürben).

Die Technologieinvestitionen mussten sich ja auszahlen! Mein Vater musste überlegen, Leute zu entlassen. Er rationalisierte, indem er nur noch Feldfrüchte anbaute, die zum Trecker passten. Das waren und sind noch heute die Getreidearten und die Rüben. Der Gemüseanbau fiel der Standardisierung der Produktion zum Opfer. Die meisten Saisonarbeiten zum Erbsenpflücken oder zum Spinatschneiden entfielen, die Mitarbeiter wurden verabschiedet. Das Leben mit dem Trecker wurde körperlich leichter, eintöniger und wurde mehr zur Routine.

Der Trecker konnte effizienter eingesetzt werden, wenn er große Felder bearbeiten konnte. Bei Gemüseanbau in Handarbeit sind kleine Beete in Ordnung, für Trecker nicht. Die Bauern begannen, Felder zu tauschen, sodass sie weniger und größere Felder besaßen.

Die Technologie zog auch in die Ställe ein. Melkmaschinen mit Oberleitungen der Milch in große Stahlbottiche kamen auf. Mein Vater musste wieder investieren. Die Melker zitterten. Mein Vater sah, dass die hohen Kosten der Technologie zur Spezialisierung zwangen. Ein Trecker reicht eigentlich für zwei oder drei Höfe und eine Melkmaschine für viel mehr Kühe als die wenigen in unserem Stall. Mein Vater beschloss, sich auf eine Kernkompetenz zurückzuziehen (ich verwende hier konsequent das heutige Vokabular, damit Sie sofort sehen, dass damals wirklich alles ganz genauso ablief wie heute!).

Er durfte das nicht ohne Weiteres, da er als Pächter seine Geschäfte bei der Landwirtschaftlichen Beratungsstelle genehmigen lassen musste (diese Stelle war sein »Aufsichtsrat«). Es stellte sich heraus, dass noch kein anderer Pächter auf diese Idee gekommen war. Die Berater warnten vor den unabsehbaren Risiken einer Monokultur und sprachen sich für die Beibehaltung der Diversifikation aus. Ich weiß noch, wie mein Vater viele Abende rechnete und Tabellen zusammentrug. Er präsentierte das Ergebnis (heute in Excel und PowerPoint), dass achtzig Prozent der Arbeit bei der Viehhaltung anfiel, aber nur zwanzig Prozent des Gewinns. Das wusste damals niemand. Man glaubte ihm auch nicht.

Er blieb sich treu, ließ die Berechnungen in der Beratungsstelle zurück und schaffte die Viehhaltung ganz ab. Er entließ fast alle Mitarbeiter, die damals noch Mägde und Knechte hießen. Nur der Treckerfahrer blieb noch da. Die anderen Bauern warnten meinen Vater eindringlich. Er würde Kuhmist oder gar Kunstdünger kaufen müssen, weil nun die Synergieeffekte fehlen würden. Wir bekamen vielen ungläubigen Besuch von vielen interessierten Bauern (»in search of excellence« oder »best practice«) – sie waren ganz gelbneidisch über den fast arbeitsfreien Winter, in dem mein Vater nur Maschinen pflegte und nie mehr um vier Uhr zum Melken aufstehen musste. In den folgenden Jahren wurden überall die Felder größer und größer, der Gemüseanbau verschwand fast ganz. Überall gab es nur noch Getreide und Zuckerrüben. Mähdrescher kamen auf. Die waren irre teuer und wurden nur ganz kurz während der Ernte gebraucht! Ein einzelner Bauer allein konnte sie weder bezahlen noch sinnvoll nutzen. Ein Mähdrescher war auch zu groß und passte kaum in die Scheunen. Wohin damit?

Das war der Beginn des Outsourcing. Raiffeisengenossenschaften und freie Unternehmen im Markt boten »Ernte auf Anruf« an. So etwas nannte man später »Just in time« oder »On demand«. Durch das Outsourcing vermieden die Bauern große Fixkostenblöcke in Form von eigenen Mähdreschern, sie wandelten Erntekosten in variable Kosten um (Kosten pro gemähtem Hektar). Das alles hatten wir schon, nicht wahr? Vor den Zeiten des Shareholder-Value! Auch heute schauen immer noch einige Unternehmen erstaunt, wenn Berater kommen und die Fixkostenblöcke auflösen, die im Betrieb beträchtliche Risiken darstellen. Auf unserem Bauernhof fielen also nicht wirklich alle Arbeitsplätze weg – denn einige wanderten ja zu den Maschinenringen und den Genossenschaften. Aber in unserem Dorf blieb tatsächlich kaum etwas so, wie es einmal war. Viele pendelten nun in Fahrgemeinschaften zu den Volkswagenwerken nach Braunschweig. Sie mussten Autos kaufen. Wegen der Autos starben die Kleinstläden zusammen mit Tante Emma. Einige Bauern begannen, Zimmer für die Hannover-Messe und später für die CeBIT anzubieten. Sie bauten die Häuser um, wie Bauern im Süden, die von der Landwirtschaft zum Tourismus überschwenkten. Sie spekulierten wie Goldgräber auf ein halbes Jahr horrender Expo-2000-Hannover-Mieten und hatten ihren eigenen Boom und Crash. Sie erinnern sich, dass der Zuspruch zur Expo nur enttäuschend mäßig war? Diese dramatische Veränderung in der Landwirtschaft dauerte vielleicht 30 Jahre. Als mein Vater im Jahre 1980 die Pacht abgab, hatte er nur noch einen Halbtagsjob.

Woher kam das alles? Es lag am Trecker, der ganz am Anfang nur das Pferd ersetzte, aber dann die ganze Infrastruktur zum Beben brachte. Das geschah nicht gleich. Es dauerte wohl 30 Jahre. Die Bauernhöfe wandelten sich zu kleinen Unternehmen, die Ackerwege wurden für die Trecker asphaltiert. Die Landarbeiter hatten für die neue Welt der Produktion bei VW oder des Autobahnbaus keinerlei sinnvolle Ausbildung und mussten umschulen oder als Ungelernte ihr Leben ganz neu beginnen. Noch einmal – hier ganz dick gedruckt und sehr betont: Etwa die Hälfte aller Deutschen hat sich im Verlauf eines Vierteljahrhunderts einen neuen Job suchen müssen. Das war ein »dramatischer Wandel«, wie man heute so schön sagt. Die meisten Menschen aber verstehen das nicht, weil sich dieser dramatische Wandel über Jahre mit zwingender Logik ausbreitet und ganz vollzieht. So wie sich bei tektonischen Verschiebungen die Erdschollen langsam verschieben, so hat sich in einem Vierteljahrhundert die Landwirtschaft in eine effiziente Industrie gewandelt – und wandelt sich noch immer weiter. Sie verschwindet nicht an sich, aber sie beschäftigt kaum noch Menschen!

Ich will Ihnen in diesem Buch zeigen, dass es der Dienstleistungsgesellschaft ganz genauso gehen wird. Sie wird nach denselben Mechanismen und Grundgedanken industrialisiert und optimiert werden. Denn was bei der Landwirtschaft der Trecker war, sind in der Dienstleistungsgesellschaft das Internet und der Computer. Die Dienstleistungen werden nicht verschwinden – nein, sie werden eher zunehmen! Aber sie werden von sehr viel weniger Menschen erledigt werden können. Und die Menschen, die noch für die Dienstleistungserbringung übrig bleiben, werden viel höher qualifiziert sein müssen als bisher *oder* sie erledigen nur noch »das Körperliche«, wie das Putzen oder das Postaustragen.

Das ist noch nicht morgen oder übermorgen der Fall. Das alles dauert wieder zehn oder zwanzig Jahre. Und wieder wird gut die Hälfte der Deutschen nach einem neuen Job suchen müssen.

Lassen Sie uns nicht jammern, wie es viele uns Deutschen nachzusagen lieben. Schauen wir lieber im Folgenden den Tatsachen mutig ins Auge.

Kulturumschwung von Stress zu Aufbruch

Zu einem Kulturumschwung gehört insbesondere, dass wir uns über unser deutsches Menschenbild neue Gedanken machen müssen. Für eine solche Kulturveränderung brauchen wir anscheinend den meisten Mut. Ich habe das schon angedeutet – denn die lebhaftesten und erregtesten Diskussionen entstehen genau hier.

Es wird oft vergessen, dass unsere Staats- und Wirtschaftsformen sehr viel mit den allgemein in der Bevölkerung verbreiteten anthropologischen Konzepten zu tun haben.

Polare Vorstellungen sind etwa »Der Mensch ist ein Tier, das durch Pflichten, Riten und Ordnungen in Schach gehalten werden muss. Es ist von sich aus egoistisch und muss Grenzen gesetzt bekommen, damit eine notwendige Gemeinschaft im politischen oder wirtschaftlichen Sinne funktionieren kann.« Versus: »Der Mensch ist von Gott mit einem großen Geist und einer großen Seele beschenkt worden. Er liebt andere Menschen und hilft anderen von Natur aus gern. Die menschliche Gemeinschaft steht ihm noch höher als sein eigenes Selbst.«

Gleicht der Mensch einem Raubtier, das nur das Gesetz des Dschungels kennt? Ist er ein friedliches Herdentier, das heiter sein Gras mit den anderen teilt? Oder ist er gar Gott ähnlich in Geist und Seele und wird nur ab und zu vom ererbten Tiercharakter durch Sünde in sumpfige Niederungen getrieben? Ist der Mensch ein Einzel- oder ein Gemeinschaftswesen (Aristoteles: zoon politikon)? Ist er wesentlich von Tieren zu unterscheiden (Aristoteles: zoon logikon)? Die Polis (oder der Staat), sagt Aristoteles, ist ein Entfaltungsraum des Menschen, für ihn als Individuum und auch als Teil der Gemeinschaft. Sind im Staat alle Bürger gleich und frei, oder nutzen die Herrschenden den Staat vor allem für ihr eigenes Wohlleben? Hat der Staat vor allem die Aufgabe, dem Bürger innere Sicherheit zu garantieren und ihn gegen äußere Feinde zu verteidigen (Hobbes)?

Wozu ist Wirtschaft da? Dient sie der Organisation der allgemeinen Arbeitsteilung, sodass die Gemeinschaft insgesamt vernünftig zusammenarbeiten kann und in einem Zustand der Prosperität bleibt? Oder ist die Wirtschaftsordnung ein minimaler Rahmen von Fairnessregeln, innerhalb deren jeder Einzelne als Unternehmer nach besten Kräften Geschäfte machen kann, um den eigenen Wohlstand zu mehren?

Grob gesprochen geht es im Staat um die Verteilung der Macht und in der Ökonomie um die Verteilung des Geldes. Bekommen Macht oder Geld nur wenige »Fürsten« oder Reiche? Oder gibt es Demokratie und eine breite begüterte Mittelschicht?

Alle Gedanken über die Aufgaben des Staats, das Staatssystem, die Wirtschaftsordnung, den Zweck der Wirtschaft und über die Verantwortung der Unternehmen für die Menschen kreisen letztlich um die Frage, ob Macht und Geld eher wenigen oder eher vielen zukommen.

In guten Zeiten sind Arbeitskräfte knapp, die Löhne steigen. In solchen Zeiten gewinnt die Idee der allgemeinen Vermögensbildung und des Sozialstaats. In schlechten Zeiten müssen die Unternehmen Mitarbeiter entlassen und versetzen diese in Angst. Jetzt gewinnt in der allgemeinen Meinung die Idee an Kraft, dass die Unternehmen bloß nicht noch in den Bankrott gehen sollten. Man akzeptiert die Vorstellung, dass die Individuen, die wenig leisten, eben auch gefeuert werden sollten, um das Ganze zu retten. Wenn das konsequent durchgeführt wird, schützen also die Einzelnen durch Verzicht die Reichen und akzeptieren die Existenz von vielen Armen. Wir sagen heute: »Die Schere zwischen Arm und Reich öffnet sich weit – zu weit.«

Stellen Sie sich die Besiedlung eines neuen Landes Kanaan oder des amerikanischen Westens vor. Zu Anfang gibt es Land ohne Ende und kaum jemanden, der es bearbeitet. Jeder kann Land abstecken, in die Hände spucken und seine Existenz aufbauen. Die Menschen helfen sich gegenseitig aus, bilden Arbeitsgemeinschaften, sind froh bei gleichzeitig harter Arbeit. Sie danken Gott für die gute Zeit. Sie gründen Gemeinden und bilden »einen Staat«, der die Infrastrukturen bereitstellt. Es gibt bald einen Saloon, eine Poststation, einen Richter und so weiter.

Und nun wandern Sie bitte mit den Augen in ein grässlich überbesiedeltes Land, in dem der Ackerbau kaum das Leben erhält. Da beginnen sie sich zu bekämpfen und billig aufzukaufen (»Du bekommst drei Monate Lebensunterhalt, wenn du mir deinen Acker gibst – da kannst du dir mit dieser Abfindung leicht einen neuen Job suchen«). Die Verlierer sitzen auf der Straße, einige werden reich und stellen andere zu Hungerlöhnen ein, die selbst früher Bauern waren (»ausgegründet in eine Niedriglohngesellschaft«).

In meinem Buch *Abschied vom Homo Oeconomicus* habe ich dieses Phänomen wechselnder Organisations- und Denkformen unter dem Schlagwort »Phasic Instinct« ausführlich beschrieben und diskutiert. Wenn sich eine neue Welt öffnet – wie die Besiedlung eines neuen Landes –, dann bilden sich breite Mittelschichten und ein Bürgertum. Wenn die Welt zu eng wird, setzt ein Verdrängungswettbewerb ein, und infolgedessen verabschieden sich die Menschen von Ethik und Werten und glauben, dass Darwin die Welt erschaffen hat.

Wenn eine neue Welt entsteht, bilden sich ihre Infrastrukturen und neuen Traditionen und Werte. Wenn sie überfüllt ist, lösen sich die Strukturen im Niedergang auf. Menschen kämpfen, werden unfair, nutzen den Staat aus, ruinieren die Umwelt oder die Welt im weitesten Sinne. Jeder sieht zu, wo er bleibt. Was Menschen also über die Welt denken und somit für ihre Wertvorstellung halten, ist in Wirklichkeit nur ein Ausblühen der Wirtschaftslage in ihren Gefühlen und inneren Instinkten. Das Denken oder der Geist also, die wir als vornehmste Funktion verehren, rationalisieren eigentlich nur die »Kriegs- oder Friedenslage« da draußen.

Das erkennen wir nicht wirklich, weil die Phasen der Prosperität und des Niedergangs oft so zwanzig, dreißig Jahre lang dauern. Wir halten die Umschwünge eventuell ohne große Gedanken für ein »Generationenproblem«.

Aber etwas ganz anderes ist der Fall: Wir leben heute an der Schwelle eines signifikanten Umschwungs. Eine alte Welt (die jetzige) neigt sich dem Ende zu. Wie der primäre Sektor (Landwirtschaft) und der sekundäre Wirtschaftssektor (Industrie) wird nun auch der tertiäre Dienstleistungssektor automatisiert und braucht nur noch wenige Arbeitskräfte. Hier herrscht nun für Jahre der »mörderische« Verdrängungswettbewerb, wie ich gleich zeigen will.

Auf der anderen Seite öffnet sich ein neues, von mir später im Buch vorgestelltes gelobtes Land des Wissens und der Forschung, wo so viel zu tun ist, dass sich jeder sein Stück Land abstecken und ein gutes Leben gründen kann.

Der »Niedergang« (im Sinne der Arbeit für Menschen) des tertiären Sektors macht uns dort zu zunehmend gestressteren Menschen. Die Löhne für Dienstleistungen sinken, viele werden mehr als einen Job zum Leben brauchen. Das zeichnet sich heute schon deutlich in den USA ab. Die Armut unter den Menschen, die Dienstleistungen anbieten, nimmt zu. Auf der anderen Seite eröffnet sich ihnen die neue Welt des quartären Wissenssektors. Ingenieure auf den Gebieten neuer Technologien werden verzweifelt gesucht. Dort tobt der Krieg um die besten Talente (»War of Talents«). Innovative Firmen wie Google stocken immer noch ihr Personal auf und bieten traumhafte Arbeitsbedingungen, die die Kreativität anregen sollen.

Da, wo der Kampf der Reinigungsfirmen und Briefträger um die letzten Arbeitsplätze stattfindet, fordern alle Leute gesetzliche Mindestlöhne zum Überleben. Sie fühlen sich wie Sklaven ausgebeutet von Managementfirmen, die sie immer effizienter einsetzen, arbeitsmäßig überlasten und überfordern. Da, wo Neues entsteht, fühlt man dagegen den Frühling des Aufbruchs.

Wollen wir nicht alle in die Wissensgesellschaft aufbrechen? Alle Abitur machen und studieren? Wieder mit Feuereifer arbeiten, was sich wie »Spaß haben« anfühlt?

Dann müssen wir unsere Kultur verändern.

Der Mensch ist kein billiger Zeitarbeiter mehr, der zur Arbeit gezwungen werden muss und der für ein bisschen mehr Lohn woanders aus normaler Not heraus sofort die Firma wechselt. Der Mensch ist jetzt ein wichtiger Rohstoff für die Wissensgesellschaft, der sorgsam herangezogen und entwickelt werden muss.

Landarbeiter wurden angelernt oder sahen dem Vater zu, Handwerker hatten Gesellen. Die Fabriken bildeten Arbeiter aus, Servicefirmen trainierten die Mitarbeiter für ihre Dienstleistung (Callcenter, Reisebüro, Versicherung). Die Wissensgesellschaft der »Ingenieure« verlangt aber einen Menschen, der sich lebenslang von selbst in eigener Verantwortung weiterbildet, erneuert und forscht. Statt Erfahrung und Routine wie einst zählen hier eher Offenheit, Neugier, Leidenschaft für die oft selbst gewählte Aufgabe.

Aber das wissen Sie ja alles. Es steht fast jeden Tag in der Zeitung. Ich will hier nur ganz klar herausstellen: Der neue Mensch ähnelt demjenigen, den die Idealisten sehen: »Der Mensch ist Gott ähnlich, in ihm sind vielerlei Anlagen zur Großartigkeit, die nur durch gute Erziehung entdeckt und gefördert werden müssen. Er ist kein Tier, das auf eine Routinetätigkeit abgerichtet werden muss, bei der man es ständig überwacht.«

Zum Eintritt in die Wissensgesellschaft gehört eine andere Einstellung zum Menschen! Und die Unternehmen der Wissensgesellschaft brauchen eine andere, dazu passende Kultur. Diese Einsicht fehlt in Deutschland fast überall. Man versucht Menschen mit den Mitteln des Effizienzmanagements unter Stress zu setzen. Man hetzt sie in Evaluationen und Exzellenzwettbewerbe. Professoren werden unter Zeitdruck gesetzt. »Die Ideen müssen schneller sprudeln.« Alle Hinweise darauf, dass Kulturen des Wissens in Harvard, Princeton und Silicon Valley ganz anders florieren, weil sie beste, für Forschung günstige Arbeitsbedingungen bieten, werden abgeschmettert. Deutschland verkürzt Studiengänge und die Schulzeit und verkauft es als Anpassung an internationale Standards. Dass dabei vor allem gespart wird, bleibt unter dem Teppich. Die Talente fliehen in die Wissenskulturen anderer Länder. »In Deutschland fehlen vernünftige Arbeitsbedingungen.«

Deutschland muss sich einen anderen Job suchen, eine andere Kultur und Menschenauffassung aber auch.

Hin zu einer kultivierenden Wirtschaftspolitik

Die Menschen der heutigen Gesellschaft, die mehrheitlich in Berufen des Dienstleistungssektors arbeiten, sehen das nicht so. Ich habe Ihnen schon erzählt, dass ich als Politiker mit dem Programm »Jeder soll Abitur machen!« glatt abgewählt würde. Da kommt das alte Menschenbild des Konkurrenzdenkens aus den Menschen heraus.

Die Leistungsträger, die ja meist Abitur haben, ereifern sich: »Ich bin besser als die anderen. Wenn alle Abitur haben, verliere ich den Wettbewerbsvorteil, den ich jetzt durch das Abitur habe. Wenn jeder Abitur hat oder wenn gar jeder studiert, entwertet das meine eigene Leistung. Was jetzt als Hochleistung zählt, ist dann Standard. Ich sehe auch nicht, wie das gehen sollte, nämlich dass fast jeder Abitur macht. Das kann nur gehen, wenn auch Schlechtere als ich selbst das Abitur schaffen. Deshalb funktioniert das nur, wenn man den Standard und die Mindestleistungsanforderungen so weit senkt, dass es jeder Idiot schafft.«

Ich erwidere immer mit etwas hilflosem Blick, dass schon heute fast jedes Kind Abitur macht, dessen Eltern Abitur haben. Ich selbst würde daraus schließen, dass man Bildung einfach unter Gebildeten mitbekommt und quasi mit der Muttermilch trinkt. Die Statistiken Deutschlands heben ja immer hervor, dass es hier (und besonders und fast nur hier) für Kinder aus anderen Familien viel, viel schwerer ist, Abitur zu machen. Und ich höre dann oft den elitären Standpunkt weiter argumentieren, dass es an den besseren Genen liegen könnte. »Und warum studieren in Schweden fast alle?«, frage ich. Ich komme nicht wirklich durch.

Der im Wesentlichen elitäre Standpunkt sieht im eigenen Wissen Vorteile gegenüber anderen und hat kein Interesse an Bildung für alle, so wie Reiche die Programme für Vermögensbildung der Massen ablehnen.

Dann gibt es noch die anderen, die eben kein Abitur haben und oft in der Schule Überforderung erfuhren und unter Demütigungen litten. Denen sage ich »Jeder soll Abitur machen« und werde gleich als Zyniker von einem anderen Stern angesehen, der – selbst ein Professor – unendlich selbstverliebt einfach eine unerhörte Forderung in den Raum stellt, die eine gute Hälfte der Bevölkerung zu Versagern und Faulpelzen stempelt. Viele derer, die kein Abitur haben, sind ganz erschrocken über meine implizite Zumutung, dass sie sich bilden sollten. Sie haben sich längst von dieser Idee verabschiedet, wenn sie sie je hatten.

Das Gleiche haben wir früher erlebt, als die Volksparteien Vermögensbildung für alle forderten. Irgendwie steckt darin ja der erzieherische Aufruf zum Sparen und Verzichten. Das wollten die »Armen« nicht wirklich und die »Reichen« lächeln sofort sarkastisch. Für sie würde der einzige Weg zur Vermögensbildung darin bestehen, dass die Reichen den Armen das Geld schenken würden, also ihren Vorteil aufgäben. Beide, Reich und Arm, glauben gar nicht, dass es so ideal zugehen könnte.

Die Debatte, wie eine Kultur zu ändern wäre, bleibt also in Verteilungsdiskussionen stecken, die im Ergebnis eigentlich nie auf Veränderung des Status quo drängen. Das Ganze verbleibt so argwöhnisch im sattsam bekannten Gleichgewicht der gegensätzlichen Meinungen. Ist es denn in einer normalen Demokratie wirklich so schwer, diese eingespielten Gleichgewichte der Vorurteile aufzugeben? Realisten sagen schon immer zynisch, dass erst Kriege oder Katastrophen Anlass zu einem Umdenken sein können. Und die Katastrophe in Form der Finanzkrise 2009 haben wir ja gerade. Trotzdem sehe ich eher ein erstarrtes Warten, dass alles bald vorbei sein möge. Eine Demokratie mit ihrer Gewaltenteilung und den vielen Wahlen hat ja gerade die große Stärke, relativ stabil zu sein. Die Stabilität Deutschlands ist ein wichtiger positiver Standortfaktor. In Zeiten starker Veränderungen aber wird die Stabilität zur Inflexibilität.

Ich möchte Ihnen später im Buch den Vorschlag unterbreiten, ein Wirtschaftssystem zu bauen, das die Strukturen der Zukunft vorausahnt und in einer für alle berechenbaren Weise »auf die Schiene« bringt, sodass sich Individuen und Unternehmen auf bevorstehende Änderungen vorbereiten können. Ich wünsche mir eine »strukturkultivierende Marktwirtschaft«.

Die Gemeinschaft (der Staat oder eine konzertierte Aktion) richtet ihre Infrastrukturen auf die Zukunft aus. Zum Beispiel könnte die heutige Bundesregierung einen verbindlichen »Fahrplan« für den Ausbau des Breitbandinternets herausgeben. Das würde heute etwa 60 Milliarden Euro kosten, »nicht mehr als die Rettung einer halben Bank«, wie ich der Presse neulich schlagzeilenwirksam unter beifälligem Gelächter erklärte. Zu einem solchen Schritt entschließt sich niemand, es gibt nur jede Menge Lippenbekenntnisse. Wir wissen alle, dass wir in nächster Zukunft ein superschnelles Internet für die Industrie und ganz allgemein als Infrastruktur der neuen Wissensgesellschaft brauchen. Dieselben Leute, die die 60 Milliarden für die Zukunft nicht geben wollen, argumentieren wie selbstverständlich, dass der entscheidende Anstoß zu Deutschlands Wirtschaftswunder der energische und kompromisslose Ausbau des Autobahnnetzes in den 60er-Jahren war, der für Deutschland eine moderne Infrastruktur schuf. Das stimmt! Die Autobahnen ebneten die Wege zur Erschließung vieler Wirtschaftsgebiete und zur Erschließung vieler Kurorte für den Tourismus.

Ein kompromissloser Ausbau des Internets hätte ähnlich dimensionierte positive Auswirkungen, wie viele später folgende Beispiele zeigen.

Trotzdem geht der Ausbau der wesentlichen Infrastruktur der Zukunft nur stotternd voran.

Eine strukturkultivierende Marktwirtschaft nimmt meiner Vorstellung nach solche Veränderungen für eine gute Zukunft energisch wahr. Der Staat sieht sich heute viel zu statisch. Er sieht sich für Infrastrukturen wie Recht, Soziales, Verteidigung, Bildung, Ordnung, Gesundheit oder Verkehr zuständig, vergisst aber die Strukturen der Zukunft. Wir haben noch einen Landwirtschaftsminister aus der Zeit des Primärsektors, wir haben ein »Industrieministerium«, das sich Wirtschaftsministerium nennt. Ein Dienstleistungsministerium hat man glatt vergessen, obwohl Deutschland längst im tertiären Sektor angelangt ist (wir haben keine Service-Lobby, wie es eine Industrie-Lobby und eine Bauern-Lobby gibt). Die Forderung nach einem »Internetministerium« ist gestellt und diskutiert, aber unter Lächeln aufgegeben worden. Ein entsprechendes Wahlversprechen hätte keine Stimmen gebracht.

In die Zukunft will niemand schauen, die kommt von allein und ist für viele schlimm genug. Umso intensiver wollen die Wähler, dass die überholten Infrastrukturen der Vergangenheit unter erheblichen finanziellen Mitteln gerettet oder künstlich am Leben erhalten werden. Die Landwirtschaft ist ein Milliardengrab. Mein Vater hatte mit seinem Hof schon 1980 einen Halbtagsjob, ich erzählte es bereits. Aber seitdem sind die Höfe immer noch nicht zusammengelegt worden, die Felder kaum verändert. Dadurch verdienen die Bauern nicht mehr gut. Sie darben und bekommen Subventionen.

Eine strukturkultivierende Marktwirtschaft überlässt die Strukturbildung nicht den Zufälligkeiten des Marktes und seiner Krisen. Die Gemeinschaft soll neue Strukturen schaffen, die die Zukunft sichern. Sie soll alte Strukturen geordnet zu Grabe tragen. Leider gewinnt man mit der Zukunft meist keine Stimmen und mit dem Beerdigen von Altem verliert man sie. Ist eine Demokratie in der Lage, ihr eigenes Zentrum immer weiter agil in die Zukunft zu verschieben? Oder ist sie vom Prinzip her zu beharrend? Ich denke schon, und widme den Überlegungen zu dieser Frage das Schlusskapitel über Zukunftskonstruktivität.

Kurz skizziert – der weitere Aufbau dieses Buches

Jetzt haben Sie eine Vorstellung meiner Grundgedanken bekommen, die ich hier im Buch beschreiben möchte:

Das Ende der Dienstleistungsgesellschaft: Für die meisten Menschen ist dieser Gedanke neu und erscheint beim ersten Hören völlig fremd. Ich will Sie für diesen Gedanken sensibilisieren, auch wenn er Ihnen als solcher nicht schmeckt und zunächst auch nicht wirklich schmackhaft gemacht werden kann.

- *Jeder soll studieren!* Ich denke noch über die Forderung hinaus, dass fast alle Abitur machen müssten. Wie ich schon berichtete, löst ein solcher Ruf nach viel mehr Bildung heftige Widerstände aus. Das macht mir große Sorgen. Die Widerstände blockieren ja später den richtigen Weg. Sie können leider noch wählen.

- *Breite Wissenskultur oder Elite & Slum?* Wenn wir alle nichts weiter tun, wird es elitäre Forschungszentren inmitten von Billiglohnbezirken geben. Das ist sicher! Merken Sie nicht, wie Berufsstände wie Bankbeamte oder Briefträger gerade einen Niedergang erleben?

- *Strukturkultivierende Marktwirtschaft*: Der Wille zu einer Breitenbildungskultur muss sich im ganzen Land bilden und im Staat kristallisieren, der neue Strukturen schafft. Einzelne können das nicht. Jeder Einzelne kann sich in die Elite absetzen, aber das Erzeugen einer Breite ist eine Frage der Gemeinsamkeit, der Kultur und der Struktur.

- *Sehen Sie nicht alles so ambivalent!* Zukunft ist natürlich irgendwie ambivalent. Sie ist nämlich immer auch die Zukunft unserer Kinder – so wie *sie* es wollen, nicht so sehr, wie wir selbst uns das vorstellen. Und da sehen wir stets eher die Nachteile und warnen vor dem Weltuntergang, wie ihn meine Eltern schon damals zielsicher angesichts unserer Langhaarfrisuren und des aufkommenden Bikinis voraussagen konnten. In gewisser Weise hatten sie sogar recht mit dem, was passieren würde, aber es war kein Weltuntergang. Und der droht auch nicht, wenn wir in eine Wissensgesellschaft übergehen.

- *Zukunftskonstruktivität gehörte eigentlich ins Grundgesetz!* Das kümmert sich heute viel um den Schutz des einzelnen Menschen und seiner Werte, nicht so sehr um das Gemeinsame, unsere »Wir-Kultur« und die Zukunft.

Das Ende der Dienstleistungsgesellschaft

Effizienter Einsatz von Human-Ressourcen

Das Zauberwort der Ökonomie ist schon seit Langem die »Effizienz«. Sie wurde zuerst in der Automobilindustrie zum großen Thema. Hauptsächlich dreht sich das Effizienzdenken zunächst darum, die vorhandenen Ressourcen optimal auszunutzen. Danach versucht man, dieselben Arbeitsgänge mit billigeren Ressourcen durchzuführen. Später beginnt die fieberhafte Suche nach ganz neuen Ideen, wie eine vorgegebene Leistung ganz anders zu erbringen ist. Eine häufig eingesetzte Methode besteht darin, das Risiko der Nichtausnutzung von Ressourcen den schwächeren Wirtschaftssubjekten aufzubürden, also meist den Arbeitnehmern. Unternehmen arbeiten mit möglichst wenigen festen Mitarbeitern und setzen für einen guten Teil Leihkräfte ein, die sozusagen eine »atmende Reserve« bilden.

Alle diese Maßnahmen führen zu einer gewissen Verflachung und Standardisierung der Arbeit. Dieselbe Arbeit kann nun von viel weniger Mitarbeitern verrichtet werden. Sie wird wegen der Standardisierung mit größerer Routine betrieben und wird in der Tendenz schlechter und schlechter bezahlt. Viele Jobs fallen weg, viele andere sinken in der Qualität.

Ich will Ihnen den Weg der Effizienz einmal in typischen Phasen vorstellen:

- Zuerst werden die Kosten jedes Handgriffs jedes einzelnen Mitarbeiters gemessen, damit die Arbeitskosten transparent werden.

Wie lange dauert eine Buchausleihe in der Bibliothek? Was kostet ein Geldwechsel an der Kasse einer Bank? Wartet ein Arbeitnehmer, ob ein Kunde kommt? Oder arbeitet er zügig durch?

- Die Ergebnisse werden genau analysiert und führen zu einer weiteren Untersuchung: Geht es nicht schneller? Können die Wartezeiten oder Leerläufe der Mitarbeiter vermieden werden?

- Können Mitarbeiter, die nicht durcharbeiten können, weil sie etwa auf Kunden warten müssen, nicht in der Zwischenzeit mit anderen Arbeiten ausgelastet werden?

- Damit Mitarbeiter zwecks Vollauslastung viele verschiedene Aufgaben durchführen können, müssen diese Arbeiten standardisiert, portionierbar und ohne Übergangskosten organisiert werden. Arbeiten müssen leicht durchführbar sein, also nach idiotensicheren Rezepten erfolgen, damit am besten jede Arbeit von jedem freien Mitarbeiter durchgeführt werden kann.

- Nach der Standardisierung ist die Arbeit oft so einfach geworden, dass der Kunde sie selbst erledigen kann. Das tut er nicht ungern, weil er sie in dieser Phase eher besser durchführen kann als Niedriglohnkräfte und weil er dann nicht warten muss.

- Nach der Standardisierung werden alle Arbeitsschritte, die der Kunde nicht direkt selbst erledigen kann, möglichst stark automatisiert.

Diesen Rohentwurf eines Weges zur Automatisierung stelle ich Ihnen nun etwas farbiger anhand von Beispielen dar. Sie werden ein leises Frösteln bekommen, wie gnadenlos zielsicher und wie lieblos ökonomisch die Arbeiten »billiger« gemacht und Jobs in den Niedriglohnsektor gedrückt werden.

Messung der Arbeitskosten

Sie bezahlen bei Autoreparaturen, für den Heizungsmonteur oder den Installateur so um die 50 Euro Stundenlohn, dazu Fahrtkosten (= Vorbereitung) und Steuern. Es ist also für die Beispiele hier plausibel, sich für den Preis einer Minute Arbeit 1 Euro vorzustellen, bei Rechtsanwälten, Ärzten oder Computerspezialisten 2 bis 5 Euro. Das ist der von Ihnen bezahlte Preis! Das sind nicht etwa die Herstellungskosten der Arbeit! Der Monteur bekommt ja nur

20 Euro Lohn von den 50 Euro, die Sie bezahlen. Dieser große Unterschied kommt unter Umständen dadurch zustande, dass der Meister nicht so viele Aufträge hat, um den Monteur wirklich acht Stunden am Tag auszulasten. Der Meister muss ihn aber acht Stunden am Tag bezahlen.

Sie sehen das noch besser beim Friseur: Da ist manche Tage nichts, andere Tage »der Teufel« los. Die Meisterin ist immer stark gefragt und arbeitet den ganzen Tag durch, die Gesellinnen aber haben öfter mal Leerlauf. Die Meisterin klagt deshalb: »Wenn ich durchrechne, wie viel Gewinn bleibt, sehe ich, dass ich den Gewinn fast allein erwirtschafte, während die Gesellinnen kaum Überschuss bringen.« Oh je, da hat die Meisterin aber nicht Wirtschaft studiert. Die Gesellinnen fangen ja die Unregelmäßigkeiten bei den Kunden ab, sie bilden eine notwendige Kapazitätsreserve. Da sie diese Funktion eines »Puffers« haben, bringen sie auch nicht so viel Gewinn. Ohne Puffer aber würde die Meisterin die Kunden verärgern, die nun nie mehr »zwischendurch« hereinkommen können, um sich schnell mal das Haar legen zu lassen.

Stimmen die Preise? Das Waschen der Haare dauert fünf Minuten und das Waschen eines Handtuchs hinterher eine Minute, ergibt also 6 Euro. Bezahlt der Kunde das oder mault er, weil er es lieber zu Hause selbst machen will? Ein noch besseres Beispiel findet sich an der Wursttheke: Sie bestellen 100 Gramm hauchdünnen Parmaschinken, der anschließend verehrend zart sorgfältig geschnitten wird. Dieses Ritual dauert zwei Minuten, kostet also 2 Euro. Der Schinken kostet 3 Euro, also hat der Supermarkt klar Verlust eingefahren. Wenn der Markt aber keinen Schinken anbietet, gehen wir nicht hin. Wenn er das Schinkenschneiden extra berechnet, werden wir böse.

Das Messen der Arbeitskosten und das Vergleichen mit den Preisen, die wir für die Arbeit bekommen oder bezahlen, verschafft uns eine Menge Transparenz. Nun können wir mit den exakten Messergebnissen mathematisch scharf überlegen, was wir besser machen können. Welche Alternativen haben wir?

Auslastung verbessern

Man lässt Mitarbeiter, die auf Kunden warten, zwischendurch andere Arbeiten ausführen. Im Supermarkt räumt das Kassenpersonal bei Kundenebbe Waren in die Regale ein und stürmt sofort wieder an die Kasse, wenn sich

Warteschlangen im Kassenbereich bilden. (»Sie können schon bei Kasse 3 auflegen, ich komme gleich!«) Nicht ausgelastete Friseurinnen waschen vielleicht Handtücher oder bestellen Kosmetika nach. Erinnern Sie sich, wo früher die Dienstleistenden auf uns Kunden warteten?

Am Bankschalter, beim Arzt, bei der Passkontrolle, am Check-in-Schalter, am Taxistand, in der Reinigung, in der Poststelle. Das soll absolut vorbei sein! Das Messen der Wartezeiten förderte extreme »Verschwendung« zutage. Es folgten Reorganisationswellen überall:

o   Mitarbeiter bekommen Multijobs, die sie voll auslasten: Wenn kein Kunde kommt, erledigen sie Aufgaben, die auf Stapel liegen und nicht sofort abgearbeitet werden müssen. Der Arbeitgeber teilt die Arbeit eben so ein, dass der Mitarbeiter keine Wartezeiten hat.

o   Mitarbeiter werden nur noch für die Zeit bezahlt, in der sie ihrem Job nachgehen, oder sie bekommen den Lohn nach der Menge oder Anzahl der erbrachten Leistungen (Flugpersonal, Taxi, Putzdienst, Computerreparatur). Damit lädt der Arbeitgeber das Risiko der Unterauslastung dem Arbeitnehmer auf. Der bekommt einfach kein Geld, wenn keine Kunden kommen.

o   Man stattet einen Dienstleistungsbereich kalt berechnend mit zu wenig Personal aus, sodass immer viele Kunden warten müssen. In diesem Fall hat das kostenträchtige Personal immer Arbeit am Abfertigungsschalter. Hier trägt der Kunde das Risiko. Das finden wir besonders an Flughäfen, am besten ein paar Mal hintereinander (Einchecken, Sicherheitskontrolle, Passkontrolle etc.). Dort warten hoch bezahlte Geschäftsleute, damit Niedriglohnkräfte nicht warten müssen. Damit die Kunden nicht irgendwann vor Ärger wegbleiben, werden sie periodisch nach ihrer Zufriedenheit befragt, dann lindert man die Not gegebenenfalls etwas, wenn es sein muss. Das heißt »Auslastungsoptimierung«. Oder man »informiert« die wartenden Kunden, wie lange es noch dauert. (»Sie haben jetzt den siebten Platz in der Telefonwarteschleife erreicht.«)

o   Kunden bekommen Dienstleistungen nur noch nach Terminvereinbarung. Das sehen wir bei Rechtsanwälten, Ärzten, Vermögensberatern, Versicherungsagenten und bald auch im Reisebüro: »Dann haben wir auch wirklich Zeit für Sie, wir sind ganz für Sie da und bereiten uns auf Sie vor, wir bitten um Verständnis.« Dadurch drängt man Kunden in ein Dienstleistungszeitraster, bei dem der Dienstleistende seine volle Auslastung anstreben kann. Wenn sich Löcher im Stundenplan ergeben, sorgt zum Beispiel ein Callcenter für Termine. Sie werden bestimmt öfter von einem Callcenter angerufen: »Ihr Bankberater möchte Sie gerne sprechen.« Da versucht das Callcenter, den Stundenplan für den Bankberater lückenlos voll zu bekommen. Es hat die Funktion der aufdringlichen Marktschreier, die im Urlaub neben dem Speisekarten-Aufsteller eines Restaurants lauern und Leute zum Eintreten auffordern.

○ Kunden bekommen viel zu knappe Termine, die für die Ausführung ihres Wunsches wahrscheinlich nicht ausreichen. Dadurch vermeidet man Wartezeiten auf den nächsten Kunden, die entstehen, wenn der Kunde zum Beispiel einen Termin für eine halbe Stunde hat, aber schon nach einer Viertelstunde fertig bedient ist. Kennen Sie das von Ihrem Zahnarzt? Der sagt: »Ich habe in der vorgesehenen Stunde nur eine Plombe geschafft, die andere nicht. Ich unterbreche die Behandlung für den nächsten Patienten. Sie müssen daher erneut kommen. Erbitten Sie am Empfang einen Folgetermin.«

Weil die Kundenwünsche mit den Dienstleistenden nicht richtig zusammenpassen, muss ja zwingend irgendwie gewartet werden. Das verursacht Ineffizienz und folglich Kosten. Wer trägt die? Das ist heute eine Machtfrage – natürlich wartet der Ohnmächtige. Wer als Unternehmer zu wenige Kunden hat und in Not ist, umwirbt sie mit seinem eigenen Zeitaufwand (»Ich besuche Sie jederzeit gerne!«). Handwerker mit vollem Auftragsbuch lassen uns betteln kommen. Die Bahn lässt immer uns warten, wir haben gar keine Wahl. In Berufen mit Arbeitslosigkeit werden die Risiken den Mitarbeitern aufgebrummt, die nun kein festes Gehalt mehr bekommen, sondern Abrechnungen über eine Anzahl ihrer Leistungen (also von aufgezogenen Winterreifen, verkauften Bausparverträgen, erfolgreichen Terminvereinbarungen im Callcenter oder für die Zahl der für die Zeitung verfassten Artikel). Wenn der Kunde etwas wirklich sehnsüchtig will, wartet er unter Umständen gerne und auch lange. Er bezahlt sogar für das Warten, denn er kauft Getränke oder Snacks, weil er sich das Warten angenehm machen will. In Vorfreude warten wir bei Ägyptenflügen stundenlang auf den Check-in. Im Disneyland ist Warten eine Halbtagsbeschäftigung. Bei Ausflügen im Ausland darf man oft ein oder zwei Stunden etwas besichtigen oder auf einen Turm steigen, aber viele warten lieber hinter einem Getränk gleich an der Ecke, dass der Bus sie endlich wieder abholt und der Reiseleiter die bleiern lastende Zeit der Selbstständigkeit aufhebt.

Früher ließ man möglichst niemanden warten, es war ein Gebot der Höflichkeit. Im Zeitalter der nackten Effizienz aber muss wie an der Börse »der bezahlen, der es eilig hat«.

Standardisierung, dabei Standardprodukte und Premium trennen

Wird eine Vollauslastung angestrebt, so entstehen aber auch viele Probleme. »Ich habe weniger Kunden beraten, aber die sind zufriedener.« – »Ich habe wenig kassiert, aber dafür mehr eingeräumt.« – »Ich habe kaum Versicherungen verkauft, aber dafür mehr Zertifikate.« – »Ich habe mir die Zeit genommen, wundervolle Artikel für die Zeitung zu schreiben. Für diese ist die Zeitung anderswo gerühmt worden. Ich will jetzt mehr Geld als das übliche Zeilenhonorar.« – »Ich habe ziemlich lange geputzt, aber dafür ist es jetzt sauber.«

Kurz: Man kann weniger Kunden bedienen, aber dafür besser. Dieses Faktum führt zu unendlich viel Streit. Deshalb wird in unserer Gesellschaft die Qualität der Dienstleistungen zunehmend genau festgelegt (»Service Level Agreement«). Man vereinbart bei Putzdiensten nicht simples »Saubermachen«, sondern so etwas: »Staubwischen Di + Do, Saugen täglich, Fenster alle 14 Tage, Heizungen abstauben sechs Mal pro Jahr, Toilette Damen alle zwei Stunden, Herren ...« Nun kontrolliert man, ob die Dienstleistenden alle Handgriffe genau nach Vertrag erledigten. Von Zeit zu Zeit werden Kundenumfragen durchgeführt. Man entlässt Mitarbeiter, bei denen sich Beschwerden häufen.

Sind Dienstleistungen nun als objektive Messgrößen in Verträgen vereinbart, müssen sie auch vorher objektiv definiert werden. Zum Beispiel: »Durchführung einer telefonischen Überweisung.« Oder: »Annahme eines Wertpapierkaufauftrags.« Oder: »Urinanalyse auf Bakterien.« Durch diese vertraglichen Vereinbarungen und die dadurch notwendige Leistungs-objektivierung werden Dienstleistungselemente mehr und mehr überall stan-dardisiert. »Staubsaugen in Bochum« ist genauso bundeseinheitlich definiert wie »Staubsaugen in Hockenheim«. Es bilden sich einheitliche Vorstellungen von Dienstleistungen und einheitliche Vertragsnormen.

Wenn Dienstleistungen aber einheitlich festgelegt sind, weiß man auch, welche Qualifikation ein Mitarbeiter für die jeweilige Arbeit benötigt. Es gibt zu allen Dienstleistungen bald auch Tabellen, wie viel Lohn sie in der Regel kostet (»Fliesenlegen pro qm, Schneidezahnplombe auswechseln, neue Lichtmaschine einbauen«). Für alles gibt es Leistungszahlen und Ver-rechnungspreise.

Alle Arbeiten werden nun in kleinere Komponenten aufgeteilt, meist in einen kleinen »kreativen« Expertenteil und einen großen Routineteil. Der teuer bezahlte Arzt versucht, nur noch die Diagnose zu stellen und die Behand-lung durch Helfer erfolgen zu lassen (röntgen, professionelle Zahnpflege, Laboruntersuchungen). Professoren denken nach und übergeben die Labor-experimente niedrig bezahlten Doktoranden, die für den späteren Titel-erwerb ein Hungergehalt hinnehmen. Der Kfz-Meister riecht kurz am Auto, stellt den Fehler fest und lässt einen Lehrling reparieren. Der Chefberater diskutiert mit dem Auftragnehmer die benötigten Informationen und schickt dann Juniorberater (so heißen dort Lehrlinge) mit Fragebögen los. Die Ar-beiten werden konsequent in Hochlohn-, Mittellohn- und Niedriglohnanteile zurechtgeschnitten. Damit wird sichergestellt, dass jeder Mitarbeiter auf seinem Niveau immer ausgelastet ist, also keine Arbeiten tun muss, die ein niedriger Bezahlter auch tun könnte.

Deshalb werden überall Niedriglohn-Callcenter vor die teure Bera-tung oder Dienstleistung geschaltet. Nur noch wenig hoch bezahlte Arbeit wird »drinnen« von den eigentlichen Mitarbeitern erledigt. Callcenter schaf-fen es oft, neunzig Prozent aller Problemfälle selbst in wenigen Sekunden zur Zufriedenheit des Kunden zu lösen. Die teuren Experten sind nur noch für Spezialfälle da. In vielen Banken darf man als Kunde seine früheren Berater gar nicht mehr selbst sprechen, wenn das Anliegen auch vom Callcenter erfolgreich behandelt werden kann. Alles muss billig erledigt werden, soweit das geht!

Beispiel: »Hallo Callcenter, ich möchte Frau Expert sprechen.« – »Sagen Sie bitte, was Sie von Frau Expert möchten? Ich bin sicher, dass ich selbst Ihnen schon helfen kann.« – »Nein, ich möchte direkt mit Frau Expert sprechen.« – »Das ist nicht erlaubt, nur dann, wenn ich Ihnen nicht selbst helfen kann.« – »Ich möchte hundert Millionen indische Rupien anlegen.« – »Aha, ich verstehe, das kann ich nicht, ich verbinde Sie weiter.« – »Hallo Bettina, legst du bitte die hundertzwei Euro Ausschüttung von Immobilia wieder in Fondsanteilen an?« – »Nein, Gudrun, das darf ich nicht, dass müssen die im Callcenter tun, es ist eine niedrige Routinearbeit. Wie bist du denn überhaupt zu mir telefonisch durchgekommen?« – »Ich habe gelogen und eine Beratung in indischer Währung verlangt, Bettina, ich wollte einfach nur mit dir sprechen.« – »Oh Gott, Gudrun, das mit den Rupien steht hier jetzt als Kundenwunsch von dir im Computer, das hat das Callcenter als Service Request hier eingetragen, was mache ich jetzt? Ich muss dokumentieren, was ich in dem Case getan habe.« – »Schreib, ich konnte mich nicht entscheiden.« – »Dann bekomme ich Strafpunkte, weil ich dich schlecht beraten habe. Ruf bitte nie mehr an, verstehst du?« – »Was willst du damit sagen, Bettina? Bin ich unerwünscht?« – »Gudrun, sei mir nicht böse, aber du bist ein stinknormaler Kunde, der nichts Schwieriges braucht.« Etc. Wer echte Beratung braucht, soll sie bezahlen. Wer sich vom Chefarzt behandeln lassen will, soll Gold mitbringen.

Abwälzen von Arbeit auf den Kunden

Der Kunde soll selbst arbeiten! Das ist natürlich der Königsweg der Einsparung, denn auf diese Weise lassen sich viele Jobs ersatzlos streichen.

Warten

Dieses Phänomen habe ich schon mehrfach erwähnt: Der Kunde wartet, damit der Service-Geber voll ausgelastet ist. Oft warten Topverdiener auf Niedriglohndienstleistungen. Das ist im Sinne des vorigen Abschnittes natürlich absolute Verschwendung. Aber das ist den Unternehmen egal, weil diese Verschwendung sie nichts kostet, solange der Kunde nicht aufbegehrt.

Kunden vor die Alternativen stellen: Selbstbedienung oder Warten/Zahlen

Man kann Automaten aufstellen, an denen der Kunde die von ihm gewünschte Dienstleistung selbst erbringen kann: Geld abheben, einchecken, Parktickets bezahlen, Bahnfahrkarten ziehen. Daneben gibt es einen Schalter, an dem der Kunde »Service bekommt«. Dort lässt man ihn warten, bis er langsam den Automaten vorzieht. Wenn das nicht klappt, erhebt man einen Serviceaufschlag. Angenommen, Sie kommen 10 Minuten vor der Abfahrt des Zuges in den Bahnhof und brauchen noch eine Fahrkarte. Die Schlange vor dem Schalter ist lang. Was machen Sie? Sie gehen zum Automaten. Das sind Sie noch nicht gewöhnt, Sie laufen hektisch entschlusslos herum, werden ganz nervös, stellen sich in die Schlange und merken, dass es nicht mehr reicht. Sie springen ohne Fahrkarte in den Zug und zahlen dort einen Serviceaufschlag. Das nächste Mal wissen Sie, dass Sie wegen der Schlange im Bahnhof, die unkalkulierbar lang ist, nun immer 20 Minuten vorher da sein müssen. Jedes Mal! Das verärgert Sie. Daraufhin kommen Sie eine Stunde zu früh und üben es selbst am Automaten. Von da ab arbeiten Sie selbst, nicht mehr der Schalterbeamte. In dieser Weise werden Kunden erzogen, die Arbeit selbst zu übernehmen. Es hat bei den Bankautomaten geklappt, es folgen die Bahnautomaten und bald die Check-in-Automaten. Bald gewöhnen wir uns an Automaten schlechthin.

Kunden arbeiten gern an guten Automaten

Wenn die Kunden daran gewöhnt sind, die meisten Probleme direkt mit einem Anruf in einem Callcenter zu lösen, dann ist der Weg von der Standardisierung der Arbeit im Callcenter zur direkten Erledigung durch den Kunden selbst im Internet nicht mehr weit.

Der Kunde kauft, überweist, bucht Flüge und Reisen, er bestellt Papierfotos elektronisch durch Anklicken im Internet, designt Fotokalender und eigene T-Shirts, er trägt seine Einkommensteuerdaten online beim Finanzamt (ELSTER) ein – das muss jetzt kein Beamter mehr tun. Er beginnt das eigene Arbeiten zu schätzen, weil er im Internet »in Ruhe« arbeiten kann, er muss nie mehr mit rotem Kopf nervös unter Termindruck in einer Schlange warten.

Der Check-in für den Flug von zu Hause aus ist toll! Man sucht sich einen Fensterplatz aus. Wer vor dem Flug wartet und dann den Service eine Stunde vor Abflug bekommt, muss in der Mitte gequetscht sitzen. Der Kunde bestellt Arznei im Internet und holt sie an der Tankstelle ab – damit hat sich eine Apotheke erübrigt. Der Kunde sucht sich Theaterplätze und Sitze im Fußballstadion aus.

Manchmal ist aber auch der an sich arbeitswillige Kunde bei der eigenen Serviceerbringung überfordert. Er kommt zum Beispiel nicht mit dem Internet zurecht und muss anrufen. Das kostet den Dienstleister wieder Geld für die Betreuung und den Service des Kunden. Deshalb werden die Internetprozeduren mit erheblichem Aufwand über die Zeit besser und besser programmiert – am besten überall einheitlich, damit der Kunde möglichst breit einsatzfähig ist und viel selbst erledigen kann.

Die Infrastrukturen der Automaten bieten dem arbeitswilligen Kunden einen immer komfortableren Arbeitsplatz. Der Kunde erbringt den Service selbst und hat dabei sogar noch ein Serviceerlebnis. Die Mitarbeiter aber, die früher Reisen gebucht haben und Geburtsurkunden ausstellten, die Belege prüften oder Rechungsdaten von Papier in Computer übertrugen – die werden nicht mehr gebraucht. Ihre Arbeit und ihr Job fallen weg. In dieser Weise tragen auch die Kunden zum Ende der Dienstleistungsgesellschaft bei, weil sie die Arbeiten in ihrer Freizeit freiwillig erledigen.

Der Kunde missbraucht Services und schafft sie dadurch ab

Viele Kunden schauen sich im Buchladen alles schön an, fleddern Bücher, fassen alles an – und gehen wieder nach Hause, um die ausgesuchten Bücher im Internet zu bestellen. Die Bücher kommen frei Haus. Die Kunden schauen sich generell Markenartikel im Laden an, probieren die Größen der Textilien, lassen alles in der Kabine liegen und bestellen im Internet. Sie gehen in Möbelhäuser und lassen sich reihum fünfmal von Innenarchitekten eine Küche entwerfen, wählen die schönste aus und kaufen sich die Teile in einem schwedischen Möbelhaus.

Die Markenkaufhäuser müssen nun für jeden verkauften Artikel mehrmals beraten. Das macht die Waren im Kaufhaus teurer. Dadurch wird der Preisabstand zum Internet größer. Nun kaufen immer mehr im Internet, die Markenkaufhäuser sterben.

Die Dienstleistungen sterben, weil wir sie durch solches unethisches Verhalten erschleichen. Wir honorieren die Dienstleistungen und die Beratung nicht mehr durch einen Kauf.

Machen Sie so etwas auch? Dann sind auch Sie einer der Totengräber der Dienstleistungsgesellschaft.

»Ich bin zu zehn Banken gegangen und habe den Kleinkredit verhandelt. Dann eine zweite Runde, bei der ich sie gegeneinander ausgespielt habe. Dadurch habe ich in zwanzig Verhandlungen ein halbes Prozent raushandeln können.« Zählen Sie einmal mit, wie viele Minuten zu ein bis zwei Euro Kosten so eine Totengräberei erzielt hat? Deshalb werden Kredite bald von Computern vergeben. Und deshalb wird bald niemand mehr mit Ihnen viel reden, Ihr Arzt nicht, Ihr Scheidungsanwalt nicht – keiner. Sie bezahlen es ja nicht. Ein Kassenarzt bekommt pro Patient und Quartal pauschal um die 40 Euro. Wie lange sollte er mit Ihnen reden, wenn die Praxis insgesamt etwa 2,50 Euro die Minute kostet? 220 Tage im Jahr Praxis mal 8 Stunden mal 60 Minuten = 105 600 Minuten; eine Praxis hat durchschnittlich etwa 230 000 Euro Umsatz im Jahr. Was also verlangen Sie für 40 Euro im Quartal? »Ich verlange, dass der Arzt ausgiebig Zeit für mich hat. Sonst gehe ich zu einem anderen. Ich lasse mich übrigens kaum jemals ohne eine zweite Meinung behandeln.« 40 Euro aber sind 16 Minuten pro Quartal.

Und gerade als ich an diesem Abschnitt schreibe, gab es eine Diskussion vor der Sparkasse in Waldhilsbach. Jemand aus dem Gemeinderat mahnte die Bürger, die Bankdienstleistungen nicht online zu tätigen. »Lassen Sie uns alle die Überweisungen hier vom Bankangestellten ausführen. Lassen Sie uns hier Geld abheben. Dadurch hat er viel Arbeit und wir demonstrieren, dass wir ihn alle brauchen. Dann kann die Sparkasse Heidelberg die Zweigstelle hier nicht schließen.« Das hat mich fast umgehauen! Ich erklärte: »Wenn jeder hier die Überweisungen von der Bank ausfüllen lässt, dauert es immer zwei Minuten. Dann brauchen sie für den ganzen Ort doch noch einen zweiten Angestellten, verstehen Sie das nicht?« – »Ja, klar! Wir schaffen Arbeitsplätze!« – »Liebe Leute, Sie schaffen keine Arbeit, sondern Sie machen welche, das ist etwas anderes. Arbeit schaffen bedeutet, jemanden eine Arbeit ausführen lassen und ihn dafür bezahlen, damit er davon leben kann. Sie aber verursachen für den Angestellten da drin Mehrarbeit, ohne seine Arbeit mit der Überweisung zu bezahlen, weil die in der Kontopauschale schon abgegolten ist. Wenn das die Sparkasse Heidelberg merkt, rechnet sie nach, dass ein Automat statt einer Zweigstelle billiger wäre. Wenn Sie also alle hier dem Menschen da drin mehr Arbeit machen, ohne sie zu bezahlen, wird er ineffizient und sofort entlassen. Sie vernichten also gerade einen Arbeitsplatz und glauben, Sie erhalten ihn!« Diese ganze Argumentation habe ich mehrfach wiederholt. Ich weiß nicht genau, ob man mir geglaubt hat.

Legen Sie dieses Buch einmal kurz zur Seite. Fragen Sie sich: Wie viele Jobs können durch bloße Optimierung der Auslastung und durch Kundenarbeit gestrichen werden? Ich habe keine Zahlen zu bieten, aber wie klingt für Sie meine intuitive Schätzung von einem guten Drittel? Können Sie mit dieser Zahl mitgehen? Ja?

Dann führe ich Sie in Gedanken an die Kasse von Lidl, REWE oder Tengelmann. Da piept es an der Kasse. Piep-Piep-geht nicht-noch mal-Piep doch noch-Piep-Piep-geht nicht, Etikett drehen-Piep-Piep-Piep-geht nicht-noch mal-geht nicht-Zahl eintippen, dabei seufzen-Piep-Piep-Piep ... Kennen Sie das? Haben Sie es im Ohr?

Jetzt gehen wir in Gedanken zu ALDI. Piept es da überhaupt? Am Anfang Piep-Piep-Piep-mitleidiger Blick eines jungen Menschen, dass ich nicht schnell genug einpacke-Piep-Piep, den Rest höre ich nicht mehr und versuche schneller einzupacken als er/sie die Barcodes scannt.

Jetzt legen Sie das Buch nochmals nieder und fragen sich: Wenn man NACH der Vollauslastung nun noch zusätzlich normal schneller arbeiten würde – wie viele Jobs ließen sich einsparen? Ich habe wieder keine Statistiken anzubieten, aber vielleicht noch mal ein Drittel von den zwei verbliebenen Dritteln? Da bleiben von den 100 Prozent noch 66 Prozent und nach dem Beschleunigen noch zwei Drittel davon, also 44 Prozent.

Und nun schauen wir uns an, wie viele Jobs wir sparen können, wenn wir die Systeme erst verbessern, dann vereinheitlichen und dabei voll auslasten – wenn wir also mit den Systemen und Infrastrukturen etwas Ähnliches wie mit den Jobs der Mitarbeiter anstellen.

Beginnende Dominanz von Dienstleistungsfabriken

Jetzt zeige ich Ihnen, dass es in vielen Bereichen viele verschiedene Strukturen oder Standards gibt, die parallel betrieben werden. Eine einzige würde ja reichen und im Grunde besser funktionieren. Deshalb gibt es einen Trend zu einheitlichen Strukturen – mehrfache sterben langsam aus. Das setzt ungeheuer viele Dienstleistungsberufe unter Druck. Ich beginne mit dem Argument, dass in vielen Situationen eine Struktur besser ist als viele.

Nur eine einzige Infrastruktur!
Es gibt in den USA mehrere Telefonnetze und andere Mobilfunkfrequenzen. Wer dort Urlaub macht, sollte daher an ein Triband-Handy denken. Es ist, als wenn wir verschiedene Straßennetze mit am besten noch anderen Verkehrsregeln hätten! Was würden Sie denken, wenn wir je ein Straßennetz für Links- und Rechtsverkehr hätten? Wenn neue Infrastrukturen entstehen, ist das leider oft doppelt und dreifach, weil ja verschiedene konkurrierende Unternehmen mit dem Aufbau paralleler Systeme beginnen. Es bilden sich

nur langsam einheitliche Standards. Erst seit Kurzem wird bei allen Handys ein USB-Ladekabel angeboten, damit wir nicht alle zig Aufladeeinheiten zu Hause vorhalten müssen!

Ende der 90er Jahre habe ich bei IBM viele Diskussionen erlebt, ob Amazon wohl je Gewinne machen würde. »Man kann keine Bücher im Internet verkaufen!« Später versuchten andere Konzerne, in Deutschland zum Beispiel Bertelsmann, an den Erfolg von Amazon anzuknüpfen und ebenfalls im Internet zu verkaufen. Da war es für die meisten zu spät. Warum? Bei Amazon gibt es Verbraucherkritiken. Die gab es dort zuallererst! Die Käufer beschrieben ihre Eindrücke, sie schrieben Rezensionen zu Büchern. Das aber tun sie bei anderen Buchketten nicht. Schauen Sie selbst! Bei Weltbild, Libri & Co. kann ebenfalls jeder Leser Rezensionen schreiben. Dort stehen aber fast keine. Das liegt daran, dass die Rezensenten sich natürlich freuen, wenn ihre Meinung gelesen wird. Sonst machen sie sich nicht die Mühe des Schreibens. Bei Amazon sind aber die meisten Leser, weil Amazon den größten Umsatz macht. Also schreibt jeder nur bei Amazon. Dann aber macht es kaum noch Freude, die Bücher woanders zu bestellen, weil dort keine Rezensionen stehen. Die Konsequenz ist: Die Rezensionen verschaffen Amazon einen Vorteil, den andere Verkaufsportale nie, nie, nie wieder einholen können. Amazon hat eine wichtige Infrastruktur der Rezensionen geschaffen, einen Schatz des Wissens, der weit über Amazon an sich hinausgeht.

Bei Amazon kann jeder seine Bücher anbieten. Ich selbst biete dort meinen Vampirroman *Ankhaba* mit blutroter Signatur an, damit er auf jeden Fall immer lieferbar ist. Haben Sie dort auch schon einmal Bücher verkauft? Ja? Warum nicht woanders? Warum bei Amazon? Amazon verfügt über einen weiteren Vorteil: Dort schauen die meisten Leute vorbei. Ich habe also die beste Chance, dort etwas zu verkaufen. Deshalb meide ich andere Portale beim Verkaufen. Das Verkaufen von Privatbüchern ist aber für Amazon um Größenordnungen profitabler als der normale Buchhandel mit neuen Büchern. Sehen Sie: Ich stelle meinen Roman für 18 Euro hinein, Sie klicken und bezahlen über Amazon, dann schicke ich Ihnen das Buch. Amazon hat nur ein paar Computerbuchungen und bekommt so 2 oder 3 Euro von mir, die mir vom Verkaufspreis abgezogen werden. Bei diesem höchst profitablen Geschäft ist Amazon konkurrenzlos, weil wir eben allesamt nur dort hinwollen – die Verkäufer, weil sie es dort loswerden können, die Käufer, weil sie es dort schnell finden. Mit allen diesen Argumenten will ich sagen: Es kann eigentlich nur ein Amazon geben.

Es gibt auch nur ein eBay. Warum? Dort sind alle! Wenn ich etwas verkaufen will, sind hier die meisten Leute, die meine Ware ersteigern wollen. Wo viele Steigerer sind, bekommt man als Verkäufer den höchsten Preis. Die Käufer kommen zu eBay, weil sie hier alles finden. Es kann also eigentlich logisch nur ein eBay geben. Alle anderen Versuche scheitern, weil sich das Verkaufen woanders nicht lohnt. Die einzige Möglichkeit, dass eBay oder Amazon Konkurrenz bekommt, besteht darin, dass sie aus Gier die Gebühren zu hoch setzen. Solch ein Selbstmord würde ihnen die Konkurrenz auf den Hals hetzen. eBay versucht das immer ein bisschen, weil eBay enttäuscht ist, dass der Umsatz nicht wie früher stetig anwächst. Sie fragen sich: Warum kaufen und verkaufen wir nicht mehr so viel? Ich könnte es eBay verraten, aber sie fragen mich nicht. Es liegt daran: Ich habe alles bei eBay versteigert, was ich nicht brauchte. Ich habe alles gekauft, was ich mir wünschte. Nun bin ich nur noch gelegentlich da. Ist das nicht sonnenklar? eBay schafft Waren, die irgendwo im Keller oder auf dem Boden liegen, in das Wohnzimmer anderer Leute, die diesen Waren einen hohen Wert beimessen. Irgendwann sind die wertvollen Dinge wieder alle in einem neuen Wohnzimmer. Und dann wächst eBay nicht mehr so sehr – wir verkaufen dann immer nur die neuen Erbschaften oder unpassenden Geschenke. Das große Aufräumen aber ist eines Tages einfach vorbei. Deshalb wird sich das Wachstum von eBay und auch Amazon nicht weiter ausweiten – sie müssten das hinnehmen und zufrieden sein. Zufrieden, dass es sie nur einmal geben kann.

Google scannt die ganze Welt für Google-Maps. Wir fangen an, diese Karten gerne zu nutzen. Und Google verdient Geld über Werbung damit. Glauben Sie, es würde nun für einen zweiten Anbieter Sinn ergeben, die ganze Welt noch einmal zu fotografieren? Bestimmt nicht. Es wird nur ein Google geben.

Wir brauchen nur eine einzige Infrastruktur, ein einziges Straßennetz für viele Logistiker, ein einziges Schienennetz für die Deutsche

Bahn und all die Regional- und S-Bahnen, eine einzige Flugsicherung und einen Flughafen, eine einzige digitale Karte für alle unsere verschiedenen Navigationssysteme, einen einzigen intellektuellen Schatz der Rezensionen bei Amazon.

Die Konsequenz aber ist: Eine Infrastruktur lässt sich mit wesentlich weniger Jobs betreiben als mehrere Infrastrukturen.

Das langsame Verschwinden heute noch paralleler Strukturen

Diese vielen parallelen Infrastrukturen könnten doch besser miteinander verschmolzen werden. Warum muss ich immer zu einem Geldautomaten meiner kontoführenden Bank gehen oder woanders deftige Wuchergebühren zahlen? Man könnte doch nur einen Bruchteil der Automaten aufstellen und alles kostenlos machen. Warum muss ich am Flughafen durch endlose Terminals hetzen, um einen Check-in-Automaten meiner Fluglinie zu finden? Das ist besonders ärgerlich, weil immer nur vor den Automaten Warteschlangen stehen, deren Fluglinie einen nahen Abflugtermin hat. Nebenan bei den anderen Fluglinien stehen Heerscharen unbenutzter Automaten, die dann in einer Stunde wieder dicht umschwirrt sind, wenn ich gerade abfliege. Dann sind die Automaten meiner Airline unbenutzt. Jede Airline hat nur die eigenen Jobs durch eigene Automaten ersetzt. Warum ersetzt man nicht auch die speziellen Automaten durch allgemeine Automaten?

Solche Beispiele gibt es überall. Ich gebe Ihnen einige davon in Bereichen, in denen es viele oder gar Hunderte paralleler Strukturen gibt, die historisch getrennt entstanden sind. Im Zeitalter des Internets brauchen wir aber nicht mehr so viele. Außerdem wird das Verändern von Systemen immer teurer und häufiger nötig. Das ist ganz sinnlose Mehrfacharbeit.

Schauen Sie erst einmal, wo es viele gleichartige Strukturen gibt:

- Die Städte haben viele eigene Systeme für alles: Grundbücher, Standesämter, Vormundschaftsgerichte etc. etc. etc.
- Universitäten haben eigene Verwaltungen für jeweils genau das Gleiche.
- Krankenkassen leisten sich eigene Verwaltungssysteme.
- Energielieferanten oder Telecoms haben eigene Abrechnungssysteme.

- Die Steuerbehörden beginnen sich langsam zu ordnen, wir bekamen dazu ja eine einheitliche Steuernummer.
- Etc. etc. – alle Firmen, Institutionen, Behörden, Gemeinden haben ganz eigene Systeme.

Die Computersysteme für Einwohnermeldewesen, für Apotheken, Reisebüros oder Finanzämter könnten im Prinzip jeweils zu einer einzigen Infrastruktur verschmolzen werden. In einem zweiten Schritt könnten die Systeme sogar zusammenarbeiten!

Es wird noch lange dauern, bis diese Strukturen optimal zusammenarbeiten und auf ein effizientes Maß zusammengeschrumpft sind. Das Zusammenlegen und Zusammenarbeiten der Strukturen ist aber nicht aufzuhalten, weil das dauernde Verändern der Strukturen viel zu teuer ist. Alle Strukturen wurden vor einigen Jahren auf den Euro umgestellt, alle auf ein vierstelliges Jahresdatum zum 1. Januar 2000. Diese gewaltigen Veränderungen bescherten den Beratern und Computerfirmen ganze Sonderkonjunkturen.

Heute (2009) müssen Banken zum Beispiel die Abgeltungssteuer bei Kapitalerträgen in ihre Systeme integrieren. Jede Strukturreform dieser Art muss in den Systemen abgebildet werden. Wenn es Hunderte parallele Systeme gibt, dann eben Hunderte Male in der gleichen Weise. Das ist eine gigantische Verschwendung. Noch mehr Beispiele für teure Systemveränderungen:

- Die Einführung des Gesundheitsfonds erfordert das Ändern aller Krankenkassensysteme.
- Ein Arzt verschreibt Aspirin von Bayer, aber die Krankenkasse hat ein Großabnahmeabkommen zum Beispiel mit ratiopharm, eine andere Krankenkasse mit XYZ und so weiter. Wenn der Patient das Rezept bei der Apotheke vorlegt, muss er eine hohe Zuzahlung leisten oder er muss das Großabnehmermedikament seiner eigenen Krankenkasse nehmen, was den gleichen Wirkstoff hat wie das verschriebene. Jetzt muss der Apotheker erst im Computer nachschauen, was er bei diesem Patienten dieser Krankenkasse herausgeben soll – statt des Medikaments, das der Arzt verschrieben hat. Die Verträge der mehreren Hundert Krankenkassen bei Tausenden Arzneimitteln ändern sich aber täglich!

- Die vielen Hundert Energieunternehmen versuchen, nur so viel Strom zu erzeugen, wie sie genau verkaufen. Wenn sie zu viel erzeugen oder zu wenig, dann verkaufen oder kaufen sie die Differenz an andere oder von anderen Stromerzeugern an der Strombörse. Nun braucht jedes kleine Unternehmen eine eigene Abteilung für Computer-Energiehandel. Dazu braucht man gewiefte Experten, die sehr teuer sind. Es gibt gar nicht so viele davon wie kleine Energieerzeuger. Deshalb müssen sich die Erzeuger bald zusammenschließen, weil die Struktur zu teuer wird.
- Alle Banken und Versicherungen haben in der Vergangenheit sündhaft teure Systeme für ihre Transaktionen gebaut. Die müssen nach jedem Tarif, jedem Gesetz, jeder Änderung des Internetrechts umgebaut werden. Sie werden nach Hackerangriffen sicherer gemacht. TANs gibt es nun nur über Handy etc. Soll nun jede Volksbank und jede Sparkasse, jede für sich bei allem immer nachziehen?

Weil das zigfache Ändern zu teuer ist, müssen die Unternehmen die großen Systeme gemeinsam aufbauen und sie gemeinsam betreiben. Erinnern Sie sich an meinen Vater, der sich den Mähdrescher nicht mehr alleine leisten konnte? Erinnern Sie sich, dass ein Mähdrescher für einen Bauern ein totales Überinvestment bedeutet, weil der Mäher ja für ein ganzes Dorf ernten kann? Genauso reichen die Systeme immer auch für viele Unternehmen gleichzeitig aus.

Ein Amazon, ein eBay, ein Google reicht ja im Prinzip. Ein Standesamt, ein Autonummernvergabesystem, ein Finanzamtsystem, ein Banksystem reicht im Prinzip für alle. Ein Krankenkassensystem, ein Computersystem für Apotheker, das automatisch X herausgibt, wenn der Arzt Y für einen Patienten bei Kasse Z verschrieben hat.

Die Systeme, die alles können, sind für die kleinen Sparkassen, Krankenkassen oder Elektrizitätswerke genauso zu teuer wie der eigene Mähdrescher für meinen Vater. Und so wie mein Vater die Leistungen der Großmaschinen vom Maschinenring oder von Raiffeisen bezog, so beziehen die Unternehmen die immer teureren Systemleistungen von einem großen Systemanbieter.

Sie wissen vielleicht, dass die Postbank die Überweisungen für andere Banken erledigt, zum Beispiel für die Deutsche Bank. Städte schließen ihre Computersysteme zu kommunalen Rechenzentren zusammen. Die Krankenkassen legen ihre Systeme oder wenigstens ihre Netze zusammen (so etwa die DAK und die BEK). Die Sparkassen und Volksbanken hatten schon lange Zentren, die immer weiter zusammengelegt wurden. Heute beherrschen Unternehmen wie die Finanzinformatik und die Fiducia den riesigen Markt.

Sie sehen: Alle früher parallel geführten Strukturen und Systeme wachsen schon seit einigen Jahren zusammen. Dadurch werden viele Arbeitsplätze abgebaut. Da das Zusammenlegen so lange dauert, wird sich dieser schleichende Abbau der Jobs im Dienstleistungsgewerbe noch lange hinziehen. Er beschleunigt sich nur gerade, weil die Finanzkrise das Einsparen zur Pflicht macht.

Natürlich muss bei allen Vereinheitlichungen bedacht werden, dass sich Monopole bilden können. Das kann passieren – man muss sicherlich scharf aufpassen. Aber dies ist keine zwangsläufige Entwicklung. Dass es nur eine Art von Struktur geben sollte oder wird, also nur eine Mobilfunkfrequenz, ein Bankautomatennetz, eine einheitliche Struktur zur Verwaltung von Städten, bedeutet nicht, dass alles in einer Hand liegen muss. Tankstellen sind ja auch alle gleich, gehören aber verschiedenen Konzernen. Autos sind so sehr gleich, dass jeder von uns jeden Mietwagen fahren kann – stellen Sie sich vor, bei allen Autos wären Gangschaltungen und Blinker irgendwo ganz anders! Strukturen können durchaus von vielen Anbietern betrieben werden, aber sie sollten einheitlich aufgebaut werden wie zum Beispiel das S-Bahn-Netz in Deutschland.

Dienstleistungssysteme wie »Fabriken«

So wie Raiffeisen die großen Maschinen für die Landwirtschaft stellt, bilden sich nun große Dienstleistungszentren, die einen bestimmten Service vollkommen effizient erledigen. Die Firma Carglass repariert im Wesentlichen Autoscheiben, fertig. Es gibt Firmen, die nur die Bremsscheiben erneuern oder den Auspuff austauschen. Das geht viel billiger als in einer normalen Werkstatt, weil die Mitarbeiter vollkommen gut in der einzigen Arbeit ausgebildet sind, die sie ausüben. Der Kunde muss dazu eine längere Anfahrt zum nächsten Dienstleistungszentrum in Kauf nehmen, er hat aber Vorteile davon: Der neue Auspuff ist zum Beispiel einfach sofort da. Sie hören beim Auspuffspezialisten nicht die üblichen Sprüche der Firma im Dorf: »Ist nicht am Lager, nehmen Sie am besten in drei Tagen noch einmal einen halben Tag Urlaub und bringen Sie den Wagen erneut vorbei.« Für klar erkennbare Autoprobleme wie Reifenwechsel lohnen sich Zentren. Die Routinearbeiten werden aus dem normalen Autowerkstattalltag herausgenommen und wie am Fließband erledigt. Wenn das Auto unklare Schäden hat, muss doch noch einmal ein Meister ran und eine Diagnose abgeben. Wo keine Diagnose nötig ist, geht's gleich ab ins Servicezentrum. Das hatte ich schon erklärt: Der einfache Teil der Arbeiten (ohne Design, ohne Beratung, ohne Diagnose) wird abgetrennt. Der Rest wird von teuren Spezialisten übernommen.

Für Autos ist das klar, oder? Lassen Sie uns nun genauso Menschen anschauen, die ja auch gewartet, repariert und überholt werden müssen. Dort vollzieht sich die gleiche Entwicklung. Sie gehen mit Bauchschmerzen zum Arzt. Der diagnostiziert »Blinddarm«. Dann fahren Sie hundert Kilometer weiter zum nächsten Blinddarmzentrum, wo nur Blinddärme entnommen werden. Sie warten kurz, zack, raus. Am besten fährt Sie ein Auto gleich in ein anderes Zentrum, wo nur Operationsnachsorge angeboten wird. Dort sind »die Betten«, die man eigentlich vom Operationsteil trennen könnte. Es gibt bald eine große Zahl von Hüfteinbau-Zentren, Herzkliniken, Hotels, wo man Zahnimplantate und Urlaub kombinieren kann, usw. Die Ärzte dort setzen nur Hüften ein oder transplantieren nur Nieren. Sie sind Fließbandarbeiter geworden wie diejenigen, die nur Auspuffe austauschen. Moderne Chaplin'sche Zeiten auch für Mediziner, die sich der Arbeit am Menschen weitgehend entfremden und nur noch für »ihre eine Schraube« am Menschen zuständig sind.

Wir werden einfach für alles Spezialkliniken haben. Warum nicht eine Impfzentrale? Hingehen, stechen lassen, bezahlen, nach Hause, statt: »Ich bestelle den Impfstoff, der kommt zur Apotheke, Sie gehen dahin, holen ihn ab und kommen dann mit dem Impfstoff zu dem neuen Termin, den ich Ihnen jetzt gebe. Ich weiß leider nicht, ob diese Impfung für Polynesien wirklich obligatorisch ist. Können Sie nicht in ein bekannteres Land reisen?« In einer Impfzentrale sind die Wirkstoffe da und die Reiseprobleme eines jeden Landes bekannt.

Auf der anderen Seite gibt es bald den »Schnupfen-Husten-Doktor« für Bagatellkrankheiten, bei dem Sie nur kurz ein Rezept brauchen. Der sitzt bald neben dem Schlüsseldienst im Supermarkt, hinter ihm hängt wie bei McDonald's eine Preisliste für Ohrenschmerzen oder Verdauungsprobleme. Hier könnte auch ein Zahnarzt sitzen, der nur die Zähne auf Karies nachschaut, aber nicht selbst behandelt. Sie setzen sich einfach hin, wie beim Schuhputzer auf den Stuhl, er schaut kurz in Ihren Mund und Sie zahlen 10 Euro. Können Sie ermessen, wie viel Zeit Ihnen das erspart? Und wie viel Geld? Der normale Zahnarzt kann das für 10 Euro nicht leisten, weil doch seine ganze Praxis in diesen paar Minuten mitbezahlt werden muss.

In den USA ist alles schon so weit. Surfen Sie einmal bei der Minute-Clinic im Internet vorbei. Dort heißt es: »At *MinuteClinic* our board certified practitioners provide treatments, health screenings and vaccinations. We help you stay healthy. No appointments needed.« (... für einfache Behandlungen, Gesundheitschecks und Impfungen – keine Terminvereinbarung nötig).

Sie werden diese Entwicklung nicht wirklich gut finden. Aber Sie sollen hier nur verstehen, dass die Medizin im Prinzip zum halben Preis oder für ein Viertel zu haben sein wird. Niemand hat sich bisher wirklich radikal um die Effizienz gekümmert. In Deutschland wird es auch nicht so schnell eine MinuteClinic geben, weil es überhaupt nicht klar ist, wer die 10 Euro bezahlt. Wo reichen Sie den Beleg ein? Müssen Sie dazu einen Termin bei der Krankenkasse haben, weil Sie einen Termin beim viel teureren Arzt vermeiden konnten? Müssen Sie einen Brief mit der Bitte um Erstattung schreiben und damit zum Briefkasten laufen? Ich will sagen: Unser kompliziertes Gesundheitssystem ist hauptsächlich ein System zum Herumschieben von Geld. Die reine Behandlung der Patienten ist der einfachere Teil. Kann ich denn nicht gleich im Supermarkt beim Minutendoktor meine Gesundheitskarte einem Kartenleser zeigen, wie die Kreditkarte in der Tankstelle? Piep, bestätigen, fertig – das Computersystem dahinter erledigt alles andere *ohne* irgendwelche Menschen. So wird das in Zukunft aussehen! Aber da wird noch viel Wasser durch die Mühlen fließen. Bis dahin verschwenden wir unglaublich viel Geld.

Denken Sie doch einmal in derselben Weise über Universitäten nach. Ich bin Mathematikprofessor und kenne mich da ein bisschen aus. Wenn Sie

Mathematik studieren wollen, müssen Sie im ersten Semester Analysis und Lineare Algebra lernen. In dieser Vorlesung sitzen an einer normalen Uni etwa 200 Anfängerstudenten, die bald gefrustet wegbleiben, weil ihnen insbesondere Lineare Algebra nicht in den Kopf will. Nach dem ersten Semester sind nur noch 80 bis 90 von den 200 da, nach dem zweiten Semester noch 50 bis 60. Sie lesen diese Statistiken über Abbrecherzahlen von Zeit zu Zeit in zornigen Artikeln der Studenten, denen dann ebenso zornige Professoren Faulheit und mangelnde Disziplin vorwerfen. Sei es wie es will (ich selbst finde die Vorlesungen schrecklich – dazu hier später mehr), ab dem dritten Semester verteilen sich die Studenten auf die Spezialfächer wie Zahlentheorie, Algebra, Wahrscheinlichkeit, Spieltheorie, Optimierung, Numerik, Funktionentheorie, Topologie, Statistik, Differentialgleichungen und so weiter und so weiter. Ein Studium dauert fünf bis sechs Jahre, von jedem Jahrgang bleiben nach dem zweiten Semester noch 60 Leute da. Also studieren nach dem dritten Semester noch 5 mal 60 Studenten, das sind insgesamt 300. Die verteilen sich auf vielleicht 40 bis 60 verschiedene Vorlesungen, die von den 30 Professoren und 100 Assistenten angeboten werden. Wenn jeder Student zwei bis drei Vorlesungen hört – wie viele Studenten sitzen dann in einer Vorlesung? So etwa 15 im rechnerischen Durchschnitt! In Wirklichkeit aber sitzen über 50 bei den beliebten Professoren in der Vorlesung und eine Handvoll bei anderen. Ein paar beliebte Professoren schmeißen deshalb im Wesentlichen den Lehrbetrieb. Ist das nun effizient?

Warum braucht man eigentlich so viele Professoren, um die paar Studenten in der Vorlesung zu haben? Gewöhnlich bekommt man hierauf die Antwort: Man muss alle Unterfächer der Mathematik in der Universität lehren können und deshalb für jedes Spezialgebiet einen Professor haben. Die Zahl der Professoren richtet sich also nach der Anzahl der Fachgebiete (die »unendlich« ist), nicht nach der Zahl der Studenten. Deshalb braucht man einen Topologen, einen Statistiker, einen Zahlentheoretiker usw. Die haben aber zu wenig zu tun. Man wird deshalb leicht darauf kommen, eine eigene, ganz große bundesweite »Universität« für Mathematik zu gründen, die einfach nur ausgelastet ist, oder? Dann könnte man zwei Drittel der Kosten einsparen. Man könnte jetzt einwenden, dass dadurch ja auch die Forschung auf ein Drittel schrumpft. Gut. Aber warum nehmen wir dann nicht ein paar beliebte Professoren nur zum Lehren und gute Forscher nur zum Forschen? Ich weiß, ich weiß. Forschung und Lehre gehören zusammen, sagen Sie, obwohl von ein paar Spitzenstars abgesehen die meisten Professoren nur gut in *einem* Bereich sind, wenn überhaupt. Das will ich hier nicht hitzig erörtern. Ich sage nur: Nach Kriterien der Dienstleistungseffizienz ist die Organisation der Universitäten genauso katastrophal wie die des Gesundheitswesens. Man kann aber wie dort nicht wirkliche Reformen durchführen, weil es bei Diskussionen um Reformen sofort in einen Streit der heiligen Krieger mündet. Trotzdem zeichnet sich hier nur allzu deutlich das Ende der Dienstleistungsgesellschaft ab.

Ich kann viele Beispiele mehr anführen. Ich will Sie aber nicht langweilen. Denken Sie einfach kurz selbst nach, zum Beispiel über:

- Zentren, die im Auftrag von Versicherungen die Schadensabwicklung regeln
- Zentren, die für Firmen die Lohnbuchhaltung übernehmen
- Zentren zur Schulung von Mitarbeitern aller Art, dazu Managementcoaching
- Zentren für die Organisation von Firmenevents und Kongressen
- Gebäudemanagement-Konzerne, die Reinigung, Post, Schlüssel, Zugang kontrollieren
- Reisekonzerne
- Rechenzentren jeder Art

Viele Dienstleistungen lassen sich eben noch viel effizienter erbringen, wenn sie in der richtigen Weise wie am Fließband erledigt werden können. Die Auslastung ist einfach sagenhaft besser und die Mitarbeiter »drehen immer dieselbe Schraube«, wie am Fließband – wie bei Charlie Chaplin im Film *Moderne Zeiten*. Dieser Film handelte von Fabriken, nicht von Dienstleistungen. Deshalb sollten Sie ihn nochmals anschauen. Jetzt! Moderne Zeiten für Dienstleistungen.

Was bleibt denn noch vom Menschen zu tun?

Die großen Dienstleistungssysteme zergliedern die einzelnen Arbeitsschritte in vollautomatische Prozesse, die auf Computern laufen, und in verbleibende Arbeiten, die Menschen noch in Form körperlicher Arbeit erledigen müssen.

Systeme werden die Welt der Arbeit steuern. Hydroblumen mit Funksensoren zeigen beim Hausmeister an, dass sie gegossen werden müssen, Neonröhren, dass sie kaputt sind (wie heute schon im Auto die Lampen in den Scheinwerfern). Taxifahrer werden bald von Navigationssystemen zentral verteilt und geleitet (man braucht dann nur noch die Hälfte der Taxis – sie warten nur noch wenig).

Der Mensch fährt von A nach B, gießt Blume 17 und wechselt die Neonröhre. Der Computer findet Inkonsistenzen in der Einkommensteuererklärung von Mr. X und ein Experte prüft genauer nach. Menschen nehmen Anrufe in Callcentern an und schicken Kataloge oder nehmen Aufträge entgegen. Die Arbeiten werden immer einfacher. Sie sind so etwas wie Körperaktionen des Systems, das den Kopf des Ganzen bildet. Menschen werden immer mehr zu bloßen Handlangern des Systems. Sie braten einen BigMac, wenn es auf ihrer Jobtafel angezeigt wird, sie bringen als Kellner eine Latte Macchiato an Tisch 10, weil ein Gast den Knopf dafür drückte.

Das ist der Teil unserer Zukunft, der Sie täglich bei der Arbeit bedrückt, weil Sie schon seit Jahren fühlen, dass alles auch mit Ihnen selbst so geschehen wird. Früher waren Sie Mitarbeiter, bald werden Sie nur noch Abarbeiter sein. Sie glauben die ganze Zeit, dass es nicht so weitergehen kann. Es muss doch Menschen geben! Wo bleibt der Mensch?, so die oft gestellte Frage. Was sollen wir alle tun? Werden wir Sklaven der Computer, wie es in vielen Filmen vorgefühlt und dramatisierend gezeigt wird?

Dabei ist diese Sorge unbegründet, denn es bleibt eine Menge zu tun: Es ist unglaublich viel Arbeit und Intelligenz nötig, um all diese Systeme zu entwerfen und einzurichten, die uns dann viele Dienstleistungen vollautomatisch liefern. Wir können leider nicht Systeme auf der grünen Wiese so bauen, wie wir wollen! Versuchen Sie einmal, ein gutes Internetbezahlsystem zu bauen oder ein neues Gesundheitssystem! Geht ja nicht – Sie ersticken sofort in politischen Diskussionen und Machtkämpfen von Krankenkassen und Landesregierungen. Wir stehen also vor einer langsamen Evolution der Systeme, bis sie dereinst einmal gut funktionieren. Das Internet macht alle diese Dienstleistungssysteme möglich. Wir stehen aber erst am Anfang.

Es gibt heute gar nicht so viele Experten, die solche Systeme erdenken oder bauen können, sodass sie funktionieren und sogar politisch akzeptiert werden, so, dass man sie gerne nutzt und dass sie nicht viel kosten. Die Systeme werden also in vielen Stufen und Schichten entstehen, von Wahlperiode zu Wahlperiode. Jeder Schritt dieser Evolution muss so groß sein, dass man dabei sogar Geld spart – investieren will ja heute niemand mehr so richtig.

Nach und nach wird sich eine ganze Industrie des Großsystembaus entwickeln. So wie große Ingenieursfirmen Flughäfen, Raffinerien, Jumbojets, Kreuzfahrtschiffe oder Mondfähren bauen, so werden große Dienstleistungssysteme entstehen, in denen – ich sage das immer wieder – nur noch wenige Dienstleistungsmenschen tätig sein werden. Dienstleistungen gibt es nach wie vor, nur eben viel weniger Menschen in Dienstleistungsberufen.

Daneben wird es unzählige Spezialunternehmen geben, die sich in besonderen Entwicklungsgebieten auskennen: Solartechnik, Windkraftnutzung, Turbinenbau, Nanotechnologie, Umwelttechnologie, Oberflächenphysik – es gibt unendlich viel Arbeit, für die es heute noch viel zu wenige Arbeitskräfte gibt.

Dies sind natürlich die Traumberufe der neuen Wissensgesellschaft! Die neuen Berufe haben viel mit Verhandeln, Managen, Designen, Planen, Entwerfen, Erneuern, Entwickeln, Marketing zu tun. Es geht darum, Energien freizusetzen, die Veränderungen bringen und Neues erschaffen. Dazu braucht man Ideen, Verhandlungsgeschick, politisches Gespür, Willen, Kreativität, Beharrlichkeit, Überzeugung, Begeisterung – eine gute Persönlichkeit und viel Wissen. Hier sind wieder Mitarbeiter und Vorarbeiter gesucht – reine Abarbeiter braucht man hier gar nicht.

Wir sollten deshalb die Chance ergreifen, uns mit dem Design, der Entwicklung, dem Bau und dem Verkauf von Anlagen und Systemen zu beschäftigen und damit eine große Vielzahl und Vielfalt von Jobs zu schaffen.

Wir sollten die Berufsfelder in den neuen Anlagen besetzen, die Wissen, Einfühlungsvermögen und Handwerkskunst verlangen.

Die restlichen Arbeiten betreffen letzte, nicht automatisierbare Aufgaben wie Putzen, Fahren, Haareschneiden oder Ausbessern. Diese Arbeiten müssen auch verrichtet werden, aber sie sollten vom Anteil her so klein werden, dass wir sie, per Mindestlohn abgefedert, menschenwürdig bezahlen können.

Diese hier angedeutete Entwicklung zu einer Wissensgesellschaft, in der die meisten Menschen höherwertige Aufgaben übernehmen, will ich in diesem Buch beschreiben und Ihnen die Aspekte vor Augen führen, die ein anderes Handeln als bisher erfordern.

Viele von Ihnen – das weiß ich von Diskussionen auf Konferenzen – fühlen sich bei dem Gedanken unwohl, dass sich nun alle bilden und um höherwertige Berufe kümmern müssen. Kann man das von ihnen verlangen? Und dann bekomme ich oft vorgeworfen, zu lässig mit dem Schicksal derer umzugehen, die nicht studiert haben.

Ich aber gehe mit nichts lässig um, ich verlange gar nichts von Ihnen! Es ist das Leben selbst, das es von Ihnen verlangt. Weichen Sie bitte der Notwendigkeit nicht aus, indem Sie mit mir als Person streiten und mir Unrecht geben.

»Muss es denn nicht immer Leute geben, die putzen oder Bäume beschneiden?«, so ruft man mir oft zu. Aber Sie selbst bezahlen dann zu Hause diese Tätigkeiten nicht gut und tragen selbst zum Untergang dieser Jobs bei. Alle solche Tätigkeiten werden zu Nebenjobs für Studenten, Rentner oder Arbeitslose. Multi-Jobber werden viele solche Jobs gleichzeitig erledigen – vormittags Post austragen, am Nachmittag PCs reparieren und Nachhilfestunden geben. Diese Jobs werden in den Schwarzarbeitsmarkt abdriften, ein halb illegales Zubrot für Arbeitslose bieten und Leute aus dem Ausland anziehen (mit »Touristenvisum«). Es sind dann keine echten Berufe mehr – man kann einfach nicht mehr richtig davon leben. Wie gesagt, das liegt auch ein bisschen an Ihnen! Denn Sie bezahlen so wenig dafür, dass diese Berufe aussterben müssen. Wenn eine Hausreinigungskraft schwarz zehn Euro die Stunde bekommt, ist ihr Lohn nicht etwa 2 000 Euro im Monat, wie Sie viel zu mathematisch denken. Denn eine Putzkraft muss ja alle paar Stunden oder jede Stunde das Haus wechseln, sie bekommt nicht zu jeder Tageszeit einen Auftrag, sie allein kann ihre Auslastung gar nicht optimieren. Eine Putzkraft hat einfach keine Chance, als Schwarzarbeiter 200 Stunden im Monat zu arbeiten, weil sie viel zu viele Transferzeiten hat – Übergänge von Haus zu Haus. Rechnen Sie es durch! Sie kommen auf nicht so viele Stunden im Monat, wenn Sie nur in Schwarzarbeit putzen. Sie werden davon nicht leben können und erwerben außerdem keine Rente. Sie dürfen nicht krank werden, weil Sie dann nicht bezahlt werden und den Arzt selbst bezahlen müssen.

Bitte – es ist einfach so: Wir alle lassen diese Berufe von uns aus sterben, weil wir nicht so fair sind, den Arbeitenden *den Lebensunterhalt* zu bezahlen. Es sind nicht nur die bösen Leiharbeitsunternehmer, die nur sieben Euro pro Stunde bezahlen. Das Leiharbeitsunternehmen versucht ja immerhin noch, die Auslastung der Leiharbeiter zu erhöhen! Das tun Sie bei schlechter Schwarzarbeitsentlohnung nicht!

Heute ist der Lebensunterhalt eines Menschen teurer als der Lohn für eine schlecht bezahlte Arbeit. Das ist ein Auswuchs des Endes der Dienstleistungsgesellschaft.

Der einzige Ausweg für unsere Gesellschaft besteht darin, fast alle Menschen durch Ausbildung recht weit über die Schwelle des bloßen Lebensunterhalts zu heben. Dann können es sich diese sehr vielen gut bezahlten Menschen leisten, den restlichen Menschen einfach einen würdigen Lohn zu zahlen – ohne Rücksicht auf Nachfrage und Angebot. Neben dem Preis eines Menschen muss es auch seine Würde geben. Das ist der einzige Ausweg! Last Exit Excellence.

Globalisierung ist Effizienz

Noch einmal zum Schauspiel *Die Weber* von Gerhart Hauptmann: Die Erfindung des automatischen Webstuhls machte diejenigen arbeitslos und arm, die teurer mit Handarbeit produzierten. Daraufhin sanken die Löhne und damit die Kaufkraft, eine Wirtschaftskrise bedrohte alles, auch die Webstuhlerfinder. Das ist jetzt auch so!

Die Dienstleistungen können effizienter über Computersysteme erledigt werden, die irgendwo stehen können, auch zu Hause, auch in Indien oder China. Da werden alle diejenigen arbeitslos und arm, die die Dienstleistungen zu teuer anbieten. Das senkt die Kaufkraft, die Immobilienpreise in den USA sinken zuerst und lösen eine Krise aus, die alle erfasst, auch die, die die Computersysteme erfanden – auch die, die in Indien und China zu geringen Löhnen arbeiten. Alle nehmen an der Erfindung der Dienstleistungsindustrialisierung Schaden. Erst nach der Krise entsteht alles wieder neu.

Die Globalisierung ist »nur« eine Begleiterscheinung des Internets und der Computer. Die Technologie ermöglicht das effiziente Industrialisieren der Dienstleistungen. Sie kann zusätzlich plötzlich auf ganz andere Arbeitskräfte zurückgreifen. Die Globalisierung hat diese Krise deshalb immens verstärkt. Sie ist aber nicht der Auslöser: Der ist die Industrialisierung der Services.

Da hilft nun kein Gejammer! Für die Gesellschaft muss es einen Weg »nach den Webstühlen« geben. Heute ist das Internet erfunden – nehmen Sie es hin – und es führt zu der notwendigen Krise und dann zu einer anderen Welt. Erst in der geht es uns später wieder gut. Das Internet ebnet die Unterschiede zwischen den Völkern ein, auch die der Einkommen. Das bringt mehr Frieden. Das Internet untergräbt die Diktaturen bestimmt so sehr wie das Westfernsehen die DDR. Die Welt wird wohl freundschaftlicher werden als vor dem Internet.

Das ist einfach Tatsache. Ich will damit das Internet nicht in den Himmel heben. Es ist eben da! Und die negativen Aspekte des Internets (die Krisen von dot.com und in der Finanzwelt) haben wir hinter uns gelassen. Jetzt dürfen wir langsam das Positive ernten, wenn wir denn wollen.

Bei meiner eigenen Arbeit ist die Globalisierung jetzt dauernd spürbar und schon länger selbstverständlich geworden. Wenn ich zum Beispiel ein Zeugnis für einen Mitarbeiter schreibe, dann fülle ich ein Formblatt in meinem Mail-Programm Lotus aus. Nach ein paar Tagen bekomme ich Post aus Budapest. Das Zeugnis ist sauber ausformuliert und kommt in drei Ausfertigungen. Ich unterschreibe alle drei, behalte eines für mich, eines schicke ich an den Mitarbeiter, eines nach Budapest zur Archivierung zurück – die Freiumschläge dafür liegen adressiert dabei.

Neulich bekam ich eine nett mahnende Mail, dass ich eine Reise nicht korrekt abgerechnet hätte. Der Mehrwertsteuersatz für eine S-Bahn-fahrkarte sei falsch eingegeben. Die Mail war von einem IBM-Kollegen aus Vietnam. Ich stutzte, las alles noch einmal: ganz normales gutes Deutsch.

Immer mehr lebe ich in einem »globally integrated enterprise«, einem global integrierten Unternehmen IBM. Das ist normal geworden. Noch ein Beispiel:

Das Telefon klingelt. Ein Deutscher von der UN in Bangkok. »Kann jemand von IBM hier nach Bangkok kommen und die neue Cloud Technology erklären?« – »Gibt es bei Ihnen keine IBM?« – »Doch, ich kann das Hochhaus von hier aus sehen.« – »Sekunde, ich gebe Ihnen die Telefon-nummer des Chief Innovation Technologist in Thailand, oder zahlen Sie mir einen Flug, damit ich selbst komme?« Man war dann mit meinem Kollegen überaus zufrieden ...

Ich will sagen: Die Zusammenarbeit klappt jetzt. Punkt. Die Systeme oder Prozesse haben manchmal noch »room for improvement« oder auf Deutsch Macken, aber das hat wenig damit zu tun, dass die Leistungen genauso gut in großer Ferne erbracht werden. Die Evolution der Systeme gestaltet sich bestimmt schwieriger als die breitflächige Weiterbildung von Mitarbeitern in Brasilien, Russland, Indien und China, in den sogenannten BRIC-Staaten (die Anfangsbuchstaben!). IBM hat heute laut letztem Ge-schäftsbericht etwa zwanzig Prozent Umsatzanteil in den »emerging coun-tries« (in den wirtschaftlich aufstrebenden Ländern). Dort steigt der Umsatz trotz Krise noch immer, also wird dieser Prozentanteil schnell wachsen. In der IBM Indien arbeiten derzeit mehr als 70000 Mitarbeiter, die alle in den letzten Jahren eingestellt und ausgebildet worden sind. Dafür wurden in Europa und in den USA nicht so arg viele Einstellungen getätigt.

In Indien und China brauchen noch fast alle Bürger ein Haus, ein Auto und einen Garten. Die Verkehrswege, Energieleitungen, Häfen und Städte müssen neu konzipiert werden. Indien und China kurbeln die Wirt-schaft mit immensen Staatsprogrammen an. Der gerade von China überholte Exportweltmeister Deutschland hat die allerbesten Chancen, die Spezial-maschinen für den Aufbau der Infrastrukturen zu liefern. Dafür liefern uns diese Länder eben auch Dienstleistungen.

An den Stammtischen tobt seit Langem die Diskussion, ob die Globalisierung uns nützt oder die anderen bevorteilt. Die Arbeitskräfte (in der Rolle der Weber) finden, es schade ihnen selbst. Die Unternehmer (wie die Webstuhlbesitzer) glauben, dass die neue Technologie per Saldo allen nützt.

Die Wahrheit ist wohl ganz simpel die, dass eine wirklich breit zu nutzende neue Technologie erst überhaupt allen schadet, weil sie viel zu viel Altes abschafft und dadurch einen Wirtschaftsknick auslöst. Denn zunächst einmal kosten die Veränderung und der »Neubau« der Welt viel Geld und erfordern eine große Umstellung. Erst einige Jahre später nützt die Technologie allen, die es sich in der neuen Welt gut einrichten konnten. Aber dieses »Sich Einrichten« in der globalisierten Welt bleibt uns nicht erspart. Wenn der Trecker kommt, gibt es keine Pferde mehr.

(Wenn die Unternehmer wüssten, dass jede Infrastrukturrevolution allen zuerst schadet, weil es eine große Krise gibt, würden sie bei radikalen Innovationen weniger gierig nach vorn preschen. Sie glauben, das Geld schon in den Händen zu haben, wenn sie es nur sehen können. »Der Erste macht die Milliarden!«, rufen sie und laufen erst einmal in ein tiefes Tal. Einige machen ja auch wirklich Milliarden, aber der Schaden ist am Anfang viel größer als der Profit. Denken Sie daran, dass die Rettung einer einzigen Bank mehr kostet, als Amazon an der Börse wert ist: 33 Mrd. Dollar.)

Ich plädiere dafür, das Weinen zu lassen. Ich rate davon ab, das Sterben mit Subventionen länger als nötig zu verzögern (etwa den alten Dampflok-Kohleheizer auf der Elektrolok weiterzubeschäftigen). Zu viele Subventionen halten das Denken in der Vergangenheit fest.

SSME – die neue Effizienzwissenschaft

Seit einiger Zeit wird auf Kongressen laut über eine eigene Wissenschaft nachgedacht, die allgemein »Service Science« genannt wird. Auf Deutsch könnte Service Science auch »Wissenschaft der Dienstleistung« heißen, aber ich habe noch keinen anderen Ausdruck als Service Science gehört oder gesehen.

Für den ersten Produktionssektor kann man an der Universität Landwirtschaft oder Bergbau studieren, für den sekundären Produktionssektor gibt es viele, viele Studiengänge wie Verfahrenstechnik, Produktionstechnik, Maschinenbau oder Mechatronik.

Eine Service Science für den tertiären Sektor gibt es noch nicht wirklich. Die Dienstleistungsgesellschaft wird mit Managementmethoden industrialisiert – bisher nahezu ohne Wissenschaftler. Dabei gibt es doch für fast alles schon eine Wissenschaft! Warum hier nicht, wo es so wichtig wäre?

IBM hat angefangen, die Notwendigkeit von SSME (Service Science, Management and Engineering) zu propagieren, es gibt derzeit einige Universitätskooperationen in den USA. Die IBM Deutschland hat sich mit der Universität Karlsruhe zusammengetan und ein Karlsruhe Service Research Institute gegründet, dessen Direktor mein IBM-Kollege Gerhard Satzger ist. Andere IT-Unternehmen wie Oracle oder HP engagieren sich ebenfalls für Service Science, wählen aber eine andere Namensgebung, nicht unbedingt SSME. Dienstleistungen werden also über kurz oder lang Gegenstand einer professionellen Betrachtung sein. Die zentralen Fragen dabei sind: Wie organisiert man Dienstleistungen? Wie erbringt man Services?

Ich versuche, Ihnen kurz einen Einblick zu geben – Sie kennen ja Services genug. Sie haben wahrscheinlich nur nicht über die Problematik beim Design von Services nachgedacht.

Produkte werden in der Fabrik gebaut und Ihnen verkauft. Sie können sich im Katalog eines aussuchen. Services sind anders. Da sagen Sie als Kunde vorher noch, was Sie möchten. Ihr Wunsch wird von einem freundlichen Servicemitarbeiter entgegengenommen. Dieser Wunsch wird dann an andere Mitarbeiter weitergegeben, die ihn ausführen. Ein Beispiel: Sie bestellen beim Kellner die übliche Pizza Salami und bitten zusätzlich um Knoblauch. Der Kellner reicht Ihre Bestellung an die Küche weiter. Nach der Ausführung kommt das freundliche Bedienpersonal und liefert den Service – die Pizza eben.

Services kennen in dieser Weise oft einen Front-Stage-Bereich und einen Back-Stage-Bereich. Vorne geben Sie Ihren Wunsch ab, hinten wird er ausgeführt. Was wo genau gemacht werden soll, hängt von der Dienstleistung ab.

Der Maßschneider berät und nimmt Maß – irgendwer näht hinterher, das kann er auch selbst tun. Der Bankberater einigt sich mit Ihnen über eine Vermögensanlage, hinter ihm liefert die Bank-Produktion Bausparverträge und Investmentzertifikate. Bei manchen Services können Sie es gar nicht leiden, überhaupt nach Wünschen gefragt zu werden. Sie engagieren eine Putzhilfe und wollen nur, dass es sauber ist. Ein Frage wie diese würden Sie vielleicht hassen: »Haben Sie einen speziellen Wunsch, welches Fenster ich zuerst putzen soll? Oder soll ich mit dem Herd beginnen? Wie oft soll ich den mit Spray behandeln? Sollten wir uns nicht hinsetzen und einen genauen Plan machen?« Da rufen Sie bestimmt schon: »Hauptsache sauber!« Sie wollen sich hier um nichts kümmern, also auch nicht sagen, was genau Sie wollen.

Wenn man Services anbietet, muss man genau überlegen, wie Front-Stage und Back-Stage zusammenarbeiten, was jeweils dort gemacht wird, welche Services überhaupt angeboten werden. Wie viele Hamburger-Menüs bieten Sie an? Wie schnell wollen Sie sein? Was erwartet der Kunde?

Angenommen, Sie beraten als Vermögensberater zwei Stunden lang einen Kunden, ob er langfristig oder kurzfristig anlegen soll. Schließlich entscheidet sich der Kunde und holt einen 100-Euro-Schein aus der Hosentasche, den er angelegt haben will. Da bekommen Sie graue Haare, weil die Beratung bisher schon so teuer war, dass Sie selbst dann Verlust machen würden, wenn der Kunde Ihnen den Hunderter schenkt.

Soll der Kunde die Beratung bezahlen? Oder soll sie »gratis« sein, wofür Sie aber erwarten, dass er hohe Preise zahlt, wenn er Services wirklich in Anspruch nimmt. »Wir beraten kostenfrei und liefern anschließend Topqualität.« Oder beraten Sie fast gar nicht und liefern weniger teure Services? Welche Kunden wollen was? Können Sie beide Modelle gleichzeitig liefern? Wie stellen sich Kunden dazu? Erschleichen Kunden Beratung und kaufen billig woanders (das hatte ich Ihnen schon pauschal vorgeworfen)?

Wo sitzt die Intelligenz des Services? Bei der Beratung vorne? Das ist bei einer Gartenneuanlage der Fall. Das Pflanzen der Blumen nach Plan ist einfacher als das Design. Oder wird die wirkliche Leistung im Back-Stage erbracht? Das ist bei guten Restaurants so. Wie werden die Aufgaben genau aufgeteilt? Wer bekommt welche Gehälter? Nach welchen Modellen? Der

Kellner wird nach Umsatz bezahlt, aber doch nicht der Koch? Oder auch der Koch?

Wie viele Servicevarianten liefern Sie? Das Eigenheim ganz individuell oder nur als Standardhaus? Die hohe Kunst wird es sein, Services vollkommen modular aufzubauen. Man bietet einige Servicebausteine an, aus denen man so viele unterschiedliche Gesamtservices herstellen kann, dass es nicht wie Fließbandproduktion aussieht, sondern wie ein genau auf den einzelnen Kunden zugeschnittenes Produkt: »Es ist zwar ein Fertighaus, aber durch unsere Variantenvielfalt ist jedes Haus im Grunde genau so, wie Sie es wollen. Sie müssen keinerlei Abstriche machen. Bei uns nicht.« Als Dienstleister müssen Sie genau wissen, was Sie in welcher Vielfalt wem wie anbieten. Stellen Sie sich vor, McDonald's würde 20 Menüs anbieten. Dann würden wir alle vor der Kasse mit uns ringen, was wir wählen sollen. Wir fragen an der Kasse noch einmal, ob da Zwiebeln drauf sind und ob die Sesambrötchen fester sind. Denken Sie daran, jede Minute kostet einen Euro! Jede Sekunde ca. 1,5 Cents. Jede Frage kostet also vielleicht 30 bis 50 Cents. Das Menü kostet um die 6 Euro. Eine Frage zu viel und der Gewinn ist weg. Es wäre also einfacher, es gäbe nur einen einzigen Hamburger, dann ginge es ratzfatz. Das wollen die Kunden nicht. Und so weiter und so weiter. Was ist die optimale Anzahl von Menüs? Wie viele Brötchensorten verwenden Sie? Bei zu vielen Sorten bekommen die Brater in der Produktion hinten einen Drehwurm. Wie viele Hamburgerfleischscheiben braten Sie jeweils bei gängigen Modellen auf Vorrat? Akzeptiert der Kunde lauwarmes Morgenhamburgerfleisch? Haben Sie einen Prognosecomputer, der je nach Wetter und Wochentag weiß, wie viele Hamburger verkauft werden? Wie viele Mitarbeiter müssen dann jeweils zur Arbeit kommen? Wie lange? Wer bestellt sie zum Arbeiten?

Ich will nicht zu detailliert werden. Sie sollten sehen, dass selbst das Braten von Hamburgern beliebig schwierig ist. Denken Sie daran: Ein echter Fehler dabei und der Gewinn ist weg. Wenn Sie es immer noch nicht glauben, schauen Sie sich dazu einmal die Restaurant-Renovierer-Sendungen an. Kennen Sie die? Die Gastwirte, die sich da im Fernsehen bei ihrer Misswirtschaft zusehen lassen, bis sie von einem Restaurantkritiker oder Starkoch gerettet werden, machen alles so grottenschlecht! Und Sie können dabei sein, wenn die Services optimiert werden. Was viele auch in normalen Firmen nicht verstehen, ist dies: Jeder Streit von zwei Mitarbeitern kostet auch 2 Euro die Minute. »Ich habe die Pizza mit Knoblauch bestellt und du vergisst es!« – »Kann nicht sein. Schau hier auf den Zettel, okay, da steht was, kann man aber nicht lesen.« – »Dann frag, was es heißt, und mach nicht irgendwas.« – »Reg dich nicht auf, ich tu noch Knoblauch drauf.« – »Der Gast will den Knoblauch nicht roh, sondern gebacken.« Etc. Bei Gewinnmargen von wenigen Prozent führt jede schlechte Methode sofort zum Ruin. Und dann heißt es bei Leuten, die sich nie mit solchen Fragen der Service Science befassen: »Ich arbeite wie irre, aber es bleibt nichts übrig.«

Service Science designt Dienstleistungen, managt sie, überlegt sich effiziente Produktionsmethoden (»Engineering«) und das beste Marketing. Das Anwenden von Methoden der Service Science führt unweigerlich zur Industrialisierung der Dienstleistungserbringung. Und diese Dienstleistungs-Industrialisierung verstärkt daher den Trend der gesellschaftlichen Veränderung genauso stark wie die Globalisierung, wenn nicht *noch stärker*.

Und die Folge ist: Alles wird besser und billiger hergestellt oder als Dienstleistung erbracht, aber große Teile der einstigen Mitarbeiterheerscharen brauchen einen anderen Job.

»The Smarter Planet« – Evolution der Infrastrukturen

Das Service-Management entdeckt im Grunde nur, dass wir Arbeitskraft verschwenden. Und diese Wahrheit wollen wir nicht so gerne gelten lassen.

Das Service-Management enthüllt aber auch, dass wir Wasser, Strom, Benzin, viel Zeit und zusätzlich Lebenszeit/-qualität verschwenden oder verschenken.

Unsere Infrastrukturen können insgesamt noch unglaublich verbessert werden. Ich gebe hier nochmals einige Beispiele. Es gibt viel mehr als diese, ich habe für Sie nur einige ausgewählt, die Ihren Alltag direkt betreffen, damit Sie die Tragweite des Ganzen einschätzen können.

Energieerzeugung

Neuartige Stromzähler können heute per Funk den Stromverbrauch einer Wohnung oder »Abnahmestelle« zu jeder Zeit an den Stromerzeuger übermitteln. Hier um Heidelberg herum sind gerade einige Zonen an einem ersten Versuch beteiligt. Alle 15 Minuten wird der Stromverbrauch »gefunkt«. Dadurch weiß der Stromerzeuger, wie viel Strom jetzt gerade abgenommen wird. Setzt er außerdem Prognosetechniken ein, kann er ausrechnen, wie sich der Stromverbrauch in den nächsten Stunden entwickeln wird. Der hängt ja auch ganz lokal mit dem Wetter zusammen. Wenn ein örtliches Gewitter die Grillparty nach innen verlegt, werden beispielsweise Licht und Fernseher eingeschaltet! Dieses Wissen kann dann zur Verbrauchsschätzung verwendet werden. Auf der anderen Seite wird aus Norddeutschland Windstrom geliefert. Niemand weiß so genau, wie stark der Wind wo weht. Auch hier übermitteln Sensoren den Windstatus für jedes Windrad und liefern damit Daten für eine Prognose, wie viel Windstrom in den nächsten Minuten und Stunden ins Netz eingespeist wird. Fasst man diese beiden Positionen zusammen, weiß man, wie viel Strom eigentlich verbraucht und wie viel davon durch Wind und Wasser erzeugt wird. Nun können zum Beispiel die Kohlekraftwerke entsprechend hoch- und runtergefahren werden. Dadurch ist es möglich, viel genauer gerade so viel Strom zu erzeugen, wie auch verbraucht wird. Stellen Sie sich vor, man könnte 10 Prozent weniger Strom erzeugen – nur weil man jetzt durch Computer, Sensoren und Dateninfrastrukturen weiß, was überall vor sich geht.

Und jetzt gehen wir noch einen Schritt weiter: Die Technologen werden in den nächsten Jahren alle Steckdosen mit kleinen Messeinheiten versehen. Nun kann der Stromverbrauch an jeder Steckdose oder später auch am besten für jedes Gerät einzeln gemessen werden. Diese Daten gehen ebenfalls an den Energieerzeuger und Sie bekommen eine sehr detaillierte Stromrechnung. Darin können Sie dann wahrscheinlich sehen – das glaube ich –, dass der alte Kühlschrank im Keller, in dem vergessenes Bier steht, einen großen Posten auf der Stromrechnung ausmacht. Er hat eine schreckliche Energieeffizienzklasse! Sie sehen nun wirklich auf der Rechnung, wie viel Strom Glühbirnen verbrauchen. Sie wissen nun, wie viel ein Klimagerät frisst. Wenn wir das demnächst alles schwarz auf weiß bekommen, werden wir ohne jeden großen Verzicht auf Lebensqualität locker noch einmal zehn bis zwanzig Prozent unseres Verbrauchs senken.

Eine gute Infrastruktur ist so etwa das »Grünste«, was ich mir vorstellen kann! Es wird so viel vom Energiesparen geredet, aber in dieser Weise würde es in die Tat umgesetzt.

Urlaubsreisen

Ein Urlaub besteht aus sehr vielen Vorgängen, an denen außer dem Reisenden sehr viele Unternehmen beteiligt sind. Alle müssen miteinander arbeiten. Beim Aussuchen und Buchen der Reise haben wir es mit Internetseiten, Reisebüros und deren Buchungssystemen zu tun, mit Kreditkartenabwicklung und Hotels vor Ort, bei denen wir nachfragen, ob zum Beispiel drei Zimmer nebeneinander frei sind. Transportunternehmen befördern uns: Taxi, Bahn, die Fluglinie. Immer wieder Namen sagen, Ausweis zeigen, Visa begutachten lassen. Das Gepäck wird durchleuchtet. Das Nilschiff in Ägypten weiß schon, dass Sie kommen, Sie bekommen für die Schiffspassage einen anderen Reiseführer, der vorige bleibt in Luxor. Eine ganze Industrie kümmert sich bei der Ägyptenrundreise um Sie. Diese Industrie wächst immer mehr zu einer Infrastruktur zusammen. Ihre Ankunft irgendwo wird immer schon per Computer angekündigt. Alles läuft wie am Fließband.

Wenn Sie in Ägypten am Flughafen ankommen, wartet meist eine junge Dame mit dem Schild Ihres Reiseunternehmens. Kommen Sie mit TUI, Jahn oder Thomas Cook? Sie bekommen die Nummer des Busses, der Sie zum Hotel bringt. Sie prallen fast vor Hitze am Flughafen zurück und suchen den richtigen Bus »unter Hunderten«. Endlich sind Sie beim Bus Ihrer Reisegesellschaft angelangt. Irgendwann sind alle da. Dann fährt Ihr Bus durch die Nacht. Er hält an jedem Hotel an, ein Ehepaar steigt aus, sie suchen draußen die Koffer. Tschüss! Und weiter zum nächsten Hotel. An jedem Hotel treffen sich die Busse vom Flughafen wieder. Jede Reisegesellschaft lädt immer ein oder zwei Ehepaare an jedem Hotel ab. Es dauert für alle oft neunzig Minuten bis zu zwei Stunden.

Da fällt Ihnen doch sicherlich ein, dass man die Reisenden nicht nach Reisegesellschaften in Busse sortiert einsteigen lassen könnte, sondern nach den Hotels. Man fragt einfach: Wer will zum Hotel SunBay? Dann steigen alle ein, die dieses Hotel gebucht haben, und los geht's. Das dauert halb so lange für alle Reisenden und für das Busunternehmen. Sie selbst kommen noch zur Essenszeit im Hotel an und müssen bei schon geschlossener Hotelbar keine Wasserflasche und ein hart gekochtes Ei im Zimmer-Kühlschrank vorfinden.

So viel da auch schon automatisiert worden ist – merken Sie, dass immer noch so viel geblieben ist, was besser gemacht werden kann? Die Systeme müssen alle miteinander reden, das ist der entscheidende Punkt. Die Reiseveranstalter reden nicht untereinander, um die Busse vernünftig zu organisieren. Die Flugliniensysteme reden nicht mit den Hotels. Wie kann es heute noch passieren, dass Sie nach langer Reise und zwei Stunden Bus ankommen und das Hotel ausgebucht ist? Hotels MÜSSEN zuerst überbucht werden, weil sehr, sehr viele Reisen nicht angetreten werden oder oft mangels Teilnehmer Busrundreisen ausfallen. Aber wenn Sie die Reise antreten, könnte das Hotel schon per Internet wissen, dass in Kürze ein freies Zimmer gebraucht wird, oder? Reisen ist heute immer noch mit viel Ärger verbunden. »Der Wagen 12 fährt heute nicht mit, er ist seit Wochen kaputt. Das weiß der Automat im Bahnhof leider nicht und hat Ihnen eventuell einen Platz im kaputten Wagen reserviert. Es tut uns leid, dass das geschehen ist. Wir ersetzen Ihnen die drei Euro Reservierungsgebühr, wenn Sie am Zielbahnhof Ihren dringenden Geschäftstermin sausen lassen und sich stattdessen in einer Schlange anstellen, wo man Ihnen Erstattungsanträge austeilt und beim Ausfüllen hilft. Wenn Sie keinen Sitzplatz finden sollten, entschuldigen wir uns schon jetzt. Der freundliche Zugbegleiter ist Ihnen behilflich, einen Sitz in der zweiten Klasse zu suchen.« Hier redet das System, das die Züge und Waggons verwaltet, nicht mit den Fahrkartenautomaten!

Die Reiseinfrastruktur ist noch lange nicht perfekt oder effizient, obwohl sie schon mit bewunderungswürdiger Komplexität im Grunde ganz gut funktioniert.

Telemedizin und Fernpflege
Nach einer Operation könnten Patienten Sensoren am Körper behalten, die Blutwerte und Atmung etc. an die Klinik funken. Bei Problemen meldet sich ein Arzt oder die Sensoren fordern den Patienten auf, bestimmten An-

weisungen zu folgen. Das geht heute noch nicht wirklich gut, weil es zu viele Funklöcher gibt. Was passiert, wenn Sie gerade »im Tunnel« sind oder in einem kleinen Dorf, wo kein Handy funktioniert? Was geschieht, wenn das Netz überlastet ist? Hier sind die Systeme nicht aufeinander abgestimmt und im Ganzen nicht zu hundert Prozent zuverlässig.

Heute wird in der Forschung an einer Wohnungsausstattung gearbeitet, die grob schaut, ob kein Unglück passiert. Ist die Herdplatte schon seit einer Stunde an, obwohl kein Topf drauf steht? Brennt das Licht in der Nacht? Gibt es unnatürliche Geräusche? Hört man etwas oder jemanden fallen?

Meine Mutter verlor sich nach meines Vaters Tod irgendwie. Trotz aller Ermahnungen trank sie kaum noch etwas, begann das Gefühl für Tag und Nacht zu verlieren und musste bald in das schon lange für ihr Alter vorgesehene Zimmer im Altersheim Vorholz mitten im Wald ziehen. Hätte sie mit ein paar Kameras, einem großen Bildschirm und unserer Fernpflege und der »Fernpflege von Nachbarn vor Ort« nicht glatt ein Jahr länger in ihrem geliebten Haus bleiben können? Da bin ich sicher. Mit Bildtelefon auf dem Fernseher hätte sie getrunken. Die Technologie dafür ist spottbillig gegen die Heimkosten.

Zu allem, was unter der Flagge »Telemedizin« oder »Telepflege« segelt, muss jedoch erst eine vernünftige Infrastruktur entstehen.

Live-Navigation

Denken wir uns Sensoren entlang den wichtigen Straßen, die bei jedem vorbeikommenden Auto die Geschwindigkeit messen, die genauso funktionieren wie die heute üblichen Warnanzeigen an den Ortseingängen, die uns erziehen sollen.

Damit weiß man, wie schnell ein Auto im Durchschnitt auf diesem Streckenabschnitt vorankommt. Wenn ich dann mit meinem Auto irgendwo hinfahre, etwa durch die staugefährdeten Zonen um Stuttgart zur IBM-Hauptverwaltung, dann kann mein Navigationsgerät über das Internet relativ genau erfahren, wie lange es wo dauert. Heute holt sich das Navi die Information noch aus dem Radio. Doch die ist oft stark veraltet!

In dieser Weise können uns Infrastrukturen mit allen nötigen Informationen versorgen! Ganz automatisch und viel besser.

Kleine Rechenzentren – fix und fertig!

2009 begannen einige IT-Firmen, so etwas wie kleine fertige Rechenzentren zu bauen. Stromstecker rein, fertig!

Versetzen Sie sich einmal in meine Jugend, als ich einige Monate mit Rübenverziehen und Rübenroden so viel Geld verdient hatte, dass ich mir eine Stereoanlage kaufen konnte. Man brauchte schon einige Kenntnisse über Tuner, Verstärker, LP-Spieler, Tonbandgeräte, Lautsprecher und Kopfhörer. Jeder Hersteller verwendete andere Kabel und wir träumten alle von dem kleinen Tonbandgerät Uher Report. Wie steckt man alles zusammen? Was passt wozu? Welche Lautsprecher sind gut dimensioniert? Im Grunde musste man ein halbes Jahr Hi-Fi-Anlagen studieren, bis irgendwann Musik im Zimmer erklang. Es gab unter uns extreme Spezialisten, die alles über Anlagen wussten.

Heute aber muss man nicht mehr Monate für eine Anlage arbeiten, es reicht ein Musikwürfel von Tchibo. Der leistet heute mehr als meine High-End-Anlage damals und hat sogar eine Uhr mit Wecker drin, wahrscheinlich rasiert er auch und hat viele wählbare Klingeltöne vor den Nachrichtensendungen wie unsere Mikrowelle – heute weiß man gar nicht mehr so genau, was die Geräte alles können.

Heute baut man Rechenzentren, mal sehr vereinfacht betrachtet, aus verschiedenen Computern, aus Mainframes und Workstations, aus PCs oder Laptops. Glasfaserleitungen sorgen für eine superschnelle Netzwerkverbindung zwischen den Computern. Die Luft muss rein gehalten werden, der Raum wird von eigenen Anlagen gekühlt. In besonderen Schränken sind Festplattenspeicher aufgereiht.

Nur wirkliche Spitzenexperten können so eine Anlage zusammenstecken, die dann das tut, was sie soll (von der Funktion und der Größe her). Sie heißen IT-Architekten. Es gibt andere Spezialisten, die die vielen Computer wirklich so miteinander verkabeln können, dass alles läuft. Hinter den Computern ist meist ein unsäglicher Kabelsalat, den habe ich sogar hier schon neben mir – wie haben einen Drucker, einen Scanner, eine Kamera für VOIP (Skype), Kopfhörer, Lautsprecher, ISDN-Anlage, Router – dazu immer die längste Steckdosenleiste, die es im Handel zu kaufen gibt. Eine ausreichende, die außerdem das Einstecken der vielen Trafos erlaubt, ist offenbar noch nicht erfunden worden.

IBM hat gerade eine Art Mini-Rechenzentrum vorgestellt, das ähnlich wie ein Hi-Fi-Würfel aussieht. Das Ganze ist so groß wie ein Kühlschrank und hat Einsteckplätze für verschieden viele Computer oder Festplatten. Sie schieben einfach hinein, was Sie gerade brauchen. Sie müssen nur eine Steckdose suchen und schon kann es losgehen! Die ganze Infrastruktur ist jetzt in einem Gerät vereint, und das Stecken und Verlegen jeglicher Kabel entfällt einfach.

Braucht man in den nächsten Jahren noch sehr viele IT-Architekten, wenn sich diese Technologie durchsetzt? Was passiert mit den Extrem-Spezialisten, die sich mit den Kabeln auskennen? Die Computer neu anschließen können?

Es ist klar: Auch hier sterben die Dienstleistungsberufe, die durch das Zusammenwachsen verschiedener Systeme einfach entfallen.

»Smarter Cities«

Städte sind Systeme, die wieder aus vielen Systemen bestehen. Diese werden in der nächsten Zeit auch zusammengeschlossen und führen zu extrem vereinfachter Verwaltung. Sensoren helfen, den Verkehr zu regeln. Sensoren teilen die Schadstoffbelastung mit und empfehlen Maßnahmen. Parkhäuser verraten Ihnen bei der Einfahrt, wo die letzten leeren Parkplätze sind. Der Bürger bekommt einheitlichen Zugang zur Verwaltung. Es gibt eine Bürger-Telefonnummer für alles, und ein Computer oder ein Callcenter finden im Nu die zuständige Stelle. Fast alles wird online möglich sein. Der größte Teil der Stadtverwaltung wird ins Netz gehen.

»The Smarter Planet«

Mit dieser »Vision« des schlaueren/tüchtigeren Planeten, der seine Ressourcen intelligent durch verbundene Infrastrukturen nutzt und schont, hat IBM Ende 2008 eine entsprechende weltweite Initiative gestartet, die die Infrastrukturen der Welt langsam zu einer ganz großen effizienten Struktur reifen lassen möchte.

IBM selbst setzt im angestammten Geschäft auf intelligente Rechenzentren und lässt diese in anderen Strukturen fruchtbar werden. Ich habe jetzt ein paar Mal den Namen meines Arbeitgebers genannt. Auf meiner Visitenkarte steht neben »Chief Technologist« seit Anfang 2009 auch »Business Leader, Dynamic Infrastructures«. Ich habe jetzt also eine Art Leitungsfunktion, die sich um den Ausbau dieser neuen Technologien kümmert und die Resultate an den Markt bringt (»Virtualisierung«, »Cloud Computing«, »Green IT«, vielleicht können Sie mit diesen Begrifflichkeiten etwas anfangen). Für den Fall, dass Ihnen einiges, was ich hier schreibe, zu futuristisch vorkommt: Ich stehe schon mitten in dieser Entwicklung.

Mit der Weiterentwicklung des Internets beginnt jetzt die eigentliche Revolution, das Zusammenwachsen aller Strukturen und Systeme. Dadurch wird die Welt unglaublich viel einfacher und braucht weniger Ressourcen. Weniger Wasser, weniger Öl, weniger Verkehr, mehr Gesundheit, eine bessere Umwelt, weniger Verwaltung – aber auch weniger Menschen in gut bezahlten Dienstleistungsberufen.

Jeder muss und kann studieren!

Bis hierhin habe ich Ihnen zeigen wollen, dass wir in eine neue Zeit gehen, deren Berufsfelder auf einer ganz neuen Infrastruktur gegründet sein werden. Diese Infrastrukturen werden uns recht bald nach dem Vorübergehen der jetzigen Finanzkrise in eine neue Phase der Prosperität führen, wenn wir uns selbst – ja, wenn wir uns selbst auch entsprechend wandeln. Die höheren Technologien verlangen ja Menschen, die sich damit auskennen. Sie verlangen höher qualifizierte Berufe und, auch weil diese neuen Qualifikationen ja nicht genügend da sind, enorme Anstrengungen unseres Landes für Bildung und genauso enorme Anstrengungen von uns selbst in der Erziehung und der eigenen Weiterbildung.

Das ist keine brandneue Erkenntnis, sie wird schon seit Jahren gepredigt. Stets wird vor den dramatischen Folgen gewarnt: Unqualifizierte werden kaum Jobs finden! Gering Ausgebildete werden wenig mehr als die staatliche Unterstützung verdienen, wenn überhaupt! Das wird seit Langem vorausgesagt. Nun steht aber immer häufiger in der Zeitung, dass »sich die Einkommensschere zwischen den Geringverdienern und den Gutverdienern immer mehr öffnet«. Die Fakten zu den früheren bloßen Warnungen stellen sich langsam ein. Was wird getan? Auf die Reichen wird geschimpft, die immer mehr absahnen. Die wirkliche Ursache wird nicht einmal erahnt.

Sie liegt in der Automatisierung der Dienstleistungen. Nur dadurch entstehen die vielen Billiglohnjobs. Auf der anderen Seite der Schere geht es in die Wissensgesellschaft – dort wird besser verdient als je zuvor. Das will ich hier im Kapitel an einzelnen Berufen zeigen und dann eben dazu aufrufen, dass wir alle zusammen entschlossen in die Wissensgesellschaft gehen.

Wir sollten nicht immer mehr Arbeitslose bezahlen, nicht möglichst alle ab fünfundfünfzig in Rente schicken, nicht nur Schulden aufnehmen ... Wir können neue Arbeitsplätze schaffen. Das liegt auch an uns selbst. Wir müssten zunächst damit aufhören, das Schaffen von Arbeitsplätzen in der alleinigen Verantwortung von Staat und Wirtschaft zu sehen, die dafür Geld locker machen sollen. Nicht Geld führt uns in die Wissensgesellschaft, sondern wir selbst verändern uns in diese Richtung.

Vergessen wir nicht: Wir selbst sind das Volk! Und irgendwie sind wir auch die Wirtschaft. Wir selbst sind für die eigene Qualifizierung verantwortlich und noch mehr für die unserer Kinder. Schlagen wir uns nun an die Brust und nehmen diese Verantwortung an? Nein, wir klagen über den Einbruch der Technologie und über das Lohndumping von Osteuropäern, die es gut haben und glücklich sind, weil sie so arm sind, dass sie sich über Löhne freuen, die einem Deutschen menschenunwürdig erscheinen. Auf der anderen Seite stehen immer eindringlichere Statistiken über den Mangel an guten Fachkräften, an Ingenieuren und Naturwissenschaftlern in der Zeitung. Neulich hat das Institut der deutschen Wirtschaft (IW) die eigene Voraussage von 2008 revidiert, nach der bis 2020 knapp eine Viertelmillion Akademiker der MINT-Fächer dem Arbeitsmarkt fehlen würden (Mathematik, Informatik, Naturwissenschaft, Technik). 2009 sagt nun das IW, dass wohl eher eine knappe *halbe* Million MINT-Akademiker fehlen werden. Der BITKOM-Verband warnt schon seit Jahren. Und wenn Sie dieses Buch wirklich ernst nehmen, können Sie meine Meinung verstehen: Diese Prognosen werden noch viel weiter nach oben revidiert werden, besonders wenn Deutschland nicht nur wartet, bis Ingenieure neue Aufträge bekommen, sondern sich aktiv entschließt, konsequent in die quartäre Zeit nach der Dienstleistungsgesellschaft zu investieren und in diese Richtung zu gehen.

Warum bilden wir jetzt nicht aus? Warum schaffen wir nicht die Grundlage für spätere hohe Einkommen? MINT-Akademiker sind allesamt Gutverdiener. Warum warten wir? Worauf warten wir? Den vermeintlichen Grund kennen wir auch alle: Er liegt in der Jammer-Psyche der Deutschen, sagt man.

Das stimmt schon für einen guten Teil, denke ich, aber die wahren Ursachen liegen tiefer.

Die neue Zeit verlangt von uns selbst, dass wir eine langfristigere Verantwortung für unser gesamtes Leben übernehmen. Nicht mehr und nicht weniger. Das sind wir nicht gewohnt.

Schlagwörter wie Lebenslanges Lernen (LLL) helfen nicht weiter. Sie verharmlosen das Problem. Wenn es nur Lernen wäre – da könnten wir die Arbeitslosen einfach in Qualifikationskurse schicken. Das tun wir ja auch, und es hilft nichts.

Wir brauchen einen ganzen Kulturwandel unserer gesamten Gemeinschaft. Den will ich Ihnen in seinem ganzen Ausmaß hier sichtbar machen. Deutschland war vor einigen Jahrzehnten ein Agrarland und ist heute in der Dienstleistungsgesellschaft angekommen. Das war ein turbulenter Weg. Und dieser Weg geht weiter.

Die Verantwortung, aus sich selbst etwas zu machen

Vor langer Zeit habe ich einmal von einem Langzeitexperiment gelesen. Ich kann die Quelle leider nicht mehr nennen. Die Wissenschaftler haben ein Experiment mit kleinen Kindern durchgeführt – in einem Alter, in dem sie das Experiment überhaupt einigermaßen verstehen. Etwa fünfundzwanzig Jahre später wurden sie nach ihren aktuellen Lebensumständen gefragt. Haben sie nun einen gut bezahlten Beruf? Das hing dann erstaunlich stark vom Ergebnis des Experiments ab.

Eine Erzieherin spielt mit einem vierjährigen Kind. Sie zeigt ihm schließlich auf einem Tisch eine abgeschlossene Glaskäseglocke, unter der ein leckeres Bonbon eingeschlossen liegt. »Möchtest du das Bonbon?« Das Kind nickt. Da legt die Erzieherin ein zweites Bonbon der gleichen Art auf den Tisch, ganz offen neben die Glocke. Sie sagt: »Pass auf, ich gehe jetzt kurz auf die Toilette. Ich bin gleich wieder zurück. Du kannst dieses Bonbon hier essen, wenn und wann du willst. Aber wenn du damit wartest, bis ich wiederkomme, bekommst du von mir das andere Bonbon unter der Glocke zusätzlich, verstanden?«

Ein guter Teil der Kinder aß das frei zugängliche Bonbon sofort, viele warteten, bis sie beide bekamen. Ich weiß leider die Prozentsätze nicht mehr. Die sind auch nicht wichtig. Nach einem Vierteljahrhundert stellte sich heraus, dass die nun Erwachsenen so viel Erfolg hatten, wie sie damals Bonbons bekamen. Kinder, die warten konnten, waren später im Schnitt viel erfolgreicher.

Ich habe dieses Beispiel schon einmal in einem früheren Buch genannt. Leser schrieben, sie hätten sich vor lauter Angst nicht getraut, das mit ihren eigenen Kindern auszuprobieren. Dabei ist das nicht die Frage! Sie müssten lieber nachdenken, ob Sie Ihre Kinder zur Verantwortung erziehen oder nicht. Oder zum Nachdenken, Abwägen, Urteilen oder – wie Psychologen auch sagen – zur Fähigkeit kurzfristigen Triebverzichts.

Diese Fähigkeit, für etwas Größeres zu sparen, war schon immer Grundlage von Wirtschaftsblüten. Sie wird aber in einer Wissensgesellschaft viel wichtiger. Das heutige Berufsleben verläuft nicht mehr vom siebzehnten oder fünfundzwanzigsten Lebensjahr an in geregelten Bahnen. Es fällt in die Zeit des Wandels zur neuen Gesellschaft.

Das *müssen* wir verstehen, akzeptieren und in den Konsequenzen umsetzen. Wir tun es aber nicht, weil wir immer noch nicht wirklich zum Umdenken gezwungen sind. Im Augenblick erholt sich die Welt offenbar ganz gut von der Finanzkrise, nicht wahr? Es wird alles nicht so schlimm werden, denken wir. Das Leben geht weiter, sagen wir uns. Aber Sie vergessen bitte nicht, dass die Dienstleistungen sich mehr und mehr automatisieren lassen? Das geht bis zur letzten Konsequenz weiter. Es gibt keine Verschnaufpause und schon gar keine Umkehr.

Neben den Leuten, die »Wir müssen gar nicht!« sagen, gibt es offenbar noch mehr, die nicht glauben, dass wir es könnten. Es *können* nicht alle studieren, höre ich immer und immer wieder mit Empörung in der Stimme. Statistiken sagen aber, dass heute fast alle Kinder dann Abitur machen, wenn die Eltern Abitur haben. Wenn die Eltern dagegen kein Abitur haben, schafft nur ein Viertel der Kinder selbst das Abitur. Die Presse wettert seit Jahren, dass da ein soziales Ungleichgewicht entstanden sei. Hier ist wieder eine

Schere zu beklagen – diesmal die Bildungsschere. Berufe, die automatisiert werden, leiden unter beiden Phänomenen. Sie geraten in die Einkommens- *und* in die Bildungsschere.

Ich will es, sehr vereinfacht, so darstellen: Die Erzieherin kommt noch einmal in der späten Jugend auf uns zu, wenn wir sechzehn oder neunzehn Jahre alt sind, und sagt: »Du kannst jetzt gleich Geld mit einem Anlernjob verdienen, das Geld liegt da auf dem Tisch. Ich gehe jetzt eine Zeit lang hinaus. Wenn ich zurückkomme und du dann ein Abitur oder sogar ein Diplom gemacht hast, bekommst du sehr viel mehr Geld, dazu Zufriedenheit und das tiefe Gefühl einer Selbstwirksamkeit in einem Beruf, der auch Lebenserfüllung bietet.«

Es wird von uns eben erwartet, dass wir sehr viel mehr Fähigkeiten erwerben. Aber wie kann das gehen?

Ich hole mal einen großen Hammer heraus. Wann lernt ein Kind am besten in der Schule? Wenn die eine oder andere Wetterlage für das Kind günstig ist:

- Es ist offen, neugierig, lebendig, freundlich und pflichtbewusst.
- Es bringt großes Interesse für den Schulstoff mit.
- Es ist ihm klar, dass das Gelernte total nützlich ist und ihm im späteren Leben Grundstein des Erfolges wird.
- Es hat gute Lehrer und fördernde Eltern.
- Es spürt eine Sehnsucht, eine gefühlte Begabung bis zur Meisterschaft zu erschließen.
- Es hat die Einsicht, dass die Arbeitswelt später und damit auch die Schulwelt heute ein professionelles Verhalten erfordern.
- Es will später Star werden und viel Geld machen und es weiß, dass ihm das nicht ohne eigene Anstrengung geschenkt wird.
- Es hat den Ehrgeiz, immer oben mitzumischen und gute Zeugnisse zu bekommen.
- Es will von Lehrern und Eltern für die Leistungen gemocht werden und bekommt auch die entsprechende Resonanz.
- Es will solchen Eltern oder Lehrern nacheifern, die es als Vorbild sieht.
- Es weiß, was es kann und was es noch nicht kann.

Alle diese günstigen Bedingungen hängen weniger an den Genen oder am IQ. Es geht um Einstellungen zum eigenen Leben und um das Antreffen günstiger Konstellationen. Bei einer großen Schulveranstaltung zur »Abi für alle«-Frage sagte ein Schüler unwidersprochen: »Ich kenne keinen einzigen aus meinem Jahrgang, den der Schulstoff wirklich interessiert, und ich kenne keinen, der herkommt, um wirklich zu lernen.« Alles schwieg sekundenlang. Merken Sie, wie ungeheuer viel Potenzial brachliegt, wenn das so ist – wenn also heute keine wirklich günstigen Konstellationen herrschen? Spüren Sie, wie viele Schüler wirklich lernen könnten, wenn die Bedingungen günstiger wären?

Ich bin seit einem Vierteljahrhundert in der Jury der deutschen Studienstiftung und sichte Hochbegabte. Die wirklich Hochbegabten zeigen Neugier, Offenheit, Interesse, fühlen eine Art von Berufung oder eifern manchmal hohen Vorbildern nach. Reiner Ehrgeiz oder allzu viel Gemocht-werdenwollen hilft im Beruf oft sehr, taugt aber meist nicht für die wirkliche Spitze. Das größte Geschenk sind wohl unzweifelhaft wirksame Vorbilder. Das wird immer in den Lebensläufen deutlich, die von tiefer Dankbarkeit gegenüber einem Lieblingslehrer oder Elternteil durchtränkt sind. »Mein Großvater hatte eine große Bücherwand und las mir sichtlich gerne vor, wann immer ich wollte.« – »Mein Physiklehrer bat mich, ihm am Nachmittag beim Aufbau der Experimente zu helfen.« – »Der Schulleiter vertraute mir den Computer-Pool an und ließ mich ein ganzes Netz aufbauen.« – »Ich interessierte mich für Literatur. Da gab man mir die Aufgabe, die Schulbibliothek zu erweitern.«

Kinder, Schüler, Studenten und Mitarbeiter müssen fühlen, wie sie sich entwickeln und dass aus ihnen etwas wird. Sie gedeihen in einer Umgebung, die sich sichtlich am Werden mitfreut. Der wirkliche Erfolg ist nicht in den Genen, nicht im Müssen, nicht im prinzipiellen Können, sondern im Werden und im Werdenwollen. Dazu braucht man eine Infrastruktur der Erziehung, Bildung und Personalentwicklung, die das Werden begünstigt und das Wollen wohlwollend unterstützt, nie aber hemmt oder zurückweist.

Bitte sehen Sie sich einmal die ersten Runden von ein paar Castingshows an. Von Super-Models, Super-Stars, von Sommermädchen oder Super-Talenten. Das Fernsehen weidet sich genüsslich an den zum Teil haarsträubenden Fehlleistungen der Kandidaten in den ersten Runden. Für mich geht diese Darstellung von Unfähigkeiten ziemlich weit über ein ethisch vertretbares Maß hinaus. Egal, fragen wir uns als Voyeure: Warum sind diese Kandidaten vor laufender Kamera und nach möglichem langem Üben im Vorfeld so grottenschlecht?

- o Viele scheinen gar nicht geübt zu haben und denken, ihr Talent würde reichen.
- o Sie haben keine Vorstellung, was eigentlich Stars ausmacht, obwohl sie solche jeden Tag im TV sehen können. Sie scheinen sie nicht zu beobachten.
- o Sie wissen nicht, was sie selbst wirklich können. Sie scheinen ihre Darbietungen nicht zu Hause kritisch selbst in Aufnahmen anzuhören.
- o Ihnen fehlen Maßstäbe für das Exzellente oder auch nur für das Mögliche, im Grunde fehlt ihnen eine gute Bildung.
- o Ihre Umgebung himmelt sie unkritisch an und feuert sie an. Das scheint ihnen genug.
- o Sie glauben den Sieg ohne viel Anstrengung als Glückslos zu bekommen, obwohl sie sehen, dass sich viele andere neben ihnen erheblich mehr anstrengen.
- o Sie denken nicht darüber nach, was die Jury von ihnen erwartet.
- o Sie weisen gute Anregungen der Jury als ungerechte Kritik zurück.
- o Sie entwickeln nicht ihre Talente, sondern setzen ihre KonkurrentInnen herab, sie »zicken« und »giften«.
- o Sie glauben an ihre Berufung zum Star auch dann noch, wenn sie das Publikum schon lange verhöhnt.

In einem Wort: Diese Kandidaten wissen nicht, worum es bei den Castingshows eigentlich geht, und haben in der Familie oder Umgebung niemanden, der es ihnen beibringt. Wenn das so wäre, könnten sie um Längen und Größenordnungen besser sein. In den Castingshows sind aber auch viele Talente, die dann Runde für Runde schnell und stark reifen, die sich Mühe geben und an sich arbeiten. Nur diese tauchen später als Sieger auf, wenn die nur aus kommerziellen Quotengründen mitgeschleppten schrillen und prollig grellen Kandidaten endlich zum Ende hin rausgesiebt werden. Das ist auch kein Geheimnis, dass Anstrengen nötig ist, davon redet ja beispielsweise Heidi Klum penetrant zu oft. Sie staunt bestimmt darüber, wie wenig es hilft.

Ja, staunen Sie denn nicht auch, wie einerseits Kandidaten peinlichst und unsäglich versagen und wie aber andere in wenigen Monaten harter Arbeit doch halbwegs passable »Super-XYZ« werden? Sehen Sie nicht ganz klar, wie viel Potenzial sich aus normalen Mädchen und Jungen herauslocken lässt, wenn sie sich nur einigermaßen engagiert professionell leiten lassen?

Nach nur ein paar Monaten?

Und dann glauben Sie nicht, dass man in vielen Jahren Schule passabel Englisch, Biologie und den Aufbau unseres Staatssystems lernen kann? Es geht dabei um die Haltung zur Bildung, nicht so sehr um die Bildung selbst. Die Einstellung zum Lernen muss gut sein, das Lernen selbst ist dann das kleinere Problem. Wer eine schlechte Haltung hat wie die schlechten Kandidaten der ersten Runde, schafft nichts! Fragen Sie sich für Ihre Umgebung, was gute Mitarbeiter von schlechten unterscheidet. Gute versuchen stets gut zu sein, schlechte halten trotz allgemeiner Kritik am Glauben fest, dass sie gut sind. Gute stellen die Frage nach dem Gutsein immer wieder neu und beantworten sie neu. Sie werden und werden und werden gut, immer neu. Schlechte sind zufrieden, wenn sie einmal gut waren. Sie sind dann »fertig«. Dieses Gefühl, »fertig« zu sein, ist der größte Hemmschuh in einer sich ständig wandelnden Zeit. Gute Mitarbeiter entschuldigen sich für schlechte Arbeit, schlechte Mitarbeiter rechtfertigen sich mit schwierigen oder neuen Umständen. Sie wandeln sich nicht.

Im Kern geht es darum, etwas aus uns zu machen, also zuerst das Bonbon unter der Glocke zu bekommen. Es geht darum, dass wir unsere eigene Kurzfristigkeit beim Lernen und Arbeiten überwinden. Hören wir auf, über die Kurzfristigkeit der Raubtierkapitalisten und Dauerwahlkampf-politiker zu schimpfen.

Wir müssen als Einzelne und zusammen ausbrechen und auch einmal längerfristig in die Zukunft sehen.

> Ganz Deutschland muss wie ein Kandidat einer Castingshow
> ein paar Jahre lang gestylt werden. Deutschland muss das wie
> ein guter Castingkandidat nur selbst fest wollen.

Höhere Qualitätsanforderungen – die Service-Schere

Gute Arbeitskräfte müssen verstehen und verinnerlichen, was andere zu Recht von ihnen erwarten. Sie müssen am besten genau das in eigener Verantwortung umsetzen oder liefern. Dazu ist es notwendig, sich für die Umwelt mit all ihren Abläufen und verschiedenen Interessen ständig zu interessieren und zu jedem Zeitpunkt gut genug zu verstehen.

Viele Kandidaten der Castingshows interessieren sich nicht, verstehen nicht und tun eben nicht, was man von einem Superstar erwarten kann: Er muss gut sein oder mindestens ab jetzt hart an sich arbeiten, um bis zur Entscheidung gut zu werden. Er muss zu jeder Zeit ein realistisches Gefühl haben, wie weit er auf dem Weg ist. Er sollte fein hinhören, wenn ihm Kritiker sagen, was sie erwarten.

Die Kandidaten eines Castings waren ja noch nie Sänger oder Model. Sie müssen sich in die ganz neue Situation einfinden und möglichst schnell im neuen Umfeld souverän werden. Sie müssen an sich selbst arbeiten, sich in die Welt der Kritiker einfügen und das Publikum begeistern.

So ist das am Arbeitsplatz auch. Mitarbeiter müssen erstens ihre Fähigkeiten aufbauen, zweitens den Erwartungen des Arbeitgebers entsprechen und drittens die Kunden beglücken. Das erfordert eine gute Balance im Arbeitsleben. Die ist oft nicht gegeben. Viele Mitarbeiter bemühen sich zu lange um Kunden und werden folglich vom Arbeitgeber getadelt, zu langsam zu arbeiten. Noch mehr von ihnen hetzen fast ausschließlich allen Forderungen des Chefs hinterher und vergrätzen lieber sehr viele Kunden als den einen Chef. Und noch viel mehr lernen gar nicht mehr weiter und bilden ihre Talente nicht aus. Sie hetzen bei der Arbeit wie wild, strampeln im Hamsterrad und bleiben in ihren Fähigkeiten auf der Stelle stehen. Und jetzt kommt hinzu, dass die Zeiten sich ändern und damit die nötigen Fähigkeiten und Arbeitsmethoden. Neue Arbeiten kommen und gehen, andere verlieren an Bedeutung oder verschwinden ganz. Das Management setzt andere Prioritäten, Kunden verlangen alles anders als früher. Dieser Wandel muss immer neu verstanden werden. Mitarbeiter und Manager müssen die neuen Erwartungen der Märkte und Kunden verstehen und ihnen entsprechen.

Wie bei den Castingkandidaten ist dieses Einstellen auf neue Erwartungen eine Haltungssache. Manche tun es, manche nicht. Das große Problem ist, ob man sich überhaupt auf den Wandel einstellen will und es auch tut. Das Problem ist nicht so sehr, ob man es kann.

Man muss studieren wollen! Das ist der größte Teil des Weges. Glauben Sie nicht? »Ich kenne keinen, der morgens hierher kommt und lernen will!«, klagte der Schüler. Was wäre, wenn sie alle kämen und lernen wollten?

> Was für den Einzelnen gilt, kann ebenso für ganze Unternehmen, ganze Wirtschaftsbranchen und vielleicht für ganz Deutschland beobachtet werden: Man entwickelt sich nicht selbst weiter, tritt auf der Stelle, obwohl sich die Erwartungen von außen geändert haben.

Das Ende der Dienstleistungsgesellschaft bedeutet eine große Veränderung: Die Erwartungen wandeln sich, die an das ganze Land, an alle Unternehmen und Institutionen – nicht nur an den Einzelnen gestellt werden. Wir müssen uns für die neuen Erwartungen interessieren, die unsere Zeit zu Recht an uns stellt. Wir müssen sie zu verstehen versuchen und erfüllen. Ignoranz wäre das Ende.

Hierzu im Folgenden einige Beispiele:

Arbeit in der Bank

Früher waren der Pastor, der Arzt und der Lehrer die einzigen Intellektuellen im Dorf und bildeten eine Art Elite neben den »reichen« Bauern. Ich erinnere mich an einen empörten Aufschrei eines Bauern in unserem Dorf, als man im Zentrum der 457 Seelen von Groß Himstedt eine Telefonzelle aufstellte. »Ich muss Raiffeisen anrufen und Viehfutter bestellen. Deshalb habe ich ein Telefon. Warum aber zum Teufel müssen normale Menschen telefonieren?« Ich weiß nicht, ob Sie das noch kennen: Man schrieb früher Briefe, wenn man etwas wollte. Ein Telefongespräch war sündhaft teuer und galt als Luxus wie ein längeres Handy-Gespräch heute nach Vietnam. »Fasse Dich kurz!«, stand überall. Die Volksbank neben der Telefonzelle war eine ehrwürdige Institution. Dort arbeiteten fein ausgebildete, sehr vertrauenswürdige

Mitarbeiter, die nur mit mittlerer Reife eingestellt wurden. Die mittlere Reife war sehr exklusiv, diese hatten damals nur wenige. Diese hohe Bildung war in der Bank nötig, um Sparbücher und Konten zu führen, Geld zu wechseln und selten einmal einen Kredit zu gewähren – in der Regel für einen neuen Bau oder für Landmaschinen. Wir gingen als Kunde hin, um Überweisungen zu tätigen und uns die Kontoumsätze vom Bankangestellten handschriftlich in ein Kontobuch eintragen und abstempeln zu lassen. (Gedruckte Auszüge gab es damals noch nicht. »Papierverschwendung!«, hetzte man später bei der Einführung und tobte über diesen stark verschlechterten Service.) Ein Aktienkauf war mit Mehrfachformularen und Anrufen zur Hauptstelle und dann zur Börse verbunden – mit einer Ausführung am nächsten Tag.

Heute ist die Kasse geschlossen, wir arbeiten an Automaten. Wir überweisen per Internet an andere und auf unsere Tagesgeldkonten, wir drucken Auszüge selbst oder gar nie mehr, weil im Internet alles gespeichert ist. Wir klicken ein paar Mal für einen Kredit oder legen Geld in Fonds oder Aktien an. Es dauert nur noch Sekunden. Und ich stelle fest: Das kann im Prinzip *jeder*, man muss keine Banklehre von drei Jahren bestanden haben, nicht wahr? Man muss auch keine mittlere Reife haben. Oder andersherum: Was kann ich eigentlich nicht im Internet selbst, wobei muss mir ein Bankangestellter noch helfen? Was kann er, was ich nicht kann?

Das wäre zum Beispiel eine profunde Beratung, ob ich lieber einen geschlossenen Immobilienfonds, eine Schiffsbeteiligung oder doch lieber ein »sicheres« AAA-Lehman-Zertifikat erwerben soll. Genau dafür brauche ich eigentlich meine Bank. Den einfachen Rest mache ich ja schon selbst. Die eben erwähnte Beratung aber erfordert tiefe Kenntnisse über den Immobilien- und Frachtratenmarkt. Wie entwickeln sich die Zinsen in welchen Währungen? Steigt der Baltic Dry Index wieder, der die Frachtraten von Erzen nach China misst? Eine solche Beratung bekomme ich aber, generell gesehen, eher nicht.

Oder: Ich versuche, bei meiner Direktbank eine Aktie an der Londoner Börse zu kaufen. Das geht im Internet nicht – dort klappt es nur mit deutschen und amerikanischen Börsen. Das Internetsystem der Bank ist nicht für andere Börsen ausgebaut. Ich rufe also den Service an. Der Callcenter-Mitarbeiter stutzt, weil ich London will. Ich sage aus Erfahrung: »Sie müssen das System wechseln.« Er: »Ja, klar, weiß ich doch. Einen Moment.« – Stille. –

Etwas später: »Einen Moment bitte – ganz kurz.« Jetzt habe ich Musik in der Leitung. Der Callcenter-Mitarbeiter läuft jetzt ganz sicher zum einzigen Mitarbeiter, der etwas mehr kann und kommt gleich wieder zurück. »So jetzt habe ich es. Welche Aktie?« An der Börse in London werden alle Kurse immer in Pence gehandelt. Das ist historisch so! Im System der Bank gibt man aber den Kurs in Pfund ein. Stellen Sie sich vor, der Mitarbeiter verwechselt das! Ich sage es einfach jedes Mal, und das ist wirklich gut so gewesen!

Fazit: Die Callcenter-Mitarbeiter können nicht wirklich mehr, als ein normaler Mensch mit Internetkenntnissen auch hinbekommt.

Ist dann aber der Beruf eines Bankangestellten noch dieses sehr Besondere der alten Zeit?

Heute haben beispielsweise um Heidelberg herum gut die Hälfte der Menschen das Abitur. Sie erwarten eine professionelle Beratung, möchten nicht Bankprodukte lediglich empfohlen bekommen. Ist es dann zeitgemäß, den Bankberuf als eine Lehre für Mittelschüler auszubilden? Sind Bankangestellte der alten Zeit adäquate Gesprächspartner für Akademiker, die sich nach Riesterrenten oder Fremdwährungskonten erkundigen?

Ich will sagen: Die Erwartungen an den Bankberuf wandeln sich rapide mit dem Internet. Was tun aber die Banken oder Bankangestellten? Lernen sie? Nein, nicht wirklich. Sie gründen Platin-Kundencenter für gute Kunden und haben dann nur noch in diesen Zentren sehr gut bezahlte Mitarbeiter, die so gut beraten, wie wir es von allen Bankangestellten erwarten. Und weil die Banken nicht die Konsequenzen ziehen und die Berater eben nicht nur nach einem Fachhochschulstudium einstellen und dann gut bezahlen, werden sie langsam ins Internet verschwinden. Dafür entstehen jede Menge freiberufliche Vermögensberater, die ihr Handwerk verstehen.

Arbeit im Kindergarten

Früher spielten wir auf der Straße, es gab nur wenige Kindergärten. Später mussten Kinder dorthin, wenn beide Eltern arbeiteten. Das war in meiner Jugend sehr selten und Alleinerziehende gab es auch kaum. Die Kindergärten waren zuerst damit befasst, mit den Kindern zu spielen und auf sie aufzupassen, wenn die Eltern nicht da waren.

Heute gehen fast alle Kinder dorthin. Sie sollen dort etwas lernen –

spielend lernen. Sie werden auf die Schule vorbereitet, gut erzogen und zu sozialem Verhalten angeleitet.

Und ich komme wieder mit demselben Argument: Wenn eine gute Hälfte der Bevölkerung das Abitur hat oder gar aus Akademikern besteht, dann erwartet diese Bevölkerung etwas ganz anderes von den Erzieherinnen und Erziehern als früher. Sie merken das an den Diskussionen, ob die englische Sprache im Kindergarten erlernt werden müsste. Am besten wird jedes Kind noch in Blockflöte ausgebildet, lernt viele Lieder singen, das Schwimmen, Heimatkunde und die ersten Schritte im Schreiben und Rechnen.

Diese viel höheren Erwartungen einer mehrheitlichen Abitur-Eltern-Gesellschaft erfordern eigentlich, dass die Erzieherinnen und Erzieher ein Fachhochschulstudium absolviert haben. Finden Sie nicht auch? Wenn unsere Erwartungen an diesen Beruf so hoch sind, muss man ihn ganz anders konzipieren und selbstverständlich viel besser bezahlen. In den USA gibt es schon »Private Schools«, die sehr teuer sind. Es gibt Eltern, die für diese Entwicklungsphase der Kinder extra in Orte umziehen, wo diese exzellente Erziehung gesichert ist. Das ist hier in Deutschland nicht nötig gewesen, weil das Niveau der Erziehung traditionell gleichmäßig hoch war. Nun aber sackt das Niveau relativ zu anderen Staaten ab. Das beäugen wir irritiert bis bestürzt. Wir sehen aber nicht, dass unsere Erwartungen an uns selbst steigen. Eine Wissensgesellschaft braucht andere Kindergärten. Auch hier in Deutschland sind viele Eltern über die Qualität der Kindergärten besorgt und zahlen lieber für garantiert gute private Institutionen. Und natürlich – ich weiß – gibt es auch schon ganz überzogene Erwartungen an Kindergärten, die die Kleinen am besten schon für das Abitur fit machen und die elterliche Erziehung ersetzen sollen. Trotzdem muss das professionelle Erziehen ein Job für Studierte werden.

Arbeit in der Schule

Im Gymnasium haben die Lehrer ja schon fachbezogen studiert. Aber auch hier wandeln sich die Erwartungen. Das Internet ermöglicht ganz neue Inhalte und Unterrichtsformen. Auf dieses Thema komme ich später im Buch unter dem Stichwort »Culture Technologies« noch ausführlicher zurück. Das lexikalische Wissen an sich, dessen Vermittlung einen guten Teil des Unterrichts ausmachte, ist nun aus dem Internet auf jedem Handy verfügbar.

Wenn zum Beispiel mein jetzt 23-jähriger Sohn Johannes, der schon mit dem Computer aufwuchs, uns Enkel bescheren wird, dann werden wir erwarten, dass die Schule für diese Kinder beziehungsweise meine Enkel eine ganz andere sein wird.

Was aber sehen wir? Lehrer, die immer noch nichts von Computern verstehen und sie eher verteufeln. Ausgerechnet diese ältere Generation, die laut Statistik jeden Tag Stunden vor der verdummenden »Glotze« verbringt, befehdet nun die Jüngeren, weil sie an Internetsucht zugrunde gehen wird.

Ich sage: Die Lehrer und die Ausbildung am Gymnasium werden den neuen Erwartungen nicht gerecht und machen insgesamt gesehen keinen wirklichen Versuch einer Veränderung, die über ein staatlich erzwungenes Maß hinausgeht.

Wie schon gesagt: Der frühere Lehrer gehörte mit Pfarrer und Arzt zur kleinen Elite. Heute aber sind große Teile der Eltern der Schüler Akademiker. Sie arbeiten in Berufen, in denen hohe Leistung gefordert ist und schlechte Leistung nicht toleriert wird. Diese Eltern beherrschen Teile des Schulstoffes besser als die Lehrer selbst und sie wissen, welcher Lehrer etwas leistet und welcher nicht. Sie erwarten, dass Lehrer in einen anderen Beruf versetzt werden, wenn sie den Anforderungen nicht genügen – in einen anderen Beruf, nicht an eine andere Schule! Die ewige Rechtfertigung der Schulen, man könne von außen so einen Unterricht gar nicht beurteilen, wirkt in einer Akademikergesellschaft völlig lächerlich.

Auf den Lehrern lasten daher immer mehr Erwartungen. Sie sind heute nur mehr normale Berufstätige, die für Schüler und Eltern Dienstleistungen erbringen, keine Götter mehr, vor deren Notendiktat sich jedermann duckt.

Diese zunehmende »Normalität« schmerzt die Lehrer sicher sehr. Sie ist mit einem Ansehensverlust und einem Machtverlust bei Schülern und Eltern verbunden.

Aber warum stellt sich die Erziehung denn nicht den neuen Erwartungen?

Arbeit in der IT (Informationstechnik)

Sie erinnern sich an das Beispiel der Hi-Fi-Anlage meiner Kindheit? In nächster Zeit werden Rechenzentren schlüsselfertig geliefert. Computer kauft man vielleicht im Beruf nicht mehr selbst, sondern bestellt sie im Internet, wie es heute schon bei Amazon möglich ist. »Ich bin Karosserie-Konstrukteur bei einem Autozulieferer und möchte eine CAD-Rechner-Umgebung mit XY-Hauptspeicher, UV-Prozessor etc. für eine Woche zum Testen meiner neuen Konstruktion im digitalen virtuellen Windkanal.« (CAD = Computer Aided Design). Das tippt man ein, auch die Kreditkartennummer. Eine Minute warten, und der Rechner erscheint als Fenster auf Ihrem Laptop. Sie bedienen ihn wie einen echten eigenen Rechner, den sie früher so umständlich wie meine Stereoanlage einst hätten besorgen, bezahlen und aufstellen müssen.

Technisch gesehen haben Sie aber keinen anderen Rechner im Netz gemietet. Es ist nicht so, dass in einer Rechnerfarm ein solcher Rechner auf Sie wartet, von Ihnen gemietet zu werden. Das Bestellen der Rechner funktioniert nicht wie bei Mietwagen, wo man schaut, ob genau der auf dem Hof steht, den Sie wollen. Nein! Im Netz stehen ganz große Computer, die für Sie so tun, als wären sie der Rechner, den Sie bestellt hätten. Solche großen Computer können gleichzeitig für hundert Menschen wie Sie so tun, als seien sie der jeweils von Ihnen bestellte Computer. Man sagt: Sie rechnen auf einem virtuellen Computer, der kein physikalischer Computer ist, sondern nur eine Software auf einem großen Computer.

Ich will hier aber nicht in Technologie abschweifen, ich will nur deutlich machen, dass man daraufhin auch keine Menschen mehr braucht, die die verschiedenen Computer kaufen und aufstellen. Die gut bezahlten Jobs für die »Künstler«, die Anlagen als Operator und Administrator bedienen und warten können, fallen weg. (So wie es früher Telefonspezialisten und Operators gab, die durch das automatische Verbinden wegfielen.) Ganze Berufsgruppen in der IT müssen sich unter den neuen Erwartungen zum Teil radikal verändern.

Sie werden nicht wirklich alle arbeitslos. Nein, sie sollen jetzt auch die Infrastrukturen der Geschäftsprozesse neu konzipieren. Da die Computer in unser Leben dringen, müssen die IT-Fachleute immer dringender etwas vom Leben außerhalb des Rechenzentrums verstehen! Sie müssen sich dort und im »Business« auskennen. Sie müssen ja die Automatisierung der Arbeit in anderen Bereichen vorantreiben und müssen deshalb die Arbeit in allen anderen Bereichen verstehen.

Meist tun sie das aber nicht! Und so jammert die ganze Wirtschaft, dass die IT-Branche viel zu wenig von dem versteht, was der Kunde von der IT eigentlich erwartet. Die Erwartungen der Management-Etagen an die IT sind sprunghaft gestiegen, aber die IT-Kräfte haben meistens bei der Arbeit nur Computer und Netze im Kopf, aber keine Geschäftskenntnisse.

»Der IT-Mensch der Zukunft kann sich auch auf dem Businessparkett sehen lassen.« – »Der Chef der IT muss neben dem obersten Chef als Einziger auch das ganze Business kennen.« So wird es gebetsmühlenartig jeden lieben langen Tag in jeder Computerzeitung wiederholt. Es ist eben ein sehr berechtigter frommer Wunsch, dass der Chef der IT das Business kennt – faktisch ist es heute meist nicht so.

Und so erfüllt die IT nicht mehr die gestiegenen Erwartungen ihrer Kunden. Das, was IT-Fachleute bislang gut konnten, erledigen Computer oder die Kunden von allein. Es ist genau wie bei den Bankangestellten! Sie müssen verstehen, nicht nur bedienen können.

Deshalb verändert sich das Leben der IT-Fachkräfte in der nächsten Zukunft rasant hin zu »höherwertigen Services«. Das Berufsbild des reinen Techies ändert sich hin zu Geschäftsprozessspezialisten.

Arbeit im Möbelhaus

Wer ein neues Billy-Regal braucht, nimmt sich eines bei IKEA aus dem Hochregal. Fertig. Eine Schrankwand für mehr als 10 000 Euro aber kauft man heute lieber bei einem Innenarchitekten, oder? Der soll Ihnen eine Skizze machen und Vorschläge erarbeiten. Für unser Wohnzimmer hatten wir schon vor einigen Jahren alles grob ausgewählt – und dann kam die Beraterin zu uns nach Hause. Sie beriet uns anhand von Farbmustern und Skizzen. Es ist wunderschön geworden! Wir haben jetzt nicht so wahnsinnig viel für die Möbel ausgegeben, ganz bestimmt nicht. Wir haben nur nach einer guten Beraterin gesucht und nicht nach guten Möbeln. Das ist gar nicht so einfach! Immerhin kennen wir jetzt ein paar in Mannheim und in Wiesloch.

Möbelprospekte lesen kann ich auch! Anschauen ebenfalls! Aber wir hätten gerne jemanden, der unser Haus mitversteht – wie wir leben, welches Licht wir lieben und so weiter. Das ist unsere Erwartung an ein Möbelhaus für alles das, was wir nicht selbst mit einem Katalog schaffen. Aber die meisten

Verkäufer führen uns nur herum, zeigen uns rustikale Möbel und ignorieren die immer genervteren Blicke meiner Frau, die es besser fände, sie würde gefragt und gehört ... aber sie kümmern sich meist nicht wirklich um unsere Erwartungen.

Wieder sehen Sie die Service-Schere aufklappen: Selbstabholung oder Innenarchitekt. Selbstbedienung oder Beratung durch jemanden, der das studiert hat.

Ich halte hier einmal inne: Sie sehen in den eben genannten Beispielen diese Zweiteilung der Dinge: Das Einfache erledigen wir als Kunde selbst. Wir überweisen im Internet, wir bedienen Computer, wir können den Kindern in der Schule helfen, wenn wir selbst schon Abitur haben. Wir bestellen aus Katalogen, soweit wir das mit eigenen Fähigkeiten können. Aber für den Rest, den wir nicht können, erwarten wir jemanden, der echt besser ist als wir selbst.

- o Finanzamt: Bearbeiter verschwinden in den Computer, es bleiben die Steuerexperten.
- o Versicherungen: Bearbeiter verschwinden in den Computer, es bleiben Verkaufsprofis und Spezialisten.
- o Rechtsanwälte: Allgemeine Praxen verschwinden, man geht zu einem Experten – für Scheidungen zum Scheidungsanwalt etc.
- o Reisebüro: Buchungen führen wir selbst durch, Hotels googeln wir selbst, wir brauchen nur noch Reise-Designs, Erlebnisberatung und Leute, die »schon mal wirklich da waren«.
- o Handwerker: Einfache Reparaturen kann jeder Baumarktkunde selbst oder jeder Schwarzarbeiter, für den Rest brauchen wir Meister, die ihr Fach verstehen.

Sie können es endlos fortsetzen: Die Service-Schere öffnet sich. Sie teilt die Berufe zunehmend in ein Premiumsegment ein, in dem viel Erfahrung und Kenntnisse, am besten aus einem Studium gefordert sind. Alles Normale erledigen wir selbst oder geben es als einfache Arbeit in den Niedriglohnsektor ab. Dort arbeiten Angelernte. Deren Jobs aber können genauso gut Studenten, Schüler, Rentner oder Mini-Jobber erledigen.

> Die Service-Schere spaltet die Dienstleistungstätigkeit in Routinearbeiten und halb und ganz automatisierbare Arbeiten auf der einen Seite und in Premium-Arbeiten auf der anderen Seite, die in ihrer hochqualitativen Art schon halbwegs in der Wissensgesellschaft angesiedelt werden können.

Was heute mittelmäßig ist, geht morgen gar nicht mehr

Normale Arbeit hilft weiter, auch wenn sie zu langsam vorangehen mag. Ein schlechter Postbote braucht länger als ein guter. Der gute Akkordarbeiter schafft mehr als die anderen. Aber diese langsamen anderen leisten immerhin etwas Brauchbares. Sie haben Arbeit geschafft.

Das ist in den Premiumsegmenten der Arbeit sehr oft nicht so.

- Ein unqualifizierter Verkäufer kann die besten Kunden eines Unternehmens stark vergrätzen und richtet unabsehbaren emotionalen Flurschaden an.
- Manager können ganze Bereiche eines Unternehmens oder das Unternehmen selbst ruinieren.
- Ein Architekt kann durch Konstruktionsfehler Millionenschäden verursachen.
- Ein Professor für Biochemie kann sündhaft teure Versuche irrtümlich anordnen, die dann keine Ergebnisse bringen.
- Immer wieder scheitern große Computerprojekte, weil sich später Funktionalitäten, an die man zuerst nicht gedacht hatte, nicht mehr nachträglich einbauen lassen.
- Programmierfehler legen Fabriken lahm oder lassen Flugzeuge abstürzen.
- Projekte scheitern an unerwarteten juristischen Klagen von Parteien, die man im Vorfeld geringschätzig behandelte.
- Firmen melden Konkurs an, weil sie fahrlässig Patente verletzt haben.

- Unternehmen kommen in Schwierigkeiten, weil sie den Datenschutz lax handhaben.
- Ein Bankberater weist seine Kunden nicht auf das Risiko hin und seine Bank muss später den Schaden regulieren.
- Einkäufer verkalkulieren sich in Bestellmengen, die Firma bleibt auf Beständen sitzen. (Discounter wissen manchmal nicht, was sie mit den Billigschnäppchen tun sollen, die nicht sofort abgenommen werden.)

Ein Mitarbeiter kann durch einen Fehler so viel Schaden anrichten oder Porzellan zerschlagen, dass mit einem Streich der ganze Jahresgewinn einer Abteilung oder gar eines Unternehmens dahingeht. Denken Sie an die berühmte Banküberweisung der KfW von 300 Millionen Euro an das schon bankrotte Unternehmen Lehman.

Das ist Ihnen wahrscheinlich alles mehr oder weniger geläufig. Aber Sie sollten sich in Ihrem Arbeitsalltag umschauen. Wo kommt bei Ihnen so etwas vor?

Ich bin oft auf Konferenzen als Redner unterwegs. Hier gilt es, für die eigene Firma einen guten Eindruck zu hinterlassen. Ich bekomme hinterher immer die Zuhörerbewertungen der Vorträge. Knapp die Hälfte der Reden wird so schlecht bewertet, dass man sich gut vorstellen kann, dass die Reden einen Schaden angerichtet haben, also kontraproduktiv wirkten. Sehr oft reden auch Manager »motivierend«, aber so wenig einfühlend zu ihren Mitarbeitern, dass diese vollkommen demotiviert und wütend sind und nach der Rede weniger engagiert arbeiten als vorher.

Dieselben demotivierten Mitarbeiter begehen gleich hinterher zu Hause als Eltern so grobe Erziehungsfehler, dass ihre Kinder einfach seelisch versinken. Eltern benehmen sich wie demotivierende Chefs. Sie schimpfen, ohne zu helfen, setzen Belohnungen aus, die sie wieder vergessen, haben keine klaren Regeln etc.

Lehrer können mit wenigen Bemerkungen Schüler psychisch krank machen. Das kennen Sie sicher aus Ihrer Jugend. Die Frucht langer Arbeit kann mit einer Fehlleistung vernichtet werden. (Ich war immer schlecht in Sport. Mein Vater schenkte uns ein Reck im Garten. Ich übte unermüdlich.

Der Lehrer: »Du bist erstaunlich gut geworden, seltsam. Ich gebe dir trotzdem erst mal wieder eine Drei wie sonst, bis ich sehe, ob es nachhaltig ist. Das sehe ich noch nicht, Gunter.« Seitdem habe ich in Sport eine Drei gehabt, auch im Abitur. Ich konnte auch nicht tanzen und übte mit 15 Jahren eines Mädchens wegen tapfer. Zum Ball sagte meine Mutter unzufrieden, als wenn sie sich schämte, das Geld für den Tanzkurs ausgegeben zu haben, dass ich tanzte »wie ein Mathematiker«. Seitdem bin ich an dieser Stelle allergisch. Spätere wiederholte Wiederbelebungsversuche meiner Frau halfen nicht. Meine Seele hat an dieser Stelle auch heute noch einen Schaden.)

Verkäufer verärgern Kunden, hören nicht zu, bieten unentwegt etwas an, wofür sie erkennbar einen Bonus bekommen. Kunden schwören sich, den Laden nie wieder zu betreten.

Assistenten schwärmen aus, um für den Chef eine PowerPoint-Präsentation zusammenzustellen, ohne genau zu wissen, »was die Botschaft sein soll«. Viele Mitarbeiter müssen helfen, Zahlen zusammentragen und Tabellen aufstellen. Da kommen oft viele Wochen Arbeit zusammen, und am Ende sagt der Chef oft: »So meinte ich das nicht.« Er findet die Präsentation schlicht unbrauchbar und fordert nun kurz vor dem Vortragstermin eine neue. Nochmals Hektik bis in die Nacht. Schließlich hält der Chef den Vortrag ohne die PowerPoints. Da ist ihm wohler in der Haut.

Sie müssen unterscheiden:

- Arbeit wird zu langsam verrichtet oder muss korrigiert werden, sodass zwar etwas geschafft worden ist, aber keinen Gewinn gebracht hat.
- Arbeit wurde unnötig erbracht, sodass die entsprechende Arbeitszeit vernichtet worden ist. Man hat genau so viel Verlust gemacht, wie die Arbeit kostete.
- Arbeitsfolgen und Ergebnisse richten einen Schaden woanders an, der um Größenordnungen höher sein kann als die Kosten der schädlichen Arbeit.

Das ist so etwas wie negative Arbeit. Negativ wirken zum Beispiel: schlechtes Umgeben mit Menschen, Programmieren großer Fehler in vernetzten Systemen, Anordnen schlechter Regeln, Vergabe falscher Ziele, schlechtes Management, fehlende Weitsicht, unvernetztes Denken, Abteilungsegoismus.

> Ein großer Teil der verrichteten Arbeit im Premiumsegment ist
> negative Arbeit, schadet also mehr, als sie nützt.

Neulich sagte mir ein Topmanager: »Früher hat jeder immerhin noch etwas bei der Arbeit geleistet. Aber heute sind die Abläufe sehr komplex und anspruchsvoll geworden. Wer da nicht klarkommt, braucht ständig Hilfe und hält die Besten andauernd von der Arbeit ab. Wir haben noch mittelmäßige Vertriebskräfte von früher, die in einem einfachen Umfeld noch ganz normal verkaufen konnten. Heute aber sind sie als wirkliche Kundenbetreuer ungeeignet. Wir haben etliche, die jetzt in der Finanzkrise gar nichts mehr verkaufen. Null Komma null. Wahrscheinlich schaden sie nun schon, weil die von ihnen betreuten Kunden ja verloren gehen. Im besten Fall bekommen sie gar keinen Termin bei Kunden.«

Und noch ein Beispiel: Eine Uni-Absolventin nimmt ihre erste Stelle bei einem Finanzdienstleister an, bekommt den Kundenstamm eines aus dem Unternehmen ausgeschiedenen Beraters zugewiesen und stellt sich nun allen Kunden sofort als die neue Betreuerin vor. Mehr als ein Drittel der Kunden herrscht sie wütend an, mit »diesem Verein« nichts mehr zu tun haben zu wollen, der durch »geballte Inkompetenz beeindrucke«. Das ist der Flurschaden negativer Arbeit.

> Bei Premiumservice, im Management, beim Umgang mit
> Menschen – in der Wissensgesellschaft ist Exzellenz Pflicht!
> Mittelmäßig geht gar nicht.

Das werden Sie als Leser nicht so gerne hören. Das weiß ich. Ich diskutiere es oft und werde mit Gegenargumenten eingedeckt. Dennoch müssen die Premiumberufe wie die von Künstlern, Wissenschaftlern, Dichtern und Musikern gesehen werden. Wer schlechte oder unverstandene Bilder malt, verhungert. Wer schlecht reimt oder schauspielert, verhungert. Wer sich im Orchester verspielt, fliegt raus. Hit oder Niete! Es gibt immer weniger dazwischen – die Service-Schere trennt eines vom anderen.

WANTED: Multikompetente Persönlichkeiten

Heute ist es schon in der Schule gang und gäbe, eine Präsentation zu halten. Was müssen wir dazu können? Überzeugen, auf das Publikum eingehen, den Lehrer für sich einnehmen, gut formulieren, Fragezeichen in den Augen der Zuhörer bemerken und darauf reagieren, eine interessante »Story« erzählen, Interesse wecken, Wissen vermitteln, eine »Message« (Botschaft) mit der Präsentation »rüberbringen«. Im Beruf muss man das, was man sagen will, auch in Tabellen, Grafiken, Zahlen und Statistiken darstellen und wissen, was man damit erreichen will. Es ist für den Erfolg einer Präsentation entscheidend, verschiedenste Menschen mit anderem fachlichen Hintergrund zu überzeugen (Controller, Technologen, Manager, Marketing, Vertrieb, Produktion, Rechtsabteilung), die verschiedene Maßstäbe anlegen und unterschiedliche Prioritäten setzen. Wenn Ihnen das Gesagte wichtig ist, wenn Sie voll dahinterstehen, »begeistert sind« und Herzblut in der Sache spenden, dann sollten Sie fähig sein, das in Ihrer Körpersprache für andere erfahrbar auszudrücken. Sie müssen körperlich überzeugen, einnehmen und beeindrucken. Alle Statistiken sagen, dass das Publikum gar nicht mehr zuhört, wenn es nicht körperlich authentisch angesprochen ist. Dann vermutet es meist richtig, dass nichts Wichtiges gesagt wird. Wenn zum Beispiel ein Seminarprüfling unsicher anfängt und sich entschuldigt, nicht alles verstanden zu haben, was er jetzt gleich sagt – dann werden Sie doch auch ganz bestimmt mutlos, weil Sie wissen, dass jetzt gleich eine ganz freudlose Veranstaltung bevorsteht.

»Ich bin der Stadtrat für Umwelt. Ich soll Ihnen vom Minister Grüße ausrichten, der gerne selbst gekommen wäre, aber kein Wochenende opfern will. Da hat er mich gebeten, das an seiner Stelle zu tun. Ich möchte Ihnen die Rede wortgetreu vorlesen, damit Ihnen nichts verloren geht. Ich selbst habe nichts zu sagen. Es sind zehn Seiten. Hören Sie also ...« – Da hört niemand mehr zu, oder? Was ein Minister sagt, ist in vieler Hinsicht gleichgültig – ob er nun Steuern senken oder erhöhen will, ist nicht relevant, weil alle Politiker dies jetzt und das morgen sagen. Interessant sind nur die Stellen, wo der Redner durch Körpersprache ausdrückt, dass es ihm ernst ist. Da horchen wir auf! Wir bemerken in der Körpersprache den Willen, den Unwillen oder die Taktik. Schon wenn ein anderer die Rede vorliest, ist es nichts. Viele Mitarbeiter und vor allem Manager denken heute, sie müssen nur gute Power-Points haben – dann würde die Rede gut! Und dann blamieren sie sich, weil jeder spürt, dass sie nichts wollen, sondern nur reden.

Eine gute Präsentation verlangt so viel! Im Grunde schon eine umfassende Multikompetenz. Ich will Ihnen in diesem Kapitel darlegen, dass sehr viele »normale« Arbeiten im Premiumservice oder in der Wissensgesellschaft den multikompetenten Mitarbeiter verlangen.

Ich beginne einmal mit einer Aufzählung normaler Kompetenzen von Menschen. Sie ist erstaunlich lang, aber ich verlange nichts Unmögliches. Wahrscheinlich finden Sie die Liste sogar quälend lang, das sollte Ihnen aber schwer zu denken geben. Ich zähle nichts wirklich Nebensächliches auf, alles müssten wir eigentlich sein oder können. Fragen Sie sich deshalb bitte beim Durchlesen jedes Punktes einmal selbst, welche dieser Kompetenzen bei einer normalen Fachpräsentation eine Rolle spielen, in der Sie Ihren Chef überzeugen wollen, ein bisschen Geld für Ihr neues Projekt zu bewilligen. Sie werden fühlen: irgendwie alle.

- ○ Soziale Kompetenz (verstehen, Empathie, Teamfähigkeit, Kommunikationsfähigkeit, Kooperationsfähigkeit, Konfliktlösungsfähigkeit, normal gutes Benehmen)
- ○ Fachliche Kompetenz oder Sachkompetenz (sein Handwerk verstehen)
- ○ Führungskompetenz und Durchsetzungskompetenz (entscheiden, verhandeln, überzeugen, motivieren, Kritik üben, delegieren, Zeit managen, Konflikte bewältigen, ordnen, präsentieren, anleiten, coachen, unter widersprüchlichsten Bedingungen den Spagat zwischen allem schaffen)
- ○ Methodenkompetenz (methodisch Probleme lösen und an Unbekanntes herangehen, Informationen beschaffen, strukturierte Lösungstechniken kennen)
- ○ Selbstkompetenz, Persönlichkeitskompetenz (Energie, Belastbarkeit, Kreativität, Stabilität, Gewissenhaftigkeit, Zuverlässigkeit, Integrität, Courage, Mut, Flexibilität, Selbstständigkeit, Selbstdisziplin, Ausgeglichenheit auch unter Stress, Unsicherheitstoleranz, Schaffen

eigener Identität, Selbstreflexion, gutes Umgehen mit eigenen Problemen, Gefühlen, Erfolgen und Misserfolgen, Stärken und Schwächen, sicheres Auftreten)

- Interkulturelle Kompetenz (Wissen um andere Landeskulturen, Subkulturen und Firmenkulturen, Verstehen, Sensibilität, Takt, Kommunikationsfähigkeit, gemeinsames persönliches Klima im Angesicht verschiedener Kulturen bilden können)
- Interdisziplinäre Kompetenz (vernetztes Denken, Verstehen des Wesens anderer Wissenschaften, Methoden, Strukturen und diverser Berufsauffassungen, z.B. von Controllern, Juristen, Journalisten etc., Gefühl für das Übergeordnete und für Synergien)
- Lernkompetenz (selbstbestimmtes lebenslanges Lernen)
- Analytische Kompetenz (Was ist wichtig? Überblick durch Analyse verschaffen. Was sind die kritischen Erfolgsfaktoren, wie hängt eines mit dem anderen zusammen?)
- Konzeptionelle Kompetenz (Konzepte und Strategien entwickeln und anderen vermitteln)
- Kreative Kompetenz und Innovationskompetenz
- Aktive Prozesskompetenz (Planen, Systeme optimal bauen, steuern und verändern, Geschäftsprozesse organisieren, managen, Projekte steuern, Systembrüche überwinden – das Komplexe kennen und beherrschen)
- Passive Prozesskompetenz (»wissen, wie alles tickt«, Kenntnis aller Prozesse)
- Sprachkompetenz (Formulieren, Reden, Rhetorik, Fremdsprachen)
- Kompetenz der Körpersprache (»90 Prozent der Kommunikation ist non-verbal«)
- Mathematische Kompetenz (normal rechnen können, Reales und Zahlen verbinden können, korrekte Schlüsse ziehen und inkorrekte erkennen, Größenordnungen richtig einschätzen, Wahrscheinlichkeiten von Risiken kennen, Tabellen und Statistiken verstehen, Pläne oder Sachverhalte in Zahlen kommunizieren können)
- Internetkompetenz & »Computer Literacy« (Computerbeherrschung)
- Verkaufskompetenz (Wünsche und Motive der Kunden verstehen,

Beziehungen herstellen, aktives Zuhören, Wünsche des Kunden mit seinen finanziellen Möglichkeiten harmonisieren, Sympathie besonders beim ersten Kontakt erzeugen, vertrauensvolle Basis schaffen, ihn letztlich zum Abschluss bewegen, also aus einer unterlegenen Position heraus doch siegen).

Was brauchen Sie für eine Präsentation? Die meisten glauben, alles müsse vor allem fachlich sauber sein. Das ist angesichts der eben gegebenen Aufzählung nur eine einzige Facette des Ganzen! Sie müssen Willen rüberbringen, Ungeduld, dass es weitergeht, Sie müssen verkaufen und überzeugen, die Interessen und Wünsche Ihres Chefs berücksichtigen und ganz genau wissen, wie die Firma in ihren Geschäftsprozessen auf solche Anträge wie Ihre reagiert. Neben dem Chef sitzen der Controller und vielleicht ein Vertragsjurist, die Ihr Projekt unter Umständen nicht bezahlen wollen oder rechtlich nicht sauber oder zu risikoreich finden. Auch diese müssen Sie überzeugen, und dafür müssen Sie etwas von Recht, Risiko und der Welt der Finanzen verstehen und die augenblickliche Geschäftslage verstehen.

Sie müssen gar nicht so sehr das Fachliche verkaufen, sondern vielmehr das überzeugende Versprechen, nach einer Antragsbewilligung ein Superprojekt hinzulegen. Wenn man in Ihrer Körpersprache Unsicherheiten spürt, könnte man denken, Sie wissen nicht so genau, ob Sie mit dem Geld dann hinkommen oder ob Sie wirklich pünktlich fertig sein werden. Wenn Sie zu dick auftragen und einfach zu viel versprechen, wird man Ihnen einfach nichts glauben. Man prüft gar nicht so sehr Ihre fachlichen Inhalte, sondern erspürt instinktiv Ihre Erfolgschancen und Ihre Kompetenzen.

Die Arbeit als Berater, als Mitarbeiter in einem internationalen Unternehmen, als Erzieher, als Lehrer, als Produktmanager, Projektleiter, Eventorganisator, Reiseleiter, Pfarrer, Psychologe, Ortsvorsteher, Wissenschaftler, Technologe, Kleinunternehmer oder Handwerksmeister erfordert genauso eine große Menge der obigen Kompetenzen. Wir brauchen multikompetente Menschen, je komplexer unsere Infrastrukturen werden.

Das merken Sie indirekt jeden Tag. Wir ächzen unter großer Arbeitslosigkeit in der fortschreitenden Krise. Aber die Arbeitgeber sagen, sie bekämen keine hoch qualifizierten Arbeitskräfte am Markt. Das stimmt

irgendwie, es gibt kaum solche der multikompetenten Sorte. Die Gewerk-
schaften wittern eine Gemeinheit hinter dieser Aussage. Sie glauben, die
Arbeitgeber klagten wohl, dass sie die gesuchten Talente nicht zum halben
Preis bekämen. Sie stellen auch verbittert fest, die Arbeitgeber stellten zunehmend maßlose Ansprüche an neue Arbeitnehmer, und benutzen dafür
das Wort »Eier legende Wollmilchsau«. Ja, das suchen die Arbeitgeber, aber
das ist ein Zeichen der Zeit, die sich zu Premiumservices hinwendet.

Wenn wir die Inkompetenz von Mitarbeitern beklagen, dann sind
wir im Grunde böse darüber, dass sie nicht multikompetent sind. Beispiele
von Klagen:

- »Der Lehrer weiß alles, aber er kann es nicht erklären.«
- »Er ist der Beste hier, hat aber zwei linke Hände.«
- »Die Kindergärtnerin ist lieb, aber alles versinkt im Chaos.«
- »Seine Erfindung ist genial, aber er kann sie nicht verkaufen.«
- »Wir haben einen tollen Manager, aber fachlich ist er eine Niete.«
- »Er ist ein guter Stratege, aber er kann seine Vision nicht lebendig rüberbringen.«
- »Er ist fachlich exzellent, aber er geht nicht methodisch vor und verzettelt sich.«
- »Alles ist sauber organisiert, aber es findet keine Innovation statt.«
- »Er setzt sich immer durch, aber er hört nie zu.«
- »Er kann alles verkaufen, aber er übervorteilt Leute.«
- »Er leistet viel, legt aber andere herein – niemand vertraut ihm.«
- »Er hat viel Erfolg gehabt, aber der stieg ihm zu Kopf, er ändert nichts mehr.«
- »Wir haben Erfolg, aber der Chef behandelt Menschen wie Maschinen.«
- »Ein schöner Laden, aber sie weiß einfach nicht, was Kunden wollen.«
- »Ein wunder-wunderschöner Laden, aber sie kann nicht einfach Produkte im Laden haben, die nur wunderschön für sie selbst sind – sie muss doch auch verkaufen! In unserem Dorf wissen das wenige zu schätzen, was sie anbietet.«
- »Er bezieht alle Leute mit ein und hört zu, aber es kommt zu keiner

Entscheidung. Irgendwann sollte er mal mit der Faust auf den Tisch hauen, aber er hat keine.«

Immer ist die Rede davon, dass die kritisierte Person zwar durch besondere Kompetenzen hervorsticht, aber andere überhaupt nicht hat, die aber auch dazugehören. Immer ist die Klage, dass die nötige Multikompetenz fehlt. Das wirkliche Problem ist aber mit der Kritik meist gar nicht erkannt: Der Kritisierte versteht per se überhaupt nicht, was von ihm verlangt wird. Deshalb erwirbt er die fehlende Kompetenz auch nicht. Die einen denken, das Fachliche sei wichtig, die anderen, das Managen sei alles, wieder andere, man müsse nur verkaufen können, egal was.

Stellen Sie sich alle diese Mitmenschen, die einen Premiumservice leisten oder der Wissensgesellschaft oder der Kunst angehören, bei einer Castingshow vor. Dann würden wir ihnen sagen, ihnen fehle Verkaufstalent, Organisationstalent, Fachwissen oder Empathie. Sie würden uns dann ungläubig anschauen und das alles für unwichtig erklären. Die meisten Menschen wissen gar nicht, was Multikompetenz bedeutet. Sie finden sich okay, sie denken, sie seien fertige Menschen. Auf die Kritik hin, dass ihnen Kompetenzen fehlen, verteidigen sie sich wie die schlechten Kandidaten in der Castingshow: »Okay, ich bin nicht sofort sympathisch, aber ich kann doch gut singen! Da sehe ich nicht ein, dass ich mich zusätzlich noch beim Publikum einschleimen muss. Andere sollen versuchen, sich banal zu verkaufen. Ich singe. Ich stehe zu mir. Ich bin, wie ich bin.« Das sind die üblichen Statements von Monokompetenten, die das Multikompetente einfach gar nicht in Betracht ziehen.

Manche Kompetenzen, die man im Leben ganz dringend braucht, werden gar verteufelt, manche nicht einmal thematisiert. Die Verkaufskompetenz wird scheel angesehen und ärgerlich beneidet, aber gar nicht zu erwerben versucht. Gutes Verkaufen fängt mit Sympathie auf den ersten Blick an, schließt die Fähigkeit ein, relativ schnell im Gespräch in einen vertrauten Ton zu kommen, in dem der andere sich sicher fühlt und nicht blockt oder sich distanziert stellt. Gutes Verkaufen beginnt mit dem Niederlegen der Abwehrschranken des Kunden, der anschließend interessiert wird.

Ist eine solche Kompetenz nicht wahnsinnig wichtig? »Rasch in vertrautes Gespräch finden können«? Ich arbeite ja international bei IBM und kenne nicht so arg viele Leute persönlich, mit denen ich zusammenarbeite. Wir telefonieren, haben Web-Konferenzen und schreiben E-Mails. Ich muss mich auch schriftlich so äußern können, dass ich Sympathie mit der ersten E-Mail gewinne. Ich muss das in allen Medien schaffen können! Das ist eine wesentliche Kompetenz in der kommenden Internetzeit.

Und ich stelle fest: Das genau lernen wir nicht! Wir reden eher verächtlich über »Verkaufen«. Und dann schreiben wir alle Nägel kauend an Bewerbungen, die dann brutal oft zurückkommen. Warum werden manche immer zum Gespräch eingeladen und andere nie? Weil manche eben mit dem Anschreiben und dem Passbild auf Anhieb Sympathie erzeugen können und die anderen Stirnrunzeln hervorrufen. So einfach ist das – ich weiß Bescheid, ich habe viele Leute eingestellt und viele Bewerbungen gelesen. Verkaufen heißt auch, die Wünsche von Kunden zu verstehen. Bei Bewerbungen heißt das, einen feinen Sinn für die Wünsche des Einstellenden zu haben ... Aber nein, eine solche Kompetenz, die an manchen Stellen unsere Lebensrichtung entscheidet, gibt es nirgends auf unserem normalen Bildungsweg zu erwerben.

Genauso wenig übt man zum Beispiel wie ein Chef, anderen Anweisungen zu geben oder Macht auszuüben. Wie erzeugt man Konsens? Wie verhandelt man? Wie wird organisiert? All das braucht man dringend als Handwerkszeug. Es kommt aber in Schule und Uni nicht vor.

Und ich gebe zu den oben aufgezählten Kompetenzen, die in Handbüchern behandelt werden und für die man Seminare belegen kann, noch ein paar dazu, die mir sehr wichtig sind:

- Du-Kompetenz (Verstehen des anderen, Umgehen mit dessen Stärken und Schwächen, sensitives Akzeptieren seiner Persönlichkeit, taktvolles Umgehen mit dessen Problemen, behutsamer Umgang mit seinem Verhalten unter großem Stress, wenn wir in Gefahr sind, ihn als inakzeptablen »Mr. Hyde« wahrzunehmen)
- Exzellenzkompetenz (in möglichst vielen Lebenslagen, Wissenschaften und Situationen wissen und verstehen, was »exzellent« ist)
- Kompetenzkompetenz (Kennen, was im Prinzip gekonnt werden kann)

Wie ich am Beispiel der Castingkandidaten erklärte, sind wir selbst oft sehr, sehr weit von der »Verstehe dich selbst«-Fähigkeit entfernt. Wir tun uns oft leichter, besonders die Schwächen des anderen zu erkennen und dort den Finger in die Wunde zu legen, damit der andere sich ändere. Ohne gute Du-Kompetenz erziehen wir falsch, kommen mit Arbeitskollegen nicht klar, machen als Chef Mitarbeiter nieder und landen im Scheidungskrieg. Du-Kompetenz hat viel mit Liebe, Vertrauen, Mitleid, Barmherzigkeit, Seelengröße, Großherzigkeit, Takt, Ausgeglichenheit und Großzügigkeit zu tun, aber auch mit Motivierung, Coaching oder dem Schenken von Energie.

Lernen wir das? Befassen wir uns wenigstens mit Psychologie, der Lehre von den seelischen Vorgängen?

Immer wieder zitiere ich den Bildungsbegriff aus meinem alten Konfirmationsbrockhaus:

»Bildung: *Der Vorgang geistiger Formung, auch die innere Gestalt, zu der der Mensch gelangen kann, wenn er seine Anlagen an den geistigen Gehalten seiner Lebenswelt entwickelt. Gebildet ist nicht, wer nur Kenntnisse besitzt und Praktiken beherrscht, sondern der durch sein Wissen und Können teilhat am geistigen Leben; wer das Wertvolle erfasst, wer Sinn hat für Würde des Menschen, wer Takt, Anstand, Ehrfurcht, Verständnis, Aufgeschlossenheit, Geschmack und Urteil erworben hat. Gebildet ist in einem Lebenskreis, wer den wertvollen Inhalt des dort überlieferten oder zugänglichen Geistes in eine persönlich verfügbare Form verwandelt hat.*« Fassung von 1960.

Dieser Bildungsbegriff hat viel mit dem zu tun, was ich Exzellenzkompetenz nennen möchte. Exzellenzkompetenz ist das Wissen um das Beste, Höchste, Wertvollste in einem Lebenskreis – oder das Gefühl, die Intuition oder der Instinkt dafür. Es ist eine hohe Kunst, in verschiedenen Lebensfeldern beurteilen zu können, ob etwas »State-of-the-Art« oder meisterlich ist. Was ist gute Kunst, ein gutes Projekt, wer ist eine herrliche Persönlichkeit, ein erstklassiger Manager? Über diese Fragen werden wohl die meisten Bücher geschrieben. Sie heißen »Geheimnis des Erfolgs« oder »Die besten Bewerbungen« oder »Die besten Arbeitgeber«. Sie versuchen zu erklären, was das Beste ist und wie man gut wird. Exzellenzkompetenz ist das wirkliche Verstehen aus dem eigenen Innern heraus. Wer Exzellenzkompetenz hat, kann selbst exzellent werden oder andere als Trainer dahin führen.

Und schließlich wäre es gut, wenn wir alle die übergeordnete Kompetenzkompetenz hätten – wenn wir überhaupt einigermaßen vollständig wüssten, was eigentlich alles im Leben verlangt wird und wie wenig wir davon schon haben.

In der fachlichen Laufbahn der IBM haben wir Kandidaten für die höheren Laufbahnstufen nach verschiedenen Kompetenzen untersucht. Wir fragten: Verstehen IT-Fachleute neben der eigentlichen Technologie und deren Anwendung auch etwas von Projektleitung, von Wirtschaft, von Management, von dem Geschäft ihres Kunden (einer Bank, eines Autokonzerns)? Setzen sie sich in der IBM oder beim Kunden freiwillig in Arbeitsgruppen ein? Helfen sie jüngeren Kollegen, besser zu werden? Helfen sie Kollegen gerne aus? Kennen sie Projektmethoden und Managementmethoden? Haben sie Projekterfahrung? Verfolgen sie allgemein die Pressemeldungen der IBM und wissen, was IBM in der Welt tut?

Wir haben solche Kandidaten »vermessen«, die sich um Beförderungen bemühten, und geschaut, was die dann wirklich Beförderten von den »noch Zurückgestellten« unterschied. Ergebnis: Die Beförderten hatten sehr viele der betrachteten Kompetenzen, ja, eigentlich ziemlich alle gleichzeitig. Die anderen aber zeichneten sich stark durch Technologiekenntnisse aus und hatten eine Menge Projekterfahrung. Weitere Kompetenzen waren aber kaum ausgeprägt – diese Kandidaten waren also gut im engeren Sinne ihrer eigentlichen Arbeit auf dem Schreibtisch, aber sie schauten kaum über den Tellerrand hinaus, wie man so sagt.

Ich stelle fest:

> Berufe der Premiumservices und der
> Wissensgesellschaft verlangen multikompetente Menschen.

Damit meine ich nicht, dass man alles richtig gut können sollte. Man muss in ein paar Aspekten wirklich toll sein und alle Kompetenzen, die zum »Ausbeuten« der eigentlichen Begabung gehören, auch brauchbar erwerben. Zusätzlich sollte man in Kompetenzen, die im Umfeld gebraucht werden, nicht wirklich schlecht sein. Manager sollten also schon einiges Fachwissen haben, obwohl es nicht zentral ist. Experten sollten verständlich über ihre

Kunst reden können und eine Ahnung haben, wie viel Projekte und Ideen kosten. Aber alle müssen wir viel über uns selbst und das jeweilige Du wissen und uns im normal Sozialen, in Prozessabläufen und Kulturen auskennen.

Bildungsindustrialisierung und Kompetenzignoranz

Deutschland steht am Scheideweg. Die Dienstleistungen, die nach der Industrialisierung übrig bleiben, verlangen mehr und höhere Kompetenzen. Deshalb sollte im Bildungswesen das Entwickeln multipler Kompetenzen im Mittelpunkt stehen. Das würde Deutschland für die Zukunft fit machen.

Auf der anderen Seite ist das ganze Bildungswesen natürlich selbst eine Dienstleistung. Wie alle Dienstleistungen ist das Bildungswesen von Industrialisierungsversuchen tangiert.

Wie kann nun Bildung billiger vermittelt werden? Das ist hier die Frage wie überall. Und wir sehen fast auf den ersten Blick:

> Bildung und Kompetenzerwerb werden derzeit keineswegs aufgewertet, wie es nötig wäre. Im Gegenteil, Deutschland industrialisiert das Bildungswesen und bietet der breiten Bevölkerung »Standardbildung« statt »Premiumbildung« an.

Wenn Sie das Bildungswesen industrialisieren wollen, was tun Sie? Die Methoden habe ich am Anfang des Buches dargestellt. Auf das Bildungswesen angewendet, sieht das so aus:

- Kindergartenzeiten effizient zur Schulvorbereitung nutzen, Zurückschrauben von Aktivitäten wie Singen, Spielen und Basteln, die kein klares Ziel haben
- Zusammenlegen von Schulen zu Schulfabriken
- Klassengrößen am oberen Toleranzrand halten
- billigere Lehrer auf Angestelltenbasis oder in Teilzeit einstellen
- die Schulzeit verringern (etwa das Gymnasium auf acht Jahre)
- nur Kompetenzen vermitteln, die zwingend für das Abitur gebraucht

werden – keine sonst, also nur die, die zum Bestehen der landes-
weiten Einheitsprüfungen verhelfen

o alle anderen Kompetenzen einsparen, also Theater-AG, Schulorches-
ter etc. abschaffen oder kostenpflichtig machen

o Universitäten zusammenlegen, damit große Fakultäten die Fächer
wie eine Fabrik abdecken

o Studiengebühren erheben, damit Studenten gezwungen werden,
nur für die Prüfungen zu studieren, und nicht länger faul an der Uni
verweilen oder aus Bildungsdurst Vorlesungen hören, die nichts mit
der Prüfung zu tun haben

o Verschulung des Studiums, Standardisierung der Stundenpläne

o billigeren Assistenten die Lehre übertragen

o Professuren einsparen

o nur Kompetenzen vermitteln, die unmittelbar für die Bachelor-
Prüfung verlangt werden

o Standardisierung des Lehrstoffs, damit jeder jedes Fach einfach nach
dem vorgeschriebenen Skript lehren kann und Lehrkräfte austauschbare Human Resources werden

o Bereitstellen aller Vorlesungen als Videos im Internet, sodass Live-
Vorlesungen mittelfristig eingespart werden können

o Verlagerung des Studiums von der Universität zum Selbststudium
für die Prüfung hin (Der Kunde erbringt die Dienstleistung selbst,
weil er es nun besser kann als der Servicegeber: »Lies lieber das
Skript, die Vorlesung ist sehr schlecht – lohnt sich nicht.«)

Welche Kompetenzen werden für das Zentralabitur verlangt? Die Schüler
glauben, es zähle nur die Fachkompetenz. In Wirklichkeit kommt es auch
darauf an, in den mündlichen Prüfungen über das Fach interessiert und
kompetent reden zu können, es werden dafür auch Mini-Präsentationen verlangt. Aber in der Hauptsache bleibt der feste Eindruck, dass in der Prüfung
außer der Fachkompetenz nichts verlangt wird.

In der Universität werden die für Professoren arbeitsintensiven
mündlichen Prüfungen mehr und mehr abgeschafft. Die Prüfung ist bestanden, wenn alle vorgeschriebenen Übungs- und Seminarscheine vorgelegt

werden können oder der Nachweis über genügend viele Credit Points erbracht wird. Es geht nun auch nicht mehr darum, das ganze Wissen aus allen Vorlesungen zu einem gesamten Wissen, also zu wirklicher Fachkompetenz zu verbinden und zu integrieren – nein, man muss das Wissen Point für Point einzeln hamstern und sich bescheinigen lassen.

Der Lehrstoff der Universitäten wird so in Lehrquanten eingeteilt, dass die Reihenfolge, in der die Credit Points erworben werden, weitgehend frei gestaltet werden kann. Dadurch ist es möglich, die Universitäten zwischendurch beliebig zu wechseln (wenigstens von der Idee oder Theorie her). Ein Dekan einer Fakultät für Mathematik sagte: »Mathematik kann nun in fast beliebiger Reihenfolge studiert werden, nichts baut auf etwas anderem auf.« Das erschütterte mich zutiefst. Ich dachte, man wird vom Anfänger langsam zum Meister?! Ich dachte, die späteren Vorlesungen zeigen immer tiefere Ebenen des Verstehens? Nein, das Studium ist eine Sammlung von Lehrquanten geworden. Die Industrialisierung des Betriebs verlangt das.

Deutschland geht also den Weg der Standardisierung des Bildungswesens, es arbeitet nicht an dessen Aufwertung. Selbst wenn Milliarden ins System gepumpt werden, dienen sie der Investition in weitere Industrialisierungen, nicht zur Verbesserung der Vermittlung von Kompetenzen für die Studenten.

Ein effizientes Bildungssystem bekommt mit der Zeit einen engen Tunnelblick auf die schriftlichen Prüfungen. Die aber prüfen Wissensstände ab, was sonst könnten schriftliche Prüfungen tun? Mündliche Prüfungen können Kompetenzen feststellen! Diese Prüfungen aber werden abgeschafft. Deshalb werden in Prüfungen keine Kompetenzen mehr festgestellt, sondern nur Wissensstände und Kenntnisse. Alles läuft also schnurgerade darauf hinaus, dass sich die Bildungssysteme und auch die Schüler und Studenten nur noch um die Kenntnisse und Wissensstände bemühen, sonst um nichts weiter. Schlimmer noch: Da die Vorlesungen an der Universität modular aufgebaut sind und sich nicht aufeinander beziehen, können Studenten nach dem Erwerb des Scheins oder der Credit Points das Gelernte gleich wieder vergessen. Das Wissen kann mit dem Punkterwerb im Gehirn abgehakt werden. Die Zeit fehlt einfach, dass der Student einer ist, der *den wertvollen Inhalt des dort überlieferten oder zugänglichen Geistes in eine persönlich ver-*

fügbare Form verwandelt hat. Um Bildung geht es gar nicht mehr! Und schon gar nicht um den Versuch, im Fach die Meisterschaft anzustreben.

Der Aufbau anderer Schlüsselkompetenzen wird nicht mehr betrachtet. Es findet keinerlei Vorbereitung auf den späteren Beruf im Premiumsektor des Wissens statt. Studenten lernen keine Präsentationstechniken, keine Rhetorik, kein gutes Auftreten, kein Verkaufen, keinen Konzeptentwurf, keine echte Zusammenarbeit in Projekten. Es kann sein, dass ab und zu einmal an einem Beispiel darauf eingegangen wird, aber es kann keine Rede davon sein, dass Studenten über Beispiele hinaus wirklich systematisch selbst Erfahrungen sammeln, sich trainieren und die wichtigen Kompetenzen der Arbeitswelt erwerben.

> Der Tunnelblick des Bildungssystems auf
> Prüfungsrelevanz und Fachkompetenz hat
> alle anderen Kompetenzen weitgehend ausgeblendet,
> insbesondere die Bildung selbst.

Erinnern wir uns, woher dieser Tunnelblick stammt? Die Computer haben es möglich gemacht, alle Dienstleistungen unter dem Blickwinkel der Effizienz zu betrachten. Insbesondere die Internettechnologien führen zur Automatisierung der einfachen Dienstleistungsgesellschaft. Das Bildungswesen ist ein Dienstleistungssystem! Das aber sollten wir nicht standardisieren und automatisieren, sondern als Premiumservice ausbauen. Denn was über dem Effizienzstreben, das sich fast zum Effizienzwahn gesteigert hat, ganz vergessen wird: *Wir können die Internettechnologien benutzen, um eine ganz neue Bildungskultur zu erschaffen.* Bildung wird dadurch besser und wohl auch billiger! Gleichzeitig! Wie wäre das? Dieser Gedanke führt zur Idee der Culture Technologies.

Culture Technologies – »Dreimal mehr in jeden Kopf«

Wenn ich mir alle technischen Möglichkeiten von heute und im Vergleich dazu die von morgen vorstelle (noch nicht einmal die von übermorgen), dann könnten wir eigentlich nicht nur alle Abitur machen, sondern auch alle studieren und dazu noch viel, viel mehr dabei lernen als heute. Dazu müssten wir allerdings das Bildungswesen auf den Kopf stellen! Ende der Kreidezeit! In Uni und Schule! Mit den neuen Technologien geht das besser, leichter und schneller.

Im Einzelnen erörtere ich dies nach meinem nun folgenden Ausflug in mögliche Vorstellungen von morgen. Wir könnten ein Silicon Valley der Bildung (für »Culture Technologies«) erschaffen und damit den Weg Deutschlands in ein Land der neuen Technologien eröffnen.

Wer heute lesbares Wissen braucht, schaut bei Google nach. Wer sich etwas dazu bildlich anschauen möchte, versucht es bei YouTube. Dort sind Kurzfilme über alles zu finden. Im Internet ist alles bisher Produzierte zur Schau gestellt und abrufbar. Google hat vor einiger Zeit begonnen, die ganze Welt in bester Auflösung für uns unter Google Earth und Google Maps sichtbar zu machen. Das ist ein neuer Ansatz! Bisher wird das Wissen der Welt wie ein Trödelsammelsurium zusammengesammelt, in dem viel Wertvolles steckt. Die Suchmaschinen finden dann möglichst die Nadel im Heuhaufen. So wie aber Google die Erde für uns erschließt und uns Straßenkarten bietet, so könnten wir mit dem gesamten Wissen umgehen. Wir könnten es wieder ganz ordentlich in einer Bibliothek zusammentragen und dann die Bibliothek ganz gezielt auffüllen und es nicht nur zufällig mit Suchmaschinen finden!

Die Internetenzyklopädie Wikipedia ist so ein erster erfolgreicher Versuch, Wissen gezielt an die richtige Stelle zu setzen. Diesen Ansatz müsste man endlich und ganz universal zu einem Kulturmonument erweitern und ausbauen.

Denken wir an die Universität und die Schulen. Ich könnte mir das so vorstellen:

Biologie

Ich wünsche mir ein Informationsfeld oder so etwas wie eine Homepage für jedes Tier und jede Pflanze, mit Videos zu bestimmten Themen wie Lebensraum, Skelett, innere Organe, Tierstimmenaudio oder Fortpflanzung – dazu Lehrmaterialien, Aufgaben mit Lösungen und Tests. Übungen in Biologie könnten virtualisiert werden.

○ Mikroskopieren: Man kann im Internet einfach durch beliebiges Zoomen in ganz hoch aufgelösten Bildern das Arbeiten mit dem Mikroskop simulieren. Das würde so wie die Suche nach dem eigenen Haus bei Google Earth funktionieren – das ist doch so etwas wie Mikroskopieren.

○ Gräser, Bäume und Blätter sammeln und kennen: Virtuelle Lehrpfade mit Tests lassen uns Blätter vorab viel schneller kennenlernen als in der Natur, wo ja nicht so schnell alle verschiedenen Bäume gefunden werden können. Lehrer können gleich Klassenarbeiten in solchen virtuellen Umgebungen stattfinden lassen. Die Schüler sehen sich im Internet bestimmte Pflanzen und Tiere an und beantworten Fragen dazu – vorher haben sie hier wie im Flugsimulator geübt.

Spüren Sie, wie viele neue Möglichkeiten wir durch das Internet haben? Ich bin jetzt ganz sicher, dass sehr viele von Ihnen schon wieder die Stirn runzeln und mit *Aber ...* beginnen wollen: »Da sehen die Schüler ja keine echten Tiere mehr, es schadet nicht, auch einmal auf die Wiese zu gehen.« Das können Sie auch immer noch tun. Aber erinnern Sie sich denn nicht, wie viel Quatsch wir in Bio gemacht haben, als wir Zellen mikroskopieren sollten? Wir hatten an Fliegenbeinen mehr Freude als an Zellen, drehten die Mikroskope zu weit runter und zerstörten bald alle Glasplättchen. Manche unter uns fingen an, mit der Verdünnungsflüssigkeit zu spritzen. Wirklich gelernt haben nur wenige. Das ist im Internet mit den Testfragen sehr viel effektiver.

Physik

Der Physikunterricht besteht oft aus dem Vorführen von relativ anspruchsvollen Versuchen, bei denen sich der Lehrer manchmal heillos in Stromkabeln und Bananensteckern verwickelt und nach einer vollen nervösen Stunde immer wieder stammelt: »Jetzt müsste hier nach der Theorie Licht brennen.«

Damals haben wir ein ganzes Wochenende in der Schule die Lichtgeschwindigkeit gemessen. Es ging nur zu dieser Zeit, weil die Schule da ganz ruhig lag und keine Lastwagen vorbeifuhren. Der Lehrer hat mit drei Superschülern Spiegel etc. aufgestellt, alle anderen standen nur herum. Ein solcher Physikunterricht ist im Sinne des Zeitverbrauchs schrecklich ineffizient.

○ Wir könnten Schüler in virtuellen Neubau-Häusern im Internet »herumlaufen« lassen und sie bitten, wie ein Elektriker überall die Strom- und Telefonkabel so zu verlegen, dass alles gut funktioniert. Diese Idee kann beliebig schön zu einem riesigen Physikbaukasten ausgebaut werden. Warum bauen wir nicht etwas, was den Physikbaukästen entspricht, die früher unter dem Weihnachtsbaum lagen?

○ Virtuelle Versuche und Messungen: Wir können die Fallgesetze oder das Hinabrollen eines Wagens auf einer schiefen Ebene virtuell erfassen. Man »baut die Naturgesetze einfach im Internet nach«, sodass dort die Dinge genauso schnell fallen oder rollen wie in der Realität. Dann kann man messen und die Naturgesetze wieder herausfinden – so wie sie hineinprogrammiert sind.

○ Die Schule kann nur bestimmte Versuche anbieten, die sich kostengünstig oder technisch überhaupt darstellen lassen. Im Virtuellen gibt es sicher viel weniger Einschränkungen und damit erheblich mehr Möglichkeiten für eine Top-Ausbildung.

○ Mit virtuellen Baukästen könnten Schüler sogar beginnen, komplexe Maschinen wie etwa Autos, Bagger oder Kräne zu bauen. Dazu hat man in der Realität gar keine Chance.

Geografie/Geologie/Erdkunde

Seit vielen Jahren arbeiten Industrie und staatliche Institutionen an Geografischen Informationssystemen (GIS). Die werden zu verschiedensten Zwecken erstellt: Die einen möchten Bodenschätze oder Bodenformationen auf Bildschirmen sichtbar machen, die anderen sehen sich die erfassten Meeresströmungen an. Wieder andere analysieren an Satellitensystemen das Abholzen des Urwalds in Brasilien oder das Austrocknen von Seen in Asien. Astronomische Systeme erlauben den vollen Blick in den Sternenhimmel. Die Archäologen schauen sich die bisherigen Fundstätten an und überlegen, ob sie nicht durch systematische Auswertung der Fundorte neue Ausgrabungsstätten finden könnten. Ölexplorateure suchen in einem GIS nach vielversprechenden möglichen Bohrstellen. Ganz profan werden bald auch die Grundbücher einfach so online abzurufen sein, man kann die U-Bahn-Trassen auf Karten sehen und ebenso die verlegten Kanalrohre und Fernwärmeleitungen.

Die verschiedenen GIS könnten mit der Zeit zu einem gigantischen System zusammenwachsen, das um Größenordnungen vielfältiger und mächtiger ist als das jetzige Google Earth.

Stellen Sie sich eine kleine Version dieses Systems für die Bildung, die Ausbildung und den Hobby-Wissenschaftler vor!

- Virtuelle Erdkunde – die ganze Ferne des Universums wird erfahrbar.
- Videos zu jedem Ort, zu jeder archäologischen Fundstätte, zu »jedem« Stern – ein Klick in der virtuellen Welt reicht aus.

Deutsch/Sprachen

Sprachen lernt man schlecht und recht im Unterricht. Ein Besuch im Mutterland der Sprache würde dagegen Wunder wirken! Wir können aber nicht alle dort zu einem längeren Aufenthalt hin (so glaubt man, stimmt wahrscheinlich nicht). Es gab schon früh den Versuch mit Sprachlaboren. Aber die sind zu eintönig und bewährten sich nicht wirklich. Wer Sprachen lernt, möchte mit Menschen zu tun haben. Der Deutschunterricht wird oft als quälend empfunden. Der Lehrer spricht Dramen durch, die kaum die Hälfte der Schüler gelesen hat. Texte von Dramen sind nie zum Lesen gedacht gewesen! Sie sind zum Auswendiglernen für Schauspieler aufgeschrieben worden, nicht wahr? Lesen wir denn die Noten von Sinfonien, anstatt sie uns anzuhören? Vor Jahrzehnten noch musste man notgedrungen die Texte lesen, weil es keine Gelegenheit gab, oft ins Theater zu gehen. Aber heute? Ich möchte es so:

Alle Dramen und Hörspiele sind als Videos im Netz, mit allen verfügbaren richtungweisenden Fassungen – dazu Interviews mit den Darstellern und Regisseuren, dazu Informationen, wie sie in jedem Theater an der Kasse ganz selbstverständlich verkauft werden – aber in der Schule nicht verfügbar sind.

- Alle Literatur ist mit verschiedenen Interpretationen im Netz zu finden, dazu alle Texte auch in Form von Hörbüchern.
- Alle Literatur steht mit allen historischen Illustrationen aller Ausgaben im Netz. Dazu gibt es Videos der verschiedenen Verfilmungen. Bei Dramentexten per Klick auf eine Textstelle kommt sie gesprochen von einem Schauspieler nach Wahl (Mephisto von Gründgens, Hamlet von Sir Laurence Olivier), Videos von Dramen sollten nach Texten durchsuchbar sein. Die Eingabe von zum Beispiel »Grau, teurer Freund, ist alle Theorie« lässt das Faust-Video an genau dieser Stelle starten.
- Englischlernen über Songtexte, die alle im Netz sind (sind sie heute schon, aber irgendwo, nicht gesammelt).
- Sprachenlernen über virtuelle Schüleraustausche und Chatten/Skypen mit Schülern einer Patenstadt oder Partnerstadt im Ausland, die zusammen bestimmte Hausaufgaben erledigen oder gemeinsame Projekte durchführen.

Merken Sie, wie viel mehr sich lernen lässt, wenn das Material in verschwenderischer Form für alle frei zugänglich ist?

Einige von Ihnen werden bei diesen Vorschlägen sicher innerlich aufbegehren. Denn für uns heute ist das Fach Deutsch vor allem mit Lesen und Schreiben verbunden, dazu mit dem Verstehen von Texten und Kennenlernen des Bildungskanons. Neue Technologien bringen aber das Theater ins Haus und können das Lesen durch Anhören ersetzen. Das erscheint vielen wie ein schrecklicher Kulturverlust – dass wir wieder, wie einstmals, ohne Buch gespannt vor Homer sitzen, der die Ilias deklamiert. Das Lesen ist durch Technologie ja nicht abgeschafft. Aber die meisten, die in Deutsch schlecht sind, leiden unter dem anderen Lernstil. Es gibt viele Schüler, die durch Hören lernen, nicht so sehr durch Lesen. Andere lernen eher durch praktisches Tun oder durch Anschauen. Der heutige Unterricht ist aus technischen Gründen ganz auf das Geschriebene gegründet. Alle Lernenden, die damit gut klarkommen, schaffen das Abitur leichter. Die anderen geben oft auf. Sie sitzen ratlos vor Texten, die sie aber als Hörbuch gut verarbeiten könnten. Es gibt Unmengen von Kindern, die an englischen Vokabeln verzweifeln, aber die ganze Hitparade textlich sauber singen können. Was sie beim Hören nicht verstehen, klicken sie einmal im Internet an – aha, so geht der Text, weiter singen! Ich komme auf diesen Punkt noch zurück. Wenn Sie Unbehagen gegen Videos und Hörbücher spüren, sind Sie ein vielleicht zu festgefahrenes Kind der jetzigen Kultur.

Ich aber will Ihrem Unwohlsein entgegenhalten, dass mit diesen anderen Lerntechniken viel mehr Kinder Abitur machen können, nicht nur die Hälfte! Vielleicht schon »fast alle«? Einfach dadurch, dass alle geeignete Medien zum Lernen zur Verfügung haben, mit denen sie klarkommen?

Geschichte/Politik

Geschichte ist ja eigentlich sehr lebendig, aber in Büchern und Jahreszahlen doch recht trocken und fast tot. Sie wissen jetzt aus dem Vorstehenden schon, was alles zur Verfügung stehen kann:
- Videos zu allen Ereignissen, Schlachten, historischen Stätten
- historische Reden und Dokumente
- Bildmaterial und Karten
- Verfilmungen und Kommentare dazu
- Virtuelle Zeitreisen – was geschah gleichzeitig in anderen Ländern, als die Schlacht von XY stattfand?

Mathematik/Statistik

Mathematische Sachverhalte müssen verstanden werden. Das fällt vielen sehr schwer. Manche brauchen dazu viele Beispiele, andere mehr praktische Übung. Beispiele, die schriftlich in Büchern dargelegt sind, verstehen viele wegen der Formeln nicht. Sie müssen erst den Sachverhalt ganz verstanden haben und können dann die Formeln dazu lernen.

Vielen Schülern gelingt es auch nicht, ein intuitiv verstandenes Problem in mathematische Formeln zu übersetzen, also »den Ansatz zu finden«, wie das Problem durch Rechnen zu lösen wäre.

Internettechnologie kann helfen:
- Beispiel-Trainer mit Überprüfungsfragen (richtige Filme mit Beispielen, nicht die dümmlichen Programme die über »Wie heißt du?« und »Gut, Gunter« kommunizieren)
- Filme zu Mathe im Alltag oder zu mathematischen Beispielen

- Videos zu Anwendungen der Mathematik im Beruf (Tourenplanung, Maschinenbelegung, Lebensversicherungsstatistiken, Ampelschaltungen, Wirtschaftsprognosen)
- Ansatztrainingsprogramme, die den Auszubildenden Vorschläge machen, das Problem vielleicht in eine Zeichnung oder eine Gleichung umzusetzen
- Aufgabentrainer, die verschiedene Schwierigkeitsstufen kennen
- mathematische Simulationen

In Mathematik sind die Schüler im Verstehen des Stoffes oft weit auseinander. Die »Genies« langweilen sich schon lange, während die Problemschüler immer noch mit den Achseln zucken, wenn sie nicht schon längst innerlich gekündigt haben. Lehrer können in gewisser Weise darauf eingehen, werden aber den verschiedenen Begabungshöhen nur schwer gerecht. Im Internet geht das viel besser. Wer Probleme mit Mathe hat, setzt sich vor Programme, die mehr Hinweise geben – und wird nicht vollständig frustriert. Mathegenies können sich an »Olympia-Aufgaben« versuchen und der Lehrer coacht sie nur noch ein bisschen.

Im normalen Leben sind vielleicht die Grundkenntnisse in Statistik und über Wahrscheinlichkeiten (»Risiken«) wichtiger als höhere Mathematik. Es ist fast unglaublich, wie viele falsche Entscheidungen durch falschen Umgang mit Zahlen, durch normale Unlogik oder durch völlig falsche Einschätzung von Wahrscheinlichkeiten entstehen. Das wird immer schlimmer, weil Entscheidungen immer mehr auf der Basis von Zahlen getroffen werden. Da müsste unser Bildungswesen ebenfalls aktiv werden und viel mehr Material und Übungen im Internet bereitstellen.

Religion

Schon vom Vorhergehenden klar?

- Videos von Kirchen, vom jetzigen Bischof, von herausragenden oder bewegenden Predigten oder Diskussionen
- Gesangbücher im Internet, die bei Klick ein MP3-Audio mit einer Aufnahme hören lassen
- die Bibel online in allen Facetten, mit historischen Anmerkungen, Auslegungen, Bildern, Darstellungen in Kirchen

- ○ virtuelle Begehungen von Kirchen und Domschätzen, mit virtueller Reiseführung

Kunst und Museen
- ○ alle Kunstwerke im Netz
- ○ virtuelle Führungen durch Museen, Schlösser und Innenstädte etc.
- ○ Ausstellungen guter Werke von Schülern im Internet mit Kunstwettbewerben (Benotung und Kommentierung der Werke im »Web 2.0«)
- ○ Bildung von Interessengruppen von Künstlern zu bestimmten Themen sowie virtuelle Vereine – man bekommt zwar in jedem Ort eine Fußballmannschaft oder ein kleines Orchester zusammen, aber keine Airbrushkunst-Gemeinde!
- ○ Schaffen neuer Kunstformen wie das Malen auf dem Bildschirm – kann man nicht einen normalen Pinsel elektronisch bauen? Man streicht damit über den Bildschirm wie über eine normale Leinwand. Dann erscheint auf dem Bildschirm das Gemalte. Ich muss nur noch elektronisch wählen, welche Farbe der Pinselstrich haben soll. Das kann ich tun, bevor ich mit dem Pinsel über den Bildschirm streiche, aber ich kann es hinterher natürlich noch verändern. Frage: Ist das nicht wahnsinnig viel besser als Tusche?

Musik/Komposition/Performance
Im klassischen Unterricht können alle zusammen singen, alle zusammen hören und Musik besprechen. Mit einem Klavierkeyboard für den Computer kann aber doch jeder schon längst selbst spielen lernen, ohne ein teures Instrument kaufen zu müssen. Jeder kann komponieren und sich das Komponierte vom Computer vorspielen lassen. Man kann aus Klangfolgebibliotheken beeindruckend Eigenes zusammenstellen.
- ○ alle Musik im Internet verfügbar, mit Informationen zum Stück und zum Komponisten
- ○ alle Lieder aus dem Schulliederbuch als Clip
- ○ Programme, um neue Musik zu komponieren und abzuspielen
- ○ Bibliotheken von Begleitungen, Beats & Drums und Tönen

Glauben Sie nicht, dass wir so massenweise Begabungen freisetzen könnten?

Theater/Film/Fotografie

Meine normale Digitalkamera lässt sich auch zum Filmen verwenden. Die Resultate sind beeindruckend gut. So wird es bald mit jedem Handy gehen. Wenn also praktisch jeder das Rüstzeug für Filmkunst in der Tasche ständig mit sich herumträgt – warum machen wir nichts daraus?

Warum lehren wir nicht Filmen, animieren zum Aufzeichnen von Aufführungen oder lehren Fotografie?

Wikipedia mit »altersgerechten Antworten«

Ich wünsche mir, dass ich bei Wikipedia wählen kann, welche Art von Antwort ich brauche. Eine für Wissenschaftler oder eine für kleine Kinder? Eine kurze oder eine ausführliche?

Bewerbungen/Assessments

Viele Schüler und Studenten stehen zur Zeit der Prüfung vor der Verlegenheit (ja, Verlegenheit), sich bewerben zu müssen. Wie bewirbt man sich? Dafür gibt es massenweise Bücher mit Ratschlägen, aber keine Übung. Wie wäre eine fiktive Bewerbung im Internet, die sich ehrenamtliche erfahrene Berufstätige im Internet anschauen und kommentieren?

Am besten wäre es, die Schüler und Studenten würden sich in der 11. Klasse oder rund um das Vordiplom oder lange vor dem Bachelor zur Übung bewerben.

Ich schaue oft in Bewerbungen – und in vielen Fällen ist alles zu spät. Mit ein bisschen Beratung einige Jahre vor dem Berufsleben könnten viele Bewerber viel besser abschneiden. Man muss nur früh genug über die Defizite sprechen. Wir könnten beraten, entwickeln helfen und üben, anstatt später erbarmungslos abzulehnen (»Ist selbst schuld!«)?

Probebewerben ist ein richtig guter Zeitpunkt, um über all die vielen notwendigen Kompetenzen zu sprechen, die ich weiter vorn im Buch aufgelistet habe.

Es wäre heute auch möglich, virtuelle Assessment-Center durchzuführen ... Die Schulen und Universitäten geben leider nur Feedback, wie gut man aus der Sicht der einen Fachkompetenz ist. Sie geben aber wenig Hinweise, ob ein Mensch nun alle die vielen notwendigen Kompetenzen erworben hat, die man wirklich braucht. Wie oft hören Sie vom Scheitern typischer 1,0-Abiturienten!

Wir brauchen Trainings zu allen Kompetenzen, nicht nur für die Fachkompetenz.

Spiele aller Art

Vieles lässt sich viel, viel besser im Spiel lernen: Städtebau oder Unternehmensleitung, Börsenspekulationen, Umweltveränderungen etc. Diese Seite des Lernens wird einen ungeheuren Aufschwung nehmen. Die Spiele müssen nur noch näher an die Realität kommen und dann so viel Nutzwert bieten, dass sie ihre Entwicklungskosten wieder einspielen. Solche Spiele kosten eben schnell viele Millionen. Ich würde mich hier gerne aus dem Fenster lehnen und diesen Spielen eine große Zukunft vorhersagen, aber ich fürchte, Sie zerreißen mich in der Luft ...

So, das war meine Aufzählung, was man alles rund um das Internet und Wissensrepräsentationen neu anfangen kann.

Das meiste gibt es schon als isolierte Idee oder bereits existierende Technik. Ich will nicht behaupten, dass ich hier neue Dinge erfinde. Ich will nur immer wieder betonen, dass wir sehr viele von diesen Möglichkeiten zu einer gesamten Infrastruktur der Bildung zusammenbinden können, um das ganze Ausbildungssystem auf eine neue und höhere Grundlage zu setzen. Es geht darum, alle Einzelerfindungen, die wir schon überall als Innovationen sprießen sehen, zu einem konstruktiven Flickenteppich zusammenzufügen, den wir mit der Zeit vervollständigen. Wir müssen aus den Einzelerfindungen ein echtes Ganzes bauen!

- Mit den modernen Technologien lässt sich bei ein wenig Interesse am Lernen ein Mehrfaches an Kenntnissen erwerben.
- Der Erwerb multipler Kompetenzen wird möglich.
- Schüler, die besser durch Anpacken, Beispiele, Hören, Performen, Mitmachen oder Spielen lernen, können mit neuen Technologien unter Umständen viel weiter kommen als in der jetzigen mehr »schriftlichen« Welt der Tafelanschriebe. Dadurch schaffen viel mehr Schüler und Studenten als bisher ordentliche Abschlüsse. Tech-

nologie kann zudem flexibler mit verschiedenen Lernstilen und Niveauunterschieden der Lernenden umgehen.

o   In Netz und im »Web 2.0« werden andere Kulturen und ferne Mitmenschen leichter zugänglich, Sprachen werden lebendig erlernbar.

o   Die ganze Welt des Wissens ist der ganzen physischen Welt zugänglich, deshalb würden nicht nur viel mehr Deutsche gebildet werden können, sondern weltweit »alle«.

Bitte entgegnen Sie jetzt nicht zu schnell: »Man *muss* lesen. Man *muss* von der Tafel abschreiben, sonst sitzt es nicht.« Das sagt Mephisto im *Faust* auch schon zum Schüler: »Denn was man schwarz auf weiß besitzt, kann man getrost nach Hause tragen.« Und das ist sehr sarkastisch gemeint! Die immer noch aktuelle Bildungskultur der monologischen Vorlesungen/Tafelanschriebe ist also noch nie heilig gewesen.

Psychologisch gesehen präferiert die heutige Lehrmethodik einen Stil, der sich auf fleißiges Lernen und hartes Erarbeiten gründet, das nicht zu viele Sinnfragen stellt oder gar Freude am Erwerb von Wissen verlangt. »Lernt, was im Lehrplan steht, ihr werdet später noch dankbar sein, dass es so gelernt werden muss, wie es hier steht.« Haben wir das später so empfunden? Wirklich?

Viele Schüler lernen aber nur dann mit Energie, wenn sie großes Interesse haben oder sich vor herausfordernde Aufgaben gestellt sehen. Ein Referat über Hexenverbrennungen wird bei sehr vielen Schülern mehr Leistung abrufen als die Entwicklung des Symbolbegriffs seit Goethes *Iphigenie*. Unser Bildungssystem siebt also tendenziell Schüler aus, die sich mit dem offiziellen Lernstil des fleißigen Stillsitzens schwertun.

Internettechnologien ermöglichen ein viel besseres Eingehen auf verschiedene Lernstile. Das sollte dazu führen können, dass sehr viel mehr junge Menschen höhere Bildungsgrade erwerben können als bisher. Das Nebeneinander verschiedener Lehrkulturen ist besser und wird in Zukunft kommen. Die klassischen Bildungskulturen werden sich wehren. Sie äußern sich stets fast verächtlich über »verwöhnende« Versuche des »spielerischen Lernens«, das glaubt, ohne harte Arbeit und unhinterfragenden disziplinierten Fleiß Erfolge einheimsen zu können.

Vermutlicher O-Ton gegen die unerträgliche Leichtigkeit des Seins des experimentellen und spielerischen Lernens: »Man muss sich anstrengen müssen. Es muss keinen Spaß machen, ja, es darf fast keinen Spaß machen, weil es zu ernst und wichtig ist. Was gelernt werden muss, muss eben gelernt werden. Man kann nicht erwarten, dass einem alles zufällt. Der Versuch, alles als Lernspaß verkaufen zu wollen, muss in schlechtester Qualität der Abschlüsse enden. Man muss lesen. Man kann nicht alles aus der Kiste dudeln lassen. Bildung ist kein Spiel und kein Spaß.«

Im Grunde spiegeln solche kämpferischen Ansagen einen Dissens im Menschenbild wider. »Der Mensch muss lernen, damit er arbeiten kann« steht gegen »Der Mensch hat intrinsisches Interesse am Lernen und will sich entwickeln« und gegen »Lernen befriedigt die Neugier des offenen expansiven Menschen – Lernen ist Freude am Neuen«. Darauf will ich in einem gesonderten Kapitel eingehen, das verschiedene Bildungs- und Menschenauffassungen zur Debatte stellt.

Ich will dort argumentieren, dass nicht einfach eine der Auffassungen mehr recht hat als eine andere, sondern dass jeweils andere Bildungsauffassungen mehr an Bedeutung gewinnen – je nachdem, wie weit die Gesellschaft entwickelt ist. Ein Agrarland sieht Bildung anders als eine Produktions- und Dienstleistungsgesellschaft oder als eine Wissensgesellschaft. Ein Land, das sich selbst automatisiert und standardisiert, um sich in den Niedriglohnsektor hineinzusparen, wird anders über Bildung denken als eines, das seine Zukunft in Bildung sieht. Ein sich automatisierendes Land sucht nach Möglichkeiten, die Menschen durch automatische Workflows oder Prozesse zu ersetzen. Es wünscht sich geradezu eine Welt der Roboter und setzt Menschen nur noch dort ein, wo ein menschlicher Körper gebraucht wird. Ein innovatives Land aber braucht so viel Intelligenz und Bildung wie irgend möglich. Das Beste ist kaum gut genug.

Welche Auffassung wir von der Bildung haben, hängt also stark mit der Arbeit zusammen, die wir in Zukunft tun wollen.

Im Grunde müssen wir entscheiden, wie unsere Zukunft aussehen soll – und danach wählen wir den besten Bildungsansatz.

»The Brighter Planet« – made in Germany

Stellen Sie sich vor, wir würden mit dem Aufbau der Bildungstechnologien beginnen. Wie viel kostet es, für jedes Tier und jede Pflanze eine Homepage anzulegen? Vielleicht 1000 Euro pro Art? Dazu die Produktion von Videos für ein paar Tausend Euro? Da wären wir schon im Bereich von bald dreistelligen Millionenbeträgen.

Wie viel kosten Spiele? Jedes etliche Millionen.

Was kostet es, eine Superausgabe von Goethes *Faust* mit allen Anmerkungen, Interpretationen, Illustrationen und Theateraufführungen perfekt aufbereitet ins Internet zustellen? Ich denke, auch in der Gegend von einer Million.

Alles, was ich oben vorgeschlagen habe, kostet einzeln Millionen. Das schreckt mich nicht ab, es trotzdem zu wollen. Google Earth und Google StreetView kosten ja auch viele Millionen. In jeder Stadt fahren die Autos von Google herum und filmen jedes Haus in jedem Winkel der Welt ab. Das ist ein gigantisches Unternehmen eines einzigen Unternehmens. Wir befürchten jetzt schon, dass Google die Weltherrschaft übernehmen wird! So steht es immer öfter mit Fragezeichen in der Presse. Kein anderes Unternehmen geht aber an so eine gigantische Aufgabe wie das Abfotografieren der ganzen Welt so energisch heran. Das müssten wir doch eigentlich bewundern und wertschätzen.

Nein, wir nutzen alle Google Earth und Google Maps und diskutieren über Probleme des Entstehens einer neuen Weltmacht.

Warum so negativ? Wir könnten umgekehrt daraus schließen, dass wir es ebenso gut in die Hand nehmen könnten, eine dominierende Position in der Welt und in der Wirtschaft einzunehmen, indem wir entschlossen einen Teil der virtuellen Welt in Besitz nehmen.

Deutschland könnte die Bildungsinhalte der Welt konsequent ins Netz stellen, in allen Sprachen, insbesondere in Englisch oder Chinesisch.

Ich habe vorn im Buch argumentiert, dass es nur ein einziges Amazon, ein einziges eBay und ein einziges Google Earth geben wird. Eine solche globale Premiumservicestruktur reicht ja aus, die den Schirm über viele Einzellieferanten aufspannt, die »Partner« oder »Zulieferer«.

Genauso brauchen wir die Bildungstechnologien der Welt nicht viele Male. Es ist nicht effizient, mehrere Portale im Internet zu bauen, die für jedes Tier und jede Pflanze einen perfekten Lehrfilm bereithalten. Warum sollte man so viel Geld für Duplizierungen ausgeben wollen? Warum soll mit Millionenaufwand eine zweite digitale Mega-Ausgabe von Goethes *Faust* entwickelt werden?

Wenn die Bildungsinhalte in einer idealen Form ins Netz gestellt werden sollen, dann bedeutet das jeweils enorm hohe Entwicklungskosten. Dazu kommt der Aufwand, die Bildungsinhalte immer aktuell zu halten oder immer wieder Fehler herauszunehmen.

Ich stelle mir die Zukunft so vor:

Sehr, sehr viele kleinere mittelständische Unternehmen nehmen sich einen Teil der Bildungsinhalte und liefern sie an das »Weltportal der Bildung«. Ein Unternehmen ist für Goethe zuständig, eines für ein erstklassiges Unternehmensplanspiel, ein anderes pflegt die Rechtschreibprüfung von Luxemburger Deutsch in unserem Computer. Eines bietet alles über Schildkröten, ein anderes über Planeten, ein weiteres pflegt die Führungen durch einzelne reale Museen. Wenn Sie in einem Museum sind, können Sie per Handy eine Nummer anrufen und bekommen die Führung aus dem Internet!

Es gibt Wissensportale über Küchenrezepte, Beipackzettel zu Medikamenten, Bedienungsanleitungen für Elektrogeräte – alles systematisch in einer Art Menschheitsbibliothek.

Ich schlage als besten Weg Deutschlands in die Wissensgesellschaft vor, dass wir uns zuerst auf das Wissen selbst konzentrieren und es wie ein Exportweltmeister für die ganze Welt produzieren und liefern. Wir setzen uns als eines der nationalen Ziele, führender Produzent von Culture Technologies zu werden. Deutschland liefert die Grundlage für einen klügeren Planeten.

The Brighter Planet – Culture Technologies made in Germany

(Ich habe die Vision gleich »export ready« in die richtige Weltsprache gepackt, ich bitte um Nachsicht für die Anglizismen.)

Bildung wird international, so oder so. Das ist gut so und wird schon lange als notwendig angesehen. Seit Friedrich Gottlieb Klopstock 1774 in seiner Schrift *Die deutsche Gelehrtenrepublik. Ihre Einrichtung. Ihre Geseze ...* forderte, dass die Gelehrten die Geschicke eines Landes maßgeblich bestimmen sollten, ist diese Idee immer weltumspannend aufgefasst worden. Wissen ist Wissen – hier und dort und überall! Jetzt aber, mit dem Internet, ist es möglich, Bildungsinhalte weltweit in bisher ungekannter Form aufzubereiten und zugänglich zu machen. Wer damit anfängt, hat sich damit im Konzert aller Länder eine Produzenten- oder Lieferantenrolle gesichert. Wer auf einem Gebiet exzellent arbeitet, darf die Normen, Methoden und kulturellen Bedingungen mitbestimmen – oder er muss im anderen Falle die Kultur aus anderen Ländern importieren. Mein Plädoyer: Lassen Sie uns zum Exportland der Dichter, Denker und Ingenieure werden.

Und das Ganze müssten wir in einer Fähnchen schwenkenden, weltoffen grüßenden Weise hinbekommen, so wie wir die Welt zu unserer Fußballweltmeisterschaft im eigenen Lande einluden.

Ich will später im Buch noch mehr Chancen aufzählen – dass nämlich Deutschland zum Beispiel seine führende Rolle in der Umwelttechnik oder Medizintechnik ausbauen sollte. Hier können auch unglaublich viele Arbeitsplätze geschaffen werden, aber dafür brauchen wir ja viele studierte Fachkräfte, deren Fehlen wir heute schon spüren. Wenn aber Deutschland zuerst Bildungsproduzent wäre, würden sich so viele Berufe in verschiedensten Wissensdisziplinen bilden, dass eben »fast jeder Abitur machen und ein Wissensgebiet wirklich kennen (studieren) sollte«. Dann ist die Versorgung anderer Wirtschaftszweige mit Fachkräften sicher leichter – »sie wird mit erledigt«.

Breite Exzellenzkultur – nicht Elite & Slum!

Wissen als Kultur oder Privileg?

Wie gehen wir mit dem Ende der Dienstleistungsgesellschaft um? Im Augenblick öffnet sich die Schere weiter und weiter. Die Experten und die Manager verdienen mehr und mehr – für viele sind die gezahlten Gehälter nicht mehr ethisch vertretbar. Auf der anderen Seite wächst die Anzahl der Niedriglohn-Mitarbeiter, die finanziell kaum besser dran sind als Arbeitslose.

Wenn wir diese Entwicklung konsequent zu Ende denken, dann gehen wir auf eine klar zweigeteilte Gesellschaft zu. Wie es früher Römer und Sklaven gab oder Gutsbesitzer und Leibeigene, so können wir im Prinzip auch eine Wissensgesellschaft zweigeteilt gründen. Eine kleine extreme Elite verdient viel Geld und lässt den Rest schlecht bezahlt die Services für sich erledigen.

In einer solchen Gesellschaft versuchen die Erfolgreichen, durch eine gute Ausbildung einen entscheidenden Vorteil zu erlangen, um einen der wenigen begehrten Jobs zu bekommen. Die Verlierer müssen zusehen, wo sie bleiben.

So eine Gesellschaft sehe ich beim Spazieren durch amerikanische Städte. Unerhörter Hochglanz neben schmuddelig hartem Service-Dasein der Straßenfeger oder Angestellten der Fastfood-Branche. Mit demselben Gefühl lese ich von den hierzulande unmenschlich anmutenden Prüfungsvorbereitungen japanischer Jugendlicher für die begehrtesten Studienplätze und von den horrenden Kosten einer privaten Schulerziehung in den USA.

Auf der anderen Seite ist unsere Bildungsdiskussion voll von Berichten aus Skandinavien, wo die Menschen für unsere Verhältnisse ungewöhnlich gleich und gleichberechtigt erscheinen. Sie verdienen in der Regel gut, aber nicht so sehr verschieden viel. Im hier mehrfach gebrauchten Bild der Schere: Dort hat sich die Schere zwischen Arm und Reich lange nicht so weit geöffnet wie hier in Deutschland oder gar in den USA. Eine gute Bildung ist in Skandinavien kein Privileg oder ein großer Vorteil – denn dort sind fast alle gebildet. Extremer Reichtum ist nicht übermäßig gut angesehen, Armut wird möglichst nicht toleriert.

Was wollen wir eigentlich? Schere auf? Schere zu?

Wir dürfen nicht so tun, als sei das eine oder das andere vorbestimmtes Schicksal. Ist es nicht! Es liegt in unserer Verantwortung, unser Leben auf die eine oder andere Weise zu gestalten. Ich will diese Verantwortung herausarbeiten und Ihnen vor Augen halten. Ich will zeigen, dass es eine Frage unseres Menschenbildes ist, ob die Schere geöffnet ist oder nicht. Es geht um die Werte, die wir mit den Begriffen Erfolg, Wissen, Geld, Karriere, Wettbewerb, Gemeinschaft etc. verbinden. Auf den Punkt gebracht: Wollen wir eine freundschaftlich verbundene Gemeinschaft sein oder ein Wettbewerbssystem von »gierigen« Ich-AGs?

Eine Gemeinschaft egalisiert, aber ein Ich-AG-System differenziert. Wir sehen hinter diesem Gegensatz oft die polaren Positionen des idealen Sozialismus und des harten Kapitalismus. Wir träumen immer von einem mittleren Weg, den der sozialen Marktwirtschaft, die eine Kreuzung der beiden Pole sein soll. Wir nehmen von jeder Seite das Beste! So einfach gestrickt haben wir uns das gedacht. Wir haben uns aber unter dem Eindruck des Zusammenbruchs des Ostens ganz eindeutig von der Idee des Sozialismus verabschiedet. Die Idee des Kapitalismus triumphierte und öffnete die Schere zwischen Arm und Reich wieder weit.

Klar? Denken Sie jetzt aber nicht, ich würde nun simpel die Rückkehr zum Sozialismus ausrufen – so einfach mache ich es nicht. Es würde ja auch nicht funktionieren! Wir brauchen eine neue Balance zwischen dem Wir und dem Ego – wir brauchen nicht irgendeine Wissensgesellschaft. Wir brauchen eine wohl erwogene.

Doch dazu müssen wir ein bisschen tiefer in unsere Grundüberzeugungen hineinhorchen.

Einige Ich- und Wir-Kulturen und deren Weltbilder

Ich schildere in diesem Abschnitt als Diskussionsgrundlage ein paar verschiedene menschliche »Kulturwolken«, also verschiedene Ansichten zu den Themen Mensch, Wirtschaft und Bildung. Die Idee dazu habe ich aus dem Buch *Spiral Dynamics* von Don Edward Beck und Christopher C. Cowan. Diese beiden Autoren erweitern die von Clare W. Graves begründete Theorie. *Spiral Dynamics* vollzieht eine Zeitreise durch die menschlichen Kulturformen vom Dschungel über den Stammeskult, die frühen Despoten hin zu demokratischen Systemen bis zu einer humanistischen Weltkultur in der Zukunft.

Es ist am leichtesten, sich die Kulturformen als geschichtliche Entwicklung vorzustellen, dann lernt und versteht man sie auch mühelos. Zuerst herrscht das »Ich«-Gesetz des Dschungels, nur die Stärke des Einzelnen zählt. Danach kommen »Wir«-Stammeskulturen auf, die von einem Ältesten regiert werden. Man glaubt an Zauber und die Geister der Toten, die noch aus dem Jenseits ins Leben hineinregieren. Als die Völker größer wurden, herrschten einzelne »Iche«, nämlich Tyrannen, Diktatoren, Adelskasten oder Könige – vielfach Despoten, die das Volk unterdrückten. Es bildeten sich auch einige »Wir«-Demokratien und Stadtstaaten heraus, die das Gemeinsame der Bürger in den Vordergrund stellten und eine hierarchische Staatsverwaltung einsetzten. Daneben gab es schon früh die christlichen Urgemeinden (»Wir«) und die losen Diskussionsgemeinschaften von Wissenschaftlern, Künstlern, Dichtern und Philosophen (»wetteiferndes nicht-feindliches Ich«).

Das Buch *Spiral Dynamics* bespricht die Aufwärtsdynamik von Stufe zu Stufe. Das Buch ist voller Weisheit, und ich habe viele, viele Tage und Wochen damit zugebracht. Die Grundüberzeugung einer Aufwärtsbewegung zu einem Weltganzen teile ich aber nicht. Ich glaube an das, was ich unter »Phasic Instinct« in meinem Buch *Abschied vom Homo Oeconomicus* beschrieben habe: Je nach Wirtschaftsentwicklung schwanken die Ansichten über Mensch und Wirtschaft hin und her. Wenn es für längere Zeit finster wird, breitet sich überall Egoismus aus – bis zum Crash der verbrannten Erde. Im frühen Aufschwung arbeiten die Menschen dann wieder Hand in Hand am Wiederaufbau und mögen sich wieder als Gemeinschaft. Später haben sie es alle zu Wohlstand gebracht – und sofort geht der Zank wieder los. Die Gesellschaft schwankt entsprechend zwischen »Ich« und »Wir«, und das Menschenbild hält den Menschen entsprechend eine Zeit lang für ein Raubtier oder eines in einer friedlichen Herde.

Angelehnt an die Idee der Kulturformen, die in *Spiral Dynamics* zugrunde gelegt wird, schildere ich hier einige Grundformen menschlicher Gesellschaft. Ich will danach argumentieren, dass das Ende der Dienstleistungsgesellschaft und das Öffnen der Schere zwischen Arm und Reich sehr stark mit einem Kulturwandel in Deutschland verbunden ist, den wir gerade nach dem Crash der Finanzmärkte fast schon laut verfluchen: Wir befinden uns auf dem Weg vom »braven Deutschen« zum »egoistischen Vorteilsschinder«.

Für den Weg in die Wissensgesellschaft aber brauchen wir einen neuerlichen Kulturwandel – nicht einen zurück in eine Kultur der deutschen Normalbürger, sondern in eine der Wissensarbeiter.

Um hierin noch klarer zu sehen, habe ich eine Beschreibung der Kulturen einer Diktatur, eines Großsystems, einer Leistungsgesellschaft, einer arbeitenden Gemeinschaft und einer losen Ansammlung verschiedener Meister ihres Fachs zusammengestellt.

Tyrannei unter einem Diktator (Ich, Macht): Jeder nimmt, was er kann

o   *Die Grundsituation:* Ein Herrscher, ein Diktator, Alleineigentümer oder eine Führungskaste herrscht. Alles dreht sich um Macht, Machterhalt, Kampf. Spione oder Geheimdienste tragen Information zusammen, die nur oben verfügbar ist. Der Herrscher ist »stattlich und groß«. Er beutet das System aus. Selbstverständlicher Selbstgenuss ohne Skrupel (unter Stress neurotische Züge des Narzissmus und Sadismus).

- *Das Menschenbild*: »Menschen hören auf zu arbeiten, wenn sie genug zu essen haben.« Menschen in einer Diktatur werden wie Sklaven gehalten, arbeiten unter Fron und Überlast nur noch bei Androhung der Peitsche. Ohne Peitsche schuften sie unter diesen Umständen tatsächlich weniger, also immer dann, wenn das Auge des Diktators oder seiner Stellvertreter nicht zusieht. Das führt zu der Sicht des Diktators, dass Menschen ursprünglich faul wie Tiere sind und deshalb gezwungen werden müssen, ihre wahre Tiernatur zu unterdrücken. Wer stark ist, kann es zu etwas bringen. Wer schwach ist, hat nichts verdient. Wer es versteht, Menschen zu beherrschen, zu unterdrücken oder in seinen Bann zu ziehen, ist zu Recht Herrscher und darf andere für sich nutzen.
- *Die Arbeit*: Die Arbeiter führen Instruktionen aus, so wie Soldaten Befehle in der Armee, die nicht hinterfragt werden.
- *Der Kunde*: Unternehmen mit diktatorischen Tendenzen versuchen, marktbeherrschende Stellungen einzunehmen, aus denen heraus sie ihre Kunden ausbeuten können.
- *Die Erziehung*: Nur so viel Bildung wie zur Fronarbeit nötig ist, also wenig. Wissen ist Macht. Der Zugang zu Wissen ist beschränkt durch Codes und Zugriffsrechte. Gleichschaltung des Wissens, das für normale Menschen in Instruktionen niedergelegt ist. Instruktionen werden durch Drill körperlich eingeprägt. Fehler oder Ungehorsam werden barbarisch exemplarisch bestraft (z.B. Entlassung der Büroreinigungskraft, die beim Putzen kurz auf einem Diensttelefon zu Hause anrief, obwohl der Apparat auf Flatrate lief). Die Führungskaste erzieht ihren Nachwuchs sehr sorgfältig im Geiste einer Offiziersakademie.
- *Die Karriere*: In Machtkämpfen durchsetzen.

Große Systeme mit vielen Regeln (Wir, Ehre): Aufstieg nach Verdienst

- *Die Grundannahme*: Alle Menschen leben in einem großen System, in dem alles aufs Beste und Kleinste geregelt ist. Das System ist streng hierarchisch gegliedert, es hat viele Bestimmungen und »ewige« Gesetze. Die extreme Stabilität gründet sich auf Autorität, Seniorität und Loyalität. Alles hat Sinn, Nutzen und Zweck, der den Eingeweihten und Hochgestellten bekannt ist – nicht notwendig den Niederrangigen, die aber auf die Autorität vertrauen (unter Stress neurotische Züge des Perfektionismus und der Zwanghaftigkeit).

o *Das Menschenbild*: Das Leben ist Pflicht und Arbeit. Wer seiner Pflicht nicht nachkommt, lädt Schuld auf sich – es wird erwartet, dass er sich schämt. Jeder hat im System eine Rolle oder einen Dienstposten (»job role«, nicht »job«). Die Obrigkeit überwacht, ob die Pflicht erfüllt wird (»compliance«). Menschen werden in hierarchische Klassen eingeteilt und haben unterschiedliche Privilegien, die sich nach ihren Verdiensten und ihrer Ehre richten. Menschen im System nehmen an, dass sich Treue und Loyalität im System langfristig auszahlen, weil ein höherer »Masterplan« des Systems das so vorsieht und verspricht. Das System als solches wird fast heilig gehalten und verehrt. Das System der menschlichen Gemeinschaft ist das wesentliche Unterscheidungsmerkmal vom Tier.

o *Die Arbeit*: Die treue Verrichtung der Arbeit ist die größte Pflicht des Menschen. Der arbeitende Mensch steht auf seinem Posten. Er ist fleißig und zuverlässig wie ein Uhrwerk oder eine geölte Maschine.

o *Der Kunde*: Kunden werden als Teil des Systems gesehen. Sie sind in der Regel treue und loyale (Stamm-)Kunden, die betreut werden beziehungsweise sich vertrauensvoll in Betreuung begeben. Das Unternehmenssystem bietet immer gleiche Markenqualität zu Festpreisen an. Versuche feilschender Kunden werden indigniert als ungehörig abgewiesen. Sonderwünsche werden kaum erfüllt, weil sie die bewährten Standards verlassen. Dafür hat der treue Kunde allerdings volles Verständnis und verlangt auch »keine Extrawurst«.

o *Die Erziehung*: Die Erziehung erfolgt im Einklang mit der Sicht von der Arbeit. Schule ist eine Sache von Fleiß, großer Mühe, Zuverlässigkeit und Pflicht. Wer diese Tugenden nicht mitbringt, ist nicht würdig und verdient nur eine niedrigere Schulerziehung. Die Schule vermittelt einen vom Staat festgesetzten Wissenskanon, der für alle verbindlich ist. Der Lehrplan diktiert zusammen mit »objektiven« Prüfungen den Unterricht. Das System erhofft sich gleichmäßig gut erzogene Menschen, »bricks in the wall«. Wer darüber hinaus hart arbeitet, kann akademische Titel erwerben, die mit tiefem Respekt und besonderen Anreden verbunden sind.

○ *Die Karriere*: Aufstieg in der Hierarchie, Schritt für Schritt nach Verdienst, der in geheimen Sitzungen von Vorgesetzten-Gremien festgestellt wird. Führungskräfte werden nach rituellen Auswahlverfahren weihevoll eingesetzt.

Reiner Kapitalismus (Ich, Geld): Jeder will viel gewinnen und der Beste sein

○ *Die Grundannahme*: Das Leben besteht aus Chancen, »Optionen« und Möglichkeiten, die man ergreifen und nutzen muss. Menschen sind von Natur aus aktiv, jeder will der Beste sein, um dem Leben etwas abzugewinnen. Luxusleben, Prestige und Statussymbole winken den Gewinnern. Es geht vor allem darum, für sich eine Goldader im Leben zu entdecken (»opportunity«) und diese mit allen Ressourcen auszuschöpfen. Der Mensch verfügt dazu über reiche Mittel wie Technologien, Wissenschaften und Innovation, mit denen man im Spiel auf den Märkten Vorteile gewinnen kann (unter Stress neurotische Züge der Manipulativität, des Tricksens, Täuschens in schäbigen Deals unter dem Tisch – oder ganz oft ein Ende im Burnout).

○ *Das Menschenbild*: Menschen sind wesentlich durch ihre Chancen geprägt, im Leben etwas zu gewinnen. Sie wollen reich werden, gleich in jungen Jahren – um noch voll genießen zu können. Menschen streben nach Einfluss und Bekanntheit. Das Leben als Ganzes ist ein gigantisches Spiel des Wettbewerbs aller Menschen, in dem die Gewinner und Verlierer bestimmt werden. Wer gewinnt, hat sein Glück verdient. Wer verliert, akzeptiert das. Gewinner sind einzigartig, Verlierer austauschbare Ressourcen. Der Markt entscheidet und regelt alles.

○ *Die Arbeit*: Schritt für Schritt qualifiziert sich der Mitarbeiter für das Mitmachen in immer größeren Spielen. Ständig wird nach neuen Optionen Ausschau gehalten. Wenn es woanders mehr zu gewinnen gibt, wird selbstverständlich der Arbeitgeber gewechselt (»job-hopping«). Wer sich viel zutraut, gründet ein eigenes Unternehmen und greift gleich nach den Sternen.

o *Der Kunde*: Der Kunde ist eine Chance, Geld zu verdienen, die so gut es geht ausgenutzt werden muss. Unschlüssigen Kunden werden »Deals« angeboten, man beeindruckt sie mit professionellen semi-wissenschaftlichen PowerPoint-Präsentationen, die mit beeindruckenden Zitaten der derzeitigen Meinungsführer oder klassischer Galionsfiguren der Menschheit gespickt werden. Es gibt keine klare Preisliste, nur »special deals«. Der Preis ist das, was bei diesem Kunden zu holen ist. Es kommt auf das Verkaufen an. Treue Stammkunden, die mental zum alten System des Bewährten gehören, werden als dumme Melkkühe gnadenlos ausgebeutet, auch wenn das verbrannte Erde hinterlässt.

o *Die Erziehung*: Die Erziehung bildet die späteren Gewinner aus. Die Schüler kämpfen um die besten Startbedingungen für die später bestbezahlten Jobs. Alles Wissen, das dazu taugt, ist gut und willkommen, alles andere ist nicht wettbewerbsrelevant und daher nutzlos und »theoretisch«. Es reicht schon, in der Schule mit ergoogelten Kurzfristkenntnissen prächtige PowerPoints anzufertigen und diese überzeugend und rhetorisch brillant vorzutragen. Spätere akademische Titel dienen dem »Signaling« (Fachwort aus der Ökonomie: das Bemühen, über erkennbare Kriterien Unterscheidbarkeit zwischen unterschiedlichen Personen herzustellen).

o *Die Karriere*: Der Aufstieg folgt dem Pfad der entdeckten Chancen. Das Karrieremodell des reinen Darwinismus wird bevorzugt: »Up or out«. Hier wird ein Mitarbeiter entweder befördert oder entlassen – längeres Verweilen auf einer Stufe ist unerwünscht. Es kommt natürlich darauf an, jeweils zu den Leistungsträgern gezählt und folglich befördert zu werden. So wie es keine Preisliste für Kunden gibt, gibt es auch keine Gehaltstabelle für Mitarbeiter. Um das Gehalt wird gezockt und gedealt. Die Personalabteilung (»Human Resources«) agiert mit aggressiven Mitarbeitervergleichen (»Rankings«). Leistungsträger sorgen für ihre eigene »Beförderbarkeit«, sie kümmern sich um ihre »Employability«, wie man heute auch schon auf Deutsch sagt. Low Performer werden nüchtern und offen als solche bezeichnet. Sie werden emotionslos aus dem Unternehmen hinausgebeten, wobei ihnen das Unternehmen oft hilft, eine anderweitige Stelle zu finden (»Outplacement«).

Gleichgesinnte Gemeinschaft (Wir, Liebe): geachtetes, geliebtes Mitglied sein

- o *Die Grundannahme*: Menschen leben als grundsätzlich Gleiche am liebsten in einer herzlich verbundenen Gemeinschaft. Jeder Mensch akzeptiert jeden anderen. Jeder Mensch ist für sich an seinem persönlichen Wachstum interessiert. Die Ressourcen der Gemeinschaft und der Natur gehören allen. Das Ganze bestimmt das für die Gemeinschaft Sinnvolle. Es sorgt für schwache Einzelne (unter Stress neurotische Züge entweder der Depression über die böse Welt oder des militanten Fundamentalismus, der die reinsten Formen der Gemeinschaftsidee durchsetzen will und Züge puritanischer Zwanghaftigkeit annehmen kann – so wie die oben besprochenen Systeme bürokratisch zwanghaft werden können).
- o *Das Menschenbild*: Menschen leben gerne in einer Gemeinschaft, sie haben das Ziel, von anderen akzeptiert und gemocht zu werden. Sie leisten freiwillig und gerne Beiträge für das Ganze. Menschen begegnen einander mit Empathie. Dissonante Emotionen in Gegenwart anderer sind streng verpönt – Konfliktvermeidung steht ganz im Vordergrund. Keine Seele darf verletzt werden, jeder sollte offen auf jeden anderen zugehen, zuhören und vertrauen.
- o *Die Arbeit*: Menschen erzielen in Zusammenarbeit (»im Team«) die besten Ergebnisse. Die Bezahlung ist kaum unterschiedlich, alle sollen für gute Arbeit ein gutes Auskommen haben. Titel und jede sonstige Art von »Signaling« sind unerwünscht und als absichtlicher überambitionierter Unterscheidungsversuch fehl am Platz.
- o *Der Kunde*: Kunden haben eine persönliche Beziehung zu Produkt und Produzent (»Bio«, »Teeladen«). Die Preise sind fair (»Kaffee direkt von Kaffeebauern zum fairen Preis«). Der Kauf ist ein Austausch

nötiger Ressourcen, aber nicht vorrangig ein Business oder Geschäft. Käufer und Verkäufer sind beide Teil einer Gemeinschaft.

- ○ *Die Erziehung*: Die Erziehung stellt die Menschwerdung in den Vordergrund, wie es die Waldorf-, Steiner- und Montessori-Schulen oder die United World Colleges beispielhaft betreiben. Der Mensch wird als Weltbürger erzogen, der seine Welt und die Mitmenschen liebt. Die Erziehungsmethoden vermeiden jede Art von Kampf, hartem Wettbewerb oder Rankings.
- ○ *Die Karriere*: Jeder Job wird mit jemandem besetzt, der es richtig gut kann und macht. Die Karriere als solche ist nicht so wichtig wie gutes Arbeiten in einem guten Klima.

Meistergilde (Ich, Anerkennung): Jeder für sich strebt souveräne Meisterschaft an

- ○ *Die Grundannahme*: Das Leben ist ein komplexes Hin und Her, ein Zusammentreffen verschiedenster Ansichten und Kulturen. Menschen müssen sich einen guten Platz in der Welt suchen, wo sie interessante Arbeit finden, in der sie sich verwirklichen können. Jeder Mensch ist für sich und sorgt für sich, aber auf keinen Fall gegen die anderen (unter Stress zieht man sich autistisch-aspergerhaft auf seine Arbeit zurück beziehungsweise möchte die eigene Idee der Arbeit zur allgemeinen Weltanschauung machen).
- ○ *Das Menschenbild*: Menschen wollen von Natur aus etwas erschaffen, was sie selbst vortrefflich finden können. Sie finden tiefe Befriedigung, wenn sie etwas wahrlich meisterhaft gestalten konnten. Menschen wollen so im Grunde voll entwickelte autarke Persönlichkeiten werden.
- ○ *Die Arbeit*: Menschen drücken sich in den Meisterwerken aus, die sie während der Arbeit erschaffen (Maler, Architekten, Dichter, Professoren). Sie hoffen auf die Anerkennung der »Peers«, die ihre Meisterschaft einschätzen können. Die Freiheit des Schaffens wird voll verantwortlich gelebt. Das Werk ist das Leben, die Arbeit Berufung.
- ○ *Der Kunde*: Der Kunde erkennt die Meisterschaft des Arbeitenden an und zahlt für seine Leistungen und Werke einen Preis, der diese

Anerkennung widerspiegelt. Kunden, die zocken wollen, werden fast gehasst, weil sie den Wert des Werks oder der Leistung nicht zu schätzen wissen. Kunden, die aus naiver Begeisterung zu viel zahlen wollen, werden nicht hoch geachtet, aber auch nicht unethisch ausgenommen, wie das im »Gewinner-Menschenmodell« selbstverständlich wäre. Ein Meister weigert sich nach Möglichkeit, langweilige Arbeiten, bloße Routine oder unethische Arbeit anzunehmen.

- ◦ *Die Erziehung*: Der kommende Meister versucht, in der ganzen Welt das Wertvolle und Höchste zu besichtigen und fundiert kennenzulernen. Er will seinen eigenen Stil finden und bilden (ganz nach dem älteren Bildungsbegriff des zitierten *Brockhaus* von 1962). Ziel ist es, eigene Begabungen zum Blühen zu bringen. Am besten wird von Meistern gelernt, auf Ausstellungen und bei Konferenzen, bei denen die Großen vortragen. Der kommende Meister sucht sich Mentoren und hohe fachliche Berater. Das Höchste ist Inspiration! Der Meister erzieht sich in gewissem Maße selbst. Diese Selbstbildung ist sein höchstes Interesse.
- ◦ *Die Karriere*: Der kommende Meister zieht immer dahin, wo er am meisten lernen kann. Es geht nicht um Geld und Aufstieg, immer um »sein Werk« und seine eigene Vervollkommnung. »Tu, was du liebst, das Geld gibt es dann auch dazu.«

Im nächsten Abschnitt möchte ich noch die schon anfangs angesprochene Kulturunterscheidung in Menschenbild X und Y einführen. Danach will ich begründen:

> Wir haben durch die Industrialisierung der Dienstleistungen eine unselige Verschiebung in unserer Kultur erfahren, nämlich von »gemächlichen Wir-Systemen« zu »aggressiven Ich-Vorteilsarmeen«.

Was bei uns in Deutschland geschehen ist, wie sich unsere Kultur verändert hat, das können Sie im Grunde schon aus der vorstehenden Auflistung verschiedener Kulturformen erspüren! Vor einigen Jahrzehnten lebten wir noch in einer typisch deutschen Großsystemlandschaft. Menschen gingen zusammen ihrer Arbeit als Berufung nach. Arbeit war »protestantische Pflicht«.

Irgendwann begann man, alles unter dem Gesichtspunkt der Effizienz und des Profits zu betrachten. Der »Wir«-Blickwinkel der Systeme wurde aufgegeben. Die exzessive Vergabe von Leistungszielen an Mitarbeiter verschob das »Wir«-Denken des Einzelnen hin zu fast gefordertem Egoismus, dass sich jeder voll und ganz auf seine Ziele konzentriert und auf nichts sonst.

Aus Firmengemeinschaften sind in den letzten Jahren Konsortien von Einzelegoisten geworden, die sich zum Zweck der Profiterzielung immer dann zu einem Team formieren, wenn sie Aufgaben oder Projekte alleine nicht schaffen.

Durch diese Organisation der Arbeit in einem Kampf um Geld gibt es Gewinner und Verlierer. Die früher vorherrschende Mittelschicht der »brav und fleißig arbeitenden Beamten bzw. Lebenszeitangestellten« verkleinert sich von Jahr zu Jahr. Die Gewinner sahnen als Berater, Investmentbanker, IT-Spezialisten kräftig ab. Die Verlierer verdingen sich in Niedriglohnjobs von Service-Firmen, in denen die Arbeitsbedingungen oft den Verhältnissen der zuerst geschilderten Tyrannis sehr nahe kommen.

Die einen ringen um die Medaillen, die anderen um ihr Überleben. Aufstieg und Abstieg – im Fernsehen gespiegelt durch flachste Realityshows und Berichte aus dem Milieu der Reichen und der Stars.

Das alles erkläre ich später genauer – vorher muss ich mit Ihnen noch eine Schleife über die Menschenbilder X und Y fliegen und bitte noch um ein bisschen Geduld.

Theorie X und Theorie Y von McGregor

Der MIT-Professor Douglas McGregor präsentierte 1960 in seinem Buch *The Human Side of Enterprise* zwei einschneidend verschiedene Grundauffassungen vom Menschen an sich. Er nannte diese beiden Auffassungen Theorie X und Theorie Y. McGregor wollte mit dem Werk gegen das Bild der Theorie X Protest einlegen und für die Theorie Y plädieren. Theorie X war damals die im Management herrschende Auffassung vom Menschen, insbesondere die vom Arbeiter.

Theorie X: Der Mensch ist von Natur aus faul und arbeitsscheu. Er tut nicht mehr, als er für sein Überleben tun muss. Er ist nicht ehrgeizig. Er geht Schwierigkeiten aus dem Weg. Er drückt sich, wo er kann. Er scheut Verantwortung und Eigeninitiative. Oft ist er nicht einmal für Geld bereit, hart zu arbeiten. Der Mensch will nichts von sich aus leisten. Man muss ihn deshalb anleiten und führen, ihm genau sagen, wo es langgeht. Am besten diktiert man ihm alle Arbeitsschritte exakt und gibt auch die Zeiten vor, in der diese Schritte abzuarbeiten sind. Der Mensch ist ausschließlich extrinsisch, also von außen motiviert. Er muss gezwungen werden, durch Belohnungen gelockt oder bei Fehlhandlungen und Minderleistungen bestraft werden. Durch Kontrolle und Steuerung wird ihm sein Verhalten im Wesentlichen genau vorgeschrieben.

Theorie Y: Der Mensch ist aus seinem Innern her aktiv und sieht in tätigem Streben einen hohen Wert im Leben. Er ist intrinsisch, also von innen heraus motiviert und leistungsbereit. Wenn die Arbeit für ihn sinnvoll und die Leistung erstrebenswert ist, dann übernimmt er gerne die Verantwortung, zeigt Eifer und Willen und ist zur Selbstdisziplin fähig und bereit. Er arbeitet von sich aus bestmöglich. Deshalb ist eine Kontrolle seiner Leistungen unter Androhung von Sanktionen praktisch nicht nötig. Entstehende Probleme löst er selbstständig mit Erfindungsgabe, Beharrlichkeit und Urteilsvermögen. Das Management muss für eine Organisation der Arbeit und ihrer Ziele sorgen, die dem Menschen einen sinnvollen Tätigkeitsrahmen steckt.

McGregor zeigte, dass in amerikanischen Großfirmen die Organisation unterschwellig vom Menschenbild X ausgeht, ohne dies je explizit zu konstatieren. Das ist auch heute oft noch so. Auf den Plakaten und in den Reden der Bosse wird aber dem Menschenbild Y gehuldigt. »Mitarbeiter, ihr seid mein wertvollstes Gut!« Bei der anschließenden Besprechung der Monatsproduktion schimpfen dieselben dann wieder über die »faulen Hunde«. Es gibt auch sehr, sehr oft (meistens?) Reden von Top-Managern, die ihre Mitarbeiter völlig verwirren, indem sie die Theorie vom Mitarbeiter während der Rede wechseln. Eine solche typische Rede beginnt mit dem theatralischen Y-Teil, der den Mitarbeitern für ihren tollen Einsatz dankt (»ganz ehrlich Klasse!«) und dafür ein Buffet nach der Rede anbietet. Danach werden die Mitarbeiter im zweiten Teil der Rede sofort »hart motiviert«, die Ergebnisse im laufenden Quartal dramatisch zu steigern. In diesem Teil der Rede erscheinen Mitarbeiter wieder wie Arbeitsverweigerer.

Die beiden Theorien X und Y eignen sich bestens für Stammtischdiskussionen. Sie sind die extremen Pole in der Auflistung der Kulturformen. Theorie X ist die Sicht des Alleinherrschers auf die geknechteten Galeerensklaven, die nur unter Peitschenknallen rudern – ohne würden sie sofort schlappmachen. Die Arbeit wird durch genaueste Instruktionen vorgeschrieben – sonst drücken sie sich. Auf der anderen Seite sehen wir in der Theorie Y die Idee, dass Menschen ihren Beruf als Berufung empfinden und im Job meisterlich arbeiten wollen. Theorie X und Y betrachten weder Gewinnsucht noch Pflicht noch Gemeinschaftssinn. Sie beschreiben im Gunde die Extreme der Maslow-Pyramide. Maslows Lehre geht davon aus, dass Menschen zuerst für das nackte Überleben arbeiten, also für die »Grundbedürfnisse«. Danach streben sie einen Zustand der Sicherheit an, sie haben eine Wohnung und eine Dauerarbeitsstelle. Von hier aus bemühen sie sich, sich im sozialen Umfeld zu betätigen und Teil einer Gemeinschaft zu sein. Später streben sie nach Reichtum, Ruhm und Ehre, schließlich nach Selbstverwirklichung.

Theorie X beschreibt im Grunde die Sicht auf einen Arbeiter, der sich für sein Leben krumm arbeiten muss. Er ist geschundener Bergarbeiter, Matrose, Bauarbeiter oder übermüdeter Lkw-Fahrer.

Theorie Y findet dagegen jeder bei einem Blick in Universitäten bestätigt, wo Professoren mit Hingabe auf ihrem Fachgebiet Spitzenleistungen anstreben.

Menschen und Manager in der Industrialisierungsphase (»Ich«)

Ich schrieb vorhin: Die Industrialisierung der Dienstleistungen verändert die Kultur von einem gemächlichen »Wir«-System zu einer gehetzten »Ich«-Organisation. Das will ich jetzt näher ausführen. Wir haben früher als friedliche treue deutsche Mitarbeiter unseren Dienstposten ausgefüllt – plötzlich wurden wir in den Wettbewerb getrieben. Der führte zur Industrialisierungswelle, die erst die Produktion und wenig später auch die Dienstleistungen erfasste. Das veränderte auch uns als Menschen! Und es veränderte die Sicht der Manager auf uns. Die Sicht der Theorie X, die es immer schon gab, wurde fast obligatorisch. Mitarbeiter spüren es daran, dass sie nicht mehr geachtet werden.

Wie schon gesagt: Vor einigen Jahrzehnten lebten die Deutschen in einer ausgesprochenen Prosperitätsphase der Wirtschaft. Die neu geschaffenen Infrastrukturen der Autobahnen führten zu einem Aufschwung der Automobilindustrie, des Tourismus und der Bauwirtschaft. Es herrschte Vollbeschäftigung, praktisch alle Deutschen arbeiteten in faktisch unkündbaren Stellen »wie Beamte«. Jeder tat seine Pflicht für 40 Stunden oder später für nur genau 35 Stunden und ging in seinen »wohlverdienten Feierabend«, der ihm zustand und ihm von allen Seiten gegönnt war. Wer arbeitslos wurde, musste sich ziemlich schämen, es wurde ihm als seine ureigene Schuld zugerechnet. Es war eine Zeit der Großsysteme mit dem Menschenbild des treuen Deutschen, der nicht beliebig hart, aber fleißig und pflichtbewusst für die vereinbarte Zeit arbeitete. Kollegen gingen miteinander vernünftig um. Das Wort Team gab es noch nicht wirklich. Die Menschen in dem hierarchisch geordneten System hatten gar nicht so sehr viel miteinander zu tun. Die wenigen Interaktionen zwischen den Abteilungen wurden anständig und ohne große Eile in einer Art Staatsbürokratie abgewickelt. Die Mitarbeiter empfanden den Betrieb oder das Büro als eine Art zweite Heimat. »Man« hatte »Wir-Gefühl«. Man gehörte zu einer Firma. Ich bin zum Beispiel »IBMer«.

Etwa seit Mitte der 80er-Jahre begann das Effizienzstreben in der Wirtschaft – zuerst im Automobilbau, danach in der ganzen Industrie. Das Aufkommen der Computer und des Internets dehnte diese Tendenzen dann auch auf den Dienstleistungssektor aus, den ich hier in diesem Buch bespreche. Die Arbeit wurde erst nach Möglichkeit und später dramatisch durch harte Optimierung verdichtet. Jeder Arbeitsschritt kam auf den Prüfstand. »Muss das alles so lange dauern und so viel kosten?« Man begann, die Arbeitsmenge der Mitarbeiter zu messen und zu hinterfragen. Mitarbeiter wurden verglichen und mit höheren Leistungen der besten Kollegen brutal konfrontiert.

Die Besten fanden das gar nicht schlecht, weil sie ihre Leistungen jetzt »endlich« einmal wirklich anerkannt sahen. Sie merkten nicht, dass es nicht um ihre Anerkennung ging, sondern um eine universelle Leistungssteigerung – also auch eine Laststeigerung bei den Leistungsstärksten – und gerade bei ihnen!

Die Entwicklung verzweigte sich. Die treudeutsche Kultur spaltete sich unter der extremen Arbeitsverdichtung in einen Teil, der ganz automatisiert wurde oder in den Niedriglohnsektor abwanderte. Hier herrschen nun sehr oft brutale Sitten wie unter Alleinherrschern:

- Lkw-Transport
- Reinigungsdienste
- Callcenter
- Einzelhandelsarbeit (»unter laufenden Beobachtungskameras«)
- Leiharbeiter, Fremdarbeiter im Bau
- Schwarzarbeiter aus dem Ausland
- Billig-Altenpflege
- Fastfood-Produktion

Die andere Seite versuchte in den Premiumsektor zu fliehen. Man begann unter enormem Kostendruck, die Qualität der Produkte und Services und ihre Preise intransparent werden zu lassen:

- Banken vertreiben unverständliche Zertifikate als »Premiumservice« und »Top-Kunden-Beratung« (das hat zur Finanzkrise beigetragen).
- Versicherungen verkaufen Bündel (»Allround-Sicherheit«), deren Preisgestaltung nicht durchsichtig ist.
- Handyverträge mit Inklusivhandys sind unverständlich und irreführend, der Wert der »geschenkten« Handys ist vollkommen schleierhaft.
- Flugtarife sind zum Dschungel geworden, jeder zahlt etwas anderes, die Business Class kostet Unsummen »für ein Brötchen mehr«.
- Callcenter tricksen mit Telefonüberfällen zu Hause und schwatzen Verträge auf.
- Bahntarife sind nicht einmal von den Bediensteten handhabbar.
- Tankstellen nutzen die Notlage der Käufer mit absolut überhöhten Preisen aus, was man »Convenience Store« nennt.

- Waschmittel werden in allen Packungsgrößen angeboten, nicht mehr in Kilogramm, sondern in Waschladungen, 18, 36, 54, 75, 90, 100 ...
- Ärzte beginnen, Sonderbehandlungen anzubieten, für die sie privat abrechnen.
- Apotheken nehmen Bio-Heil-Health-Supervitamin-Natur-Sortimente auf, die im Preis nicht durchschaubar sind.
- Handelsketten bieten »Spezialitäten« aus fremden Ländern mit Fantasiemarken.
- Pharmafirmen mischen den bewährten Wirkstoffen ein bisschen »Zusatzvitamine« bei und verkaufen alles als rettendes, völlig neues Medikament.
- Universitäten tricksen mit Publikationen, um »Impact Factors« zu optimieren.
- Der Sport verkommt zunehmend entlang seiner Dopingskandale.

Diese Seite wirkt wie das heute sogenannte Casino der Wall Street. Es geht nicht mehr um normales Arbeiten, sondern um das Gewinnen. Notfalls werden Fakes geliefert, solange der Kunde das nicht merkt. Inhalte und Kompetenzen werden vorgetäuscht. Weltanschaulich nennt man diese Entwicklung den »gnadenlosen Wettbewerb«, in dem jeder bestehen muss.

Damit spaltet sich die deutsche Kultur auf, und die Schere öffnet sich immer weiter. Der eine Teil nähert sich härtesten frühkapitalistischen Zuständen, der andere versucht, mit immer neuen unklaren Produkten Millionen zu scheffeln. Die Wir-Kultur der Prosperitätsjahrzehnte verschwindet zugunsten der brutalen Ich-Kultur des Dschungels und der Heuschrecken-Kultur der smarten Gewinner.

Es geht hin zu Slum & Elite.

Wie konnte das so weit kommen? Ich habe das vollständige Wörterbuch der deutschen Sprache in zehn Bänden (alle Dudenbände) in der Version des Jahres 2000 auf meinem Computer. Da gibt es das Wort intransparent noch gar nicht, auch MS Word findet es falsch geschrieben. Im neuen Duden steht es aber drin!

Ich glaube, ich weiß, warum es so weit kommen konnte. Die Wir-Kultur des treuen Deutschen wechselt den Anbieter nicht. Der Deutsche ist gerne Stammkunde. Er glaubt – das wurde mir in meiner Jugend immer und immer wieder gesagt –, dass Stammkunden mit größerem Respekt behandelt würden und die besseren Preise und höhere Qualität bekämen. »Weil Sie einer unserer besten Kunden sind, legen wir noch ein Schnäpschen drauf ...« Deshalb bemühten wir uns, beste Kunden zu sein.

Die kurzfristige Heuschreckensicht des reinen Kapitalismus aber verfährt genau gegenteilig: Sie zockt den treuen Stammkunden gnadenlos ab und macht sein ungerechtfertigtes Vertrauen zu barem Geld. Sonderangebote bekommen nur die Neukunden, die man anlocken muss. Meine langjährige Hausbank zum Beispiel warb mit einer Art Begrüßungsgeld Neukunden an, ein vollkommen kostenloses Girokonto zu eröffnen. Fein, dachte ich, dann fallen die 15 Euro im Monat für Kontogebühren weg. Als das nicht passierte, rief ich an und erfuhr, dass nur Neukunden kostenlose Konten hätten! Ich musste hart werden und drohen, es gab kein Verständnis der Bank. In derselben Weise werben Telefonunternehmen mit Billigtarifen, stellen aber die Tarife der Stammkunden nicht um. In den Datenbanken werden solche treudoofen Kunden als »Schläfer-Kunden« bezeichnet, die als beste Stammkunden brav viel zu viel zahlen, ohne sich zu rühren.

Die Technologien der Computer haben das Erbringen von Dienstleistungen in den Bereichen Kommunikation, Banking und Versicherungen unglaublich verbilligt. Was eine Bank früher langwierig mit Papier und Menschen erledigte, geht heute mit ein paar Mausklicks. Aber wir bezahlen alles wie früher. Nur langsam wachen wir treuherzig-naiven Schläfer auf und erkennen immer klarer, dass wir abgezockt werden. Wir sehen das zuerst bei der Arbeit, weil wir als Mitarbeiter unseres Unternehmens Teil dieser Entwicklung sind. Während der Arbeit sehen wir, wie wir zu Überpreisen zu verkaufen versuchen. Als Kunde waren wir noch lange treu und gutgläubig. Langsam merken wir, dass es kein Vertrauen, keine Fairness und keine Billigkeit des Kaufmanns mehr gibt.

Jetzt zocken wir auch als Kunden. Wir verzweigen in den Billigeinkauf beim Discounter und zum Premium-Shopping, bei dem die Preise vom Mond sind – wir werden bald feilschen und verhandeln. Die Wir-Kultur Deutschlands geht dahin. Stammkunde wollen wir nicht mehr sein. Vertrauen ist mehr und mehr von gestern.

Nun wechseln wir also auch als Kunden in die egoistische Ich-Mentalität und kaufen, wo es am günstigsten ist – auch wenn der Handwerker im Dorf daran stirbt. Jeder muss selbst sein Auskommen suchen! Damit zwingen wir die Dienstleister und Produzenten zu Preiskämpfen. Sie werden abermals zu noch größerer Effizienz gezwungen, sie werden automatisieren und Menschen in niedrigere Lohngruppen zwingen.

Die Todesspirale der Dienstleistungsgesellschaft dreht sich nach unten. Nach und nach verschwinden die Jobs in der Mitte.

Menschen und Manager für die kommende Wissensgesellschaft (»Wir/Ich«)

Mit derselben Mentalität stehen wir aber nun am Beginn der neuen Ära des Wissens und der Technologie. Wir wollen dereinst von neuen Werkstoffen, von virtuellen Welten und lebensverlängernder Wundermedizin leben, aber wir denken weiterhin in den Bahnen der Effizienz.

Effizienz macht das Alte billiger und schneller. Effizienz verlagert Arbeit dahin, wo sie billiger ist. Aber das Neue können wir nicht mit diesem Geist beginnen. Wir müssen probieren und studieren. Wir brauchen helle neugierige Köpfe in der freudig erregten Stimmung, wie sie für Innovationen typisch ist.

Sehen Sie sich nochmals die oben aufgelisteten Kulturformen an. Die neue Zeit soll wieder eine des Gemeinsinns und der Meisterschaft des Einzelnen werden – am besten *jedes* Einzelnen. Solche Kulturformen basieren auf Sinn, gegenseitigem Vertrauen, Respekt, Anerkennung und gegenseitiger Hilfe. Sie gedeihen im Silicon Valley, in Forschungseinrichtungen oder in Künstlerkolonien. Sie kennen keinen gnadenlosen Wettkampf der Form »Du oder ich«, sondern den Wetteifer der Form »Wir versuchen beide im freundschaftlichen Wetteifer der Beste zu sein, lass uns uns miteinander messen.«

Auf allen Konferenzen, in allen Managementtrainings wird indirekt dieser Widersinn der Zeit erkannt. Man merkt wohl, dass der Geist und die

Kultur der Innovation andere sind als die der Rationalisierung. Die Unternehmen propagieren Kooperation, am besten mit Blogs, Wikis und allen Formen des Web 2.0. Managern wird Empathie nahegelegt. Der derzeit angesagteste Managementstil ist in Lehrgängen das Coaching, also das einzeln fördernde Betreuen jedes Mitarbeiters. Mentoring wird überall empfohlen. Die Älteren sollen Erfahrungen an Jüngere weitergeben (»give back«). Plötzlich kommt die Idee der Ethik im Wirtschaftsleben wieder zu Ehren, es gibt überall Diskussionen über die neue Corporate Social Responsibility (die soziale Verantwortung der Unternehmen). Vertrauen soll wieder zurückgewonnen werden! Das wird betrübt in dem Augenblick wahrgenommen, wo alles Vertrauen zu Geld gemacht wurde. Denn jetzt beginnt das Misstrauen der Kunden richtig Geld zu kosten.

Die Fakes und die endlosen Marketingpräsentationen stoßen auf Verärgerung. Kunden wollen nicht mehr ständig prüfen müssen, wem sie noch vertrauen können.

Kurz: Wir sind an einem Wendepunkt angekommen.

Wir müssen damit aufhören, alles nur unter dem Gesichtspunkt der Kostensenkung, dem stressenden Antreiben der Mitarbeiter und dem Vortäuschen von Großartigkeit zu betrachten und zu managen. Die neue Zeit verlangt viel mehr Bildung, Wissen, Meisterschaft, Vorfühlung der Zukunft, Sinn für die neuen Bedürfnisse und den Kunden von morgen. Die Wirtschaftskultur muss wieder zu Wir-Formen zurück, um gemeinsam die neuen Infrastrukturen von morgen zu begründen und auf ihrer Basis neue Berufe und neue Arbeit zu schaffen.

Der Eintritt in die neue quartäre Gesellschaft ist wie die Besiedlung eines neuen Landes. Jeder steckt sich Land ab, so viel wie er bewirtschaften kann. Alle helfen sich gegenseitig beim Bau der gemeinsamen Struktur (Laden, Sheriff, Saloon, Post). Und jeder schafft auf seinem Grund und Boden so viel Wohlstand, wie er selbst es nur vermag. Streit gibt es erst viel später, wenn das Land knapp wird oder der Brunnen nicht genug Wasser gibt. Dann wird es wieder Ich-Phasen der Gesellschaft geben. In den Gründungsphasen aber ist genug Raum für alle.

Deutschland muss also umschalten in eine Kulturform des Gemeinsinns und der Meisterehre. Mehr Bildung also statt weniger! Mehr studieren statt nur den Bachelor! Mehr Kompetenzen erwerben als nur Wissen! Der Rohstoff der quartären Gesellschaft ist der fähige Mensch. Noch vor Jahrzehnten ging es um den Besitz von Rohstoffen, von Grund und Boden. Kriege wurden um Länder geführt. Die Großgrundbesitzer hatten den Reichtum und die Macht. Nach den Landadligen kamen die Industriebarone, dann die Service-Ketten-Besitzer. Bald aber werden fähige Mitarbeiter zählen – so wie die Größe des Landes einst.

Nach Krisen geht es woandershin – nicht zurück

Im quartären Zeitalter ist der exzellente Mensch der wesentliche Rohstoff – also sind Staaten dann am besten für diese Zeit gerüstet, wenn sie (am besten durchweg) fähige Menschen erzeugen und ihnen eine Heimat bieten können, in der sie gerne arbeiten möchten.

> Was also wäre die Aufgabe des Staates? Er sollte den Weg Deutschlands in den quartären Sektor bereiten und die Kompetenzbildung seiner Bürger aktiv vorantreiben.

Das ist eine Forderung, die Zukunft zu gestalten. Leider aber drehen sich die Diskussionen immer nur um das gerade aufgetretene gegenwärtige Problem, nämlich den Niedergang der Dienstleistungsarbeit. Das hilft an unserer heutigen Stelle nicht, weil sich ja die Welt bald in einen anderen Zustand bewegt. Wir kurieren ein Problem am Ort, an dem wir stehen, sehen aber nicht, dass wir diesen Ort doch sehr bald verlassen.

Wir verlassen die Dienstleistungsgesellschaft, wobei einige zehn Prozent der Deutschen ihren ursprünglichen Beruf verlieren. Diese Einsparung von Arbeitsplätzen durch Automatisierung führt zunächst zu gewaltigen Gewinnen der Dienstleistungsunternehmen, weil die treuen Kunden die nun viel billiger herstellbaren Dienstleistungen zum gleichen hohen Preis bezahlen wie bisher. Nach dieser Scheinblüte der Dienstleistungsunternehmen werden sie selbst Opfer der Entwicklung.

Ich habe geschildert, wie diese Entwicklung endet: Die normale Wir-Kultur des deutschen Bürgers spaltet sich in eine brutale Ich-Kultur, die nahe am »Prekariat« angesiedelt ist, und in eine »gierige« Kultur der Gewinner.

Die Politik und die Diskussion der Bürger sind aber darum bemüht, sich wieder dem *alten* Zustand anzunähern, also das Rad zurückzudrehen! Alle wollen wieder zum großen Wir-System der sozialen Marktwirtschaft zurück, weil sie von der wahren Zukunft der Wissensgesellschaft gar nichts »ahnen«. Was also steht in der Aufmerksamkeit der Öffentlichkeit?

○ Maßnahmen gegen Verarmung durch Mindestlöhne
○ Regulierungen gegen gierige Risikogeschäfte
○ Stützen der Nachfrage nach der Lehre von Keynes, etwa durch die Abwrackprämie

Das Ziel ist die »Herbeiführung normaler Zustände«.

Ich kann diese Reaktion auf den Finanzcrash 2008/2009 gut verstehen, aber der Crash zeigt uns eigentlich, dass wir eine Reise in eine neue Gesellschaft antreten.

Eine Politik, die es sich *nur* zum Ziel setzt, zu den vergangenen guten Zuständen zurückzukehren, muss scheitern. Sie sieht nicht, dass es unumkehrbar woandershin geht:

○ Die USA haben das Aufkommen der neuen Zeit kaum in ihren wirtschaftlichen Handlungen berücksichtigt. Sie haben am radikalsten Geld dadurch verdient, dass sie die Effizienz der Dienstleistungen steigerten, die Produktion weitgehend in Niedriglohnländer auslagerten und der eigenen Bevölkerung alles gegen hohe Preise auf Kredit verkauften. Immer stärker wird erkannt, dass die USA über ihre Verhältnisse gelebt haben. Viele sagen – heute noch ein bisschen schamhaft hinter vorgehaltener Hand: »Das amerikanische Jahrhundert ist vorüber.« Die derzeitigen Staatsprogramme führen zur Stabilisierung, aber letztlich bedeuten sie nur, dass die USA jetzt noch mehr über ihre Verhältnisse leben.
○ Die aufstrebenden Länder (Indien, China, Russland etc.) werden zum Motor der Weltkonjunktur und werden nach Möglichkeit alles selbst produzieren – das haben »wir« ihnen ja auch »beigebracht«. Diese Kulturen werden den als drückend empfundenen Einfluss der

westlichen Industriegesellschaften abschütteln wollen und nur noch »Spezialitäten«, zum Beispiel »made in Germany«, im Westen ordern, dazu immer größere Teile der Rohstoffe wie Öl und Erz verbrauchen.

○ Das Internet begünstigt jede Art von Globalisierung. Insbesondere Services können in jedem Büro erbracht werden, bei uns zu Hause oder eben in Indien zu Hause. Nur das Schwierige wird hier erledigt werden müssen – und alles, was noch persönliche Beziehungen oder physikalische Präsenz erfordert.

○ Deutschland überaltert dramatisch, es wird bald eine große Not an Arbeitskräften geben, die Rentenkassen gehen ungewissen Zeiten entgegen.

Was tun wir? Wir stemmen uns gegen eine längere Lebensarbeitszeit, subventionieren die Milchbauern und retten die sterbenden Dienstleistungsunternehmen (Großbanken, Groß-Warenhäuser) – ja, wir diskutieren sogar, ob wir Milliardäre vor dem vollständigen Verlust ihres Geldes infolge einer verfehlten Alles-oder-Nichts-Spekulation schützen sollten (Conti-Schaeffler, VW-Porsche).

Was tun wir noch? Wir sehen zu, dass die großen Koryphäen des neuen Zeitalters aus Deutschland auswandern, weil sie hier eben keine Heimat haben, in der sie gerne arbeiten.

Ärzte wollen gut behandeln, und das dürfen sie fast nicht mehr – in Schweden aber schon! In Brandenburg gibt es bei dünnster Besiedlung kaum noch Landärzte, die Unterversorgung ist bedrohlich. Schweden ist auch dünn besiedelt, es bietet aber den Ärzten »da weit draußen« eine vernünftige Bezahlung.

Top-Wissenschaftler können unter deutschen Arbeitsbedingungen international nicht mithalten. Das ist klar: Computer oder Mittel für anspruchsvolle Experimente fehlen – in Uni-Labors arbeitet man mit billigen Methoden von vorgestern und findet mitten im vielversprechenden Experiment die Ergebnisse schon in den amerikanischen Fachzeitschriften publiziert.

Über die zu geringe Zahl der Studienanfänger in den MINT-Fächern wird nur geklagt – das Problem der Zukunft wird nicht ernst genommen.

Warum nicht? Ich glaube, dass leider ganz Europa in dieser Frage selig schläft. Da denkt jeder einzelne Staat, er selbst sei nicht in Gefahr. Wenn aber die westlichen Länder in einigen Jahren nicht die Spezialitäten an China und Indien in ausreichender Menge und Qualität liefern können, zwingen wir die aufstrebenden Länder, auch diese Aufgabe selbst zu übernehmen. Ich habe in einer Klimaprognose zur Erderwärmung neulich einmal gelesen: »Spanien muss aufgegeben werden.« Ich weiß ja nicht, ob es stimmt, dass Spanien zur Wüste wird, aber es ist mir einen vollen Tag lang weh ums Herz gewesen. Ich habe gerade eben schon solch einen trüb stimmenden Satz über das zu Ende gegangene amerikanische Jahrhundert zitiert. Wollen wir noch ein bisschen weiterschlafen, um eine entsprechende Aussage über Deutschland beklagen zu müssen?

Es ist doch so: Die Summe aller Geldkredite auf dieser Welt entspricht etwa dem gesamten monetarisierten Vertrauen, das wir in alle Leute und Unternehmen darauf setzen, dass sie im Durchschnitt ihre Versprechen einhalten und das Geld zurückzahlen können. Wir haben uns maßlos selbst überschätzt und deshalb zu viele Kredite vergeben. Im Augenblick dieser Erkenntnis platzte die Blase zum Finanzcrash.

Sehen wir analog in die Zukunft: Die Summe des Wohlstands einer kommenden Wissensgesellschaft entspricht dem gesamten Vertrauen in unsere Fähigkeiten, schwierige Arbeiten exzellent und zuverlässig zu leisten. In dem Augenblick, wo alle erkennen, dass wir nur ein paar Elite-Universitäten haben, nicht aber Fähigkeiten in der großen Breite, wird wieder eine Blase platzen: Die Illusion unserer Wettbewerbsfähigkeit gegenüber den aufstrebenden Ländern. Das war's dann mit der Blütezeit Deutschlands.

Sehen wir denn nicht immerfort Reiche entstehen und untergehen? Die Atommacht Sowjetunion oder das Commonwealth? War nicht Argentinien früher so irrsinnig reich? (Daran erinnern Sie sich sicher nur noch, wenn Sie den Film *Charleys Tante* mit Heinz Rühmann sehen, der die Millionärin aus Argentinien vorspielt. Dieser Film wurde 1956 uraufgeführt. So war das damals!)

Wenn Sie das alles mit ansahen – ist es so unvorstellbar, dass so ein schleichender Untergang auch Deutschland erfasst? Früher haben wir uns vor vielen Verhängnissen im Zusammenhang mit der Berliner Mauer gefürchtet und waren an den Kalten Krieg gewöhnt – aber die Vorstellung, wegen

144

mangelnder Bildung bald Slums in unseren Städten zu haben, scheinen wir sorgsam hinter dem Kunstwort Prekariat zu verstecken.

Wir brauchen eine Breitenbildungskultur bei geschlossener Schere.

Ansonsten wird die sich jetzt öffnende Schere immer weiter aufklappen: Viele leben recht und schlecht, wenige gut bis sehr gut, die Spitzenkräfte wandern aus.

Zukunftskonstruktivität mit Zukunftsmenschen

Zukunftsausschau

Wo gibt es noch Arbeit? Gibt es so viel hoch spezialisierte Arbeit? Ich habe mich umgesehen und mir einige Gedanken gemacht, damit Sie hier sehen, wie viel noch zu tun ist. Viele Arbeitsplätze entstehen, weil wir die Ressourcen der Welt schonend einsetzen müssen. Da werden Sie die Stirn runzeln und sich fragen, warum wir nicht erst einmal im Haushalt normal sparen? Andere Technologien werden Sie ganz schrecklich und unnötig finden, wie etwa den aufkommenden Boom, sich schön operieren zu lassen. Wieder andere Technologien werden unter Umständen nicht ohne Weiteres einsetzbar sein, zum Beispiel wird die Erzeugung von Sonnenwärmestrom unter politischen Unsicherheiten in Afrika leiden. Und die meisten guten Ideen scheitern an nötigen Gesetzesänderungen und mangelnder Zusammenarbeit der Menschen, Politiker und Unternehmen. Davon soll erst später im Buch die Rede sein.

Ich zähle einmal neue Wirtschaftssektoren auf, die früher oder später entstehen und sich etablieren werden – je nachdem wie wir uns dabei anstellen. Ich schreibe ganz naiv optimistisch. Danach überlegen wir uns, was uns fehlt: konstruktiver Zukunftswille und ein bisschen Gelassenheit, wenn die Zukunft nicht genau so sein will, wie wir sie gerne hätten. Ohne die nun wahrhaft konstruktive Schönheitschirurgie zum Beispiel kommt aber die Zukunft ganz bestimmt nicht – darauf würde ich wetten!

Ich beschränke mich nur auf kommende Technologien, die wir mit großer Wahrscheinlichkeit recht bald noch erleben werden – ich komme Ihnen nicht mit spekulativen Utopien. Ich versuche einfach, in die Zukunft zu schauen und noch gar nicht vorschnell nachzudenken, ob das alles gut/böse ist oder ungünstig/furchtbar.

Ich zähle hier natürlich nicht alles auf, was vorstellbar ist. Ich will Ihnen nur beispielhaft zeigen, wie sehr sich alles ändert – und dass wir in allen Fällen dafür hoch qualifizierte Arbeitskräfte brauchen.

Anlagenbau und Investitionsgüter für die Welt

Den aufstrebenden Ländern fehlen die westlichen Infrastrukturstandards. Aus der luxuriösen Sicht unserer eigenen Lage heraus »gibt es dort nichts«. Die Millionenstädte sind schon gut erschlossen, aber nur wenig mehr. Es fehlen Stromnetze, Wasserleitungen, Raffinerien, Häfen, Airports und Autobahnnetze. Funkmasten zur Mobilkommunikation müssen neu errichtet und betrieben werden. »Jeder dort braucht noch ein Haus und ein Auto.« Eine gigantische Investitionswelle wird Rohstoffressourcen in ungekanntem Ausmaß aufbrauchen. Die westlichen Industrien, die heute vor allem für gesättigte *Konsummärkte* produzieren und Services liefern, werden sich radikal zur *Anlagenbau-* und *Investitionsgüterseite* umorientieren müssen, um an diesem neuen Wohlstandsaufbau von Milliarden von Menschen teilzuhaben. Produzieren kann jeder bald selbst, aber die Hightech-Maschinen, die komplexen Anlagen und extremen Spezialteile kommen bestimmt weiter aus dem Ingenieursstandort Deutschland (»enabling production«), auch weil hier die reinen Lohnkosten bei den Leistungen eine untergeordnete Rolle spielen.

Der verstärkte Verbrauch von Rohstoffen in den jetzt aufstrebenden Ländern verlangt nach Technologien und Verfahren, die sparsam mit allen Ressourcen umgehen. Wenn eine sich verstärkende Ressourcenknappheit die Preise der Rohstoffe enorm ansteigen lässt (wie schon vor der Finanzkrise), müssen so ziemlich alle Produkte und Verfahren auf den Sparsamkeitsprüfstand. Fast alles wird neu gebaut werden müssen. Endlich werden wir alle in der Welt gezwungen, nicht mehr alles so sehr zu verschwenden.

Automobile mit neuem Antrieb und voller IT

Die Automobilindustrie wird mit steigenden Energiepreisen und verschärften Umweltvorschriften in der nächsten Dekade zum Elektro- oder Brennstoffzellenantrieb übergehen. Das bedeutet für diese gerade von Krisen geschüttelte Industrie eine neue Revolution. Viele Jahrzehnte lang haben die Produzenten die Verbrennungsvorgänge in Motoren erforscht – darin steckt das Hauptwissen der Industrie. Dazu kommt, dass es eine hohe Kunst ist, Autos so zu bauen, dass die Armaturen unter dem Motorzittern nicht vibrieren und unangenehme Geräusche abgeben. Alles muss sorgsam gedämmt und verschäumt werden.

Diese Problematiken treten aber bei Elektrofahrzeugen nicht auf! Außerdem braucht ein Elektromotor viel weniger Platz als ein herkömmlicher! Dafür muss derzeit noch eine große, schwere Batterie mitgeführt werden – oder man braucht weniger Platz für die Brennstoffzelle und mehr für den Wasserstofftank.

Das alles zusammen bedeutet: Man muss das gesamte Auto eigentlich neu erfinden. Man schätzt, dass fast weniger als 10 Prozent der Teile »von früher« noch gebraucht werden. Dazu kommt, dass nun wahrscheinlich auch alle Roboter in der Produktion so stark verändert werden müssen, dass man auch sie alle erneuern wird. Wenn man aber sowieso schon so weit geht, wird man sie gleich mit modernster Computersteuerungstechnologie konstruieren und ausrüsten.

Die Roboter arbeiten zum Teil noch mit veralteten Programmiersprachen. Wird abgeschafft! Die Roboter werden normal an Rechenzentren oder Steuerungscockpits angeschlossen. Im Grunde können die Roboter auch von Indien aus gesteuert und gewartet werden.

Schon heute steigt die Anzahl der Elektromotoren im Pkw unaufhörlich: Die Fenster heben sich elektrisch, die Außenspiegel und die Scheinwerfer lassen sich verstellen, Sitzheizungen und Sitzheber liebt man ja heute auch schon. Alle diese Systeme wachsen zu komplexen Steuerungen zusammen. Autos bestehen heute mehr aus Elektronik als aus Blech. Dazu kommen viele kleine Mini-Spezial-Computer, die man Embedded Systems (eingebettete Systeme) oder Embedded Devices nennt, die mit einer entsprechenden Embedded Software betrieben werden. Diese »Computer« haben meist nur eine einzige Spezialfunktion, etwa die Zeit beim Intervallscheibenwischer zu kontrollieren oder das Nachfüllen der Scheibenwaschanlage als Nachricht in der Armatur anzuzeigen.

Und noch eine andere Entwicklung: Wir wollen so bald wie möglich das kommende Internetfernsehen im Auto genießen. Die Kinder maulen in der Zukunft nicht mehr hinten auf den Rücksitzen über die lange Fahrt, sondern sie surfen. Das Auto wird ein riesiger Laptop! Leider sind Antennen für einen Internetempfang bei hoher Fahrtgeschwindigkeit noch sehr teuer. Sie werden zurzeit unter Hochdruck weiterentwickelt.

Fazit: Alles um das Auto und seine Produktion herum wird neu erfunden. Der Antrieb, die Form des Autos, die Elektronik, die Kommunikationstechnologie, die Roboter. Die Autowerke werden zu großen Computerzentren, das Auto selbst bekommt mittelfristig eine Art Betriebssystem wie Windows oder Linux auf dem Computer. (Das ist allerdings nicht so leicht, wie man denkt. Wenn Sie einem Computer einen Befehl geben, lässt er Sie manchmal warten, bis er einen anderen Befehl ausgeführt hat, danach erst startet der Computer die Ausführung Ihres neuen Befehls. Wenn Sie beim Auto bremsen, erwarten Sie aber eigentlich, dass dieser Befehl absoluten Vorrang hat! Man sagt: Autos müssen sogenannte Echtzeit-Systeme enthalten, sie können also mit normalen Betriebssystemen nicht sicher fahren.)

Diese Neuerfindung des Autos wird viele Arbeitsplätze schaffen, fast alle sind wirklich im High-End-Hightech-Bereich. Dazu kommen natürlich noch die neuen Infrastrukturen. Wir brauchen ja für die Brennstoffzellen und Elektromotoren auch Wasserstofftankstellen oder Akku-Lade- oder Austauschstationen.

Erneuerbare Energien

Der Wasserstoff oder die Akku-Ladungen sollen umweltschonend aus Wind und Sonnenwärme gewonnen werden. Wir wollen sie doch bestimmt nicht aus dem Strom der Kohlekraftwerke erzeugen? Dann können wir ja gleich beim Ölverschwenden bleiben. Derzeit steht viel vom *Projekt Desertec* in den Tageszeitungen. Ein gigantisches Energieerzeugungsprojekt mit 400 Milliarden Euro Investitionsvolumen soll die Energieerzeugung in Afrika und im mittleren Osten industriell mit großen Spiegelflächen vorantreiben.

Der erzeugte Sonnenstrom könnte direkt vor Ort zur Wasserstofferzeugung verwendet werden. Man könnte ihn über Gleichstromleitungen nach Europa schicken ... oder ... oder ... Das ist aber alles noch Zukunftsmusik, klar – und es wird bestimmt viel teurer als nur 400 Milliarden.

Insgesamt aber bildet sich eine ganze neue Industrie für Energieerzeugung, die mit der vorweg beschriebenen Entwicklung des Automobils eng verwoben ist.

»Green IT« & Engineering für Umwelt – Klima – Wasser

Die Energiesysteme werden in Zukunft durch gewaltige Computerzentren gemanagt. Überschüssiger Strom könnte zum Beispiel gleich zur Wasserstofferzeugung verwendet werden. Wir laden eventuell zu Hause die eigenen Auto-Akkus mit Sonderangebotsstrom auf. Wir könnten zu Hause zocken wie beim Sport, die billigste Tankstelle zu finden. Wir tragen im Computer ein: »Wenn der Preis unter X fällt, aufladen!«

Große Bewässerungssysteme regeln bald den Wasserverbrauch in der Landwirtschaft. Diese Systeme mit unendlich vielen Sensoren auf Feldern und Gewächshäusern gilt es alle noch zu bauen. Wie erzeugen wir die Nahrung der Welt mit weniger Wasser? Wir verschwenden keineswegs das Wasser hauptsächlich in der Toilettenspülung – nein, beim Essen von Gemüse und Fleisch. Das meiste Wasser der Welt wird vom Menschen für die Landwirtschaft verbraucht! Sensoren messen die Bodenzusammensetzung an verschiedenen Stellen eines Ackers – und jede Stelle des Ackers mit seinen unterschiedlichen Bodenqualitäten wird genau nach Bedarf gedüngt. Für diese punktgenaue Landwirtschaft hat sich in letzter Zeit die Bezeichnung »Precision Farming« eingebürgert.

Das alles wird durch Technologien eingeleitet, die den wirtschaftlichen Umgang mit der Natur zum Ziel haben. Sie sollen alles unter guter Kontrolle halten, regeln und optimieren, damit nur strikt das Nötige verbraucht wird. Die Energieeffizienz aller Versorgungsabläufe und Geräte wird sich verbessern, insbesondere werden Sensoren und Computer selbst sparsamer sein müssen: »Green IT«. Dem entstehenden und wachsenden Mangel an natürlichen Ressourcen wird eine gigantische Industrie gegenübergestellt: Umwelttechnik, Regelungstechnik, Sensortechnik, Solartechnik boomen schon heute. Diese bedienen heute noch spezielle Märkte, wachsen aber zusammen. Green IT & Engineering bilden das Fundament einer globalen Infrastruktur für die Natur.

Biotechnologie

Biotechnologien können gegen die kommende Rohstoff- und Nahrungsknappheit wirksam helfen. Welche pflanzlichen Systeme bewältigen den Klimawandel am besten? Welche Chemikalien können durch Bakteriensysteme produziert werden? Genveränderte Bakterien werden heute eingesetzt, um bestimmte teure Enzyme oder Chemikalien zu erzeugen. Meist scheiden sie im Gegenzug wieder umweltbelastende Stoffe oder gar Gifte aus. Dagegen kann man wieder Bakterien dazusetzen, die von solchen Stoffen leben: Welche Bakterienfamilien produzieren also gewünschte Rohstoffe ohne Nebenwirkungen?

Pflanzen können so verändert werden, dass sie weniger Wasser verbrauchen. Bio-Technologie kann zur Steigerung der Biomasseproduktion eingesetzt werden, um aus der Masse Öl oder Kraftstoff zu produzieren, die dann als Autobrennstoff oder chemischer Rohstoff für andere Produkte verwendet werden.

Die Technologen können aus der Beobachtung der Lebewesen und Pflanzen lernen. Biotechnologie erzeugt daraus neue, der Natur nachempfundene Werkstoffe und Oberflächenstrukturen. Sie wird uns mit einwachsenden Implantaten versorgen (»Titan«, Knochenklebstoffe, künstliche Organe).

Biotechnologen erforschen, wie künstliche Mikrosysteme (klitzekleine »Computer«) mit natürlich-biologischen Gewebestrukturen zusammenwirken können. Können wir uns wie im Auto Embedded Devices auch Einbaugeräte im Menschen vorstellen? Solche Neuroimplantate oder Neuroprothesen können Nerven im Gehirn stimulieren und uns verlorene Fähigkeiten zurückgeben (wieder »Fuß heben« nach Schlaganfall oder »Blase entleeren« bei Querschnittslähmung).

Trotz der enormen Fortschritte auf diesen Gebieten erscheint das Reich der Möglichkeiten hier fast grenzenlos. Neuroprothesen aller Art werden bald selbstverständlich zum klinischen Alltag dazugehören wie das erste wirkliche Instrument in unserem Körper, der Herzschrittmacher. Über Funk und Internet kann dem Körper und dem Gehirn über das Internetsystem per Monitoring geholfen werden.

Health Care und technologische Veränderungen an Menschen

Die Medizin heilt Kranke. Dazu werden immer neue Technologien entwickelt. Diese dienen aber auch dazu, den Menschen zu »verbessern«. Dopingmittel, die bei Sportlern verboten sind, gibt es zuweilen preiswert in Fitnessstudios, damit die Muskeln auch ohne das Schinden wachsen. Mittel, die zur Linderung psychischer Störungen entwickelt wurden, werden zur Leistungssteigerung als »Neuro-Enhancer« genommen, um den Dauerstress auszuhalten. Eine ganze Industrie liefert alles rund um »Aufbaupräparate«, die ein Bewusstsein vermitteln, das Beste für die Gesundheit getan zu haben. Menschen leiden immer stärker unter ihrer subjektiv empfundenen Hässlichkeit und suchen Hilfe beim Arzt.

Alles um Gesundheit, Fitness & Ernährung herum entwickelt sich zu einem riesigen Markt mit vielfältigen Industrien.

Das ist eigentlich erstaunlich, wo doch heute die allgemeine vorbildliche medizinische Versorgung an harte ökonomische Grenzen stößt und nun von Sparwellen erfasst wird! Die Krankenkassen können nur noch eine Grundgesundheit bezahlen, eine wirkliche ärztliche Versorgung scheint nur bei Zuzahlungsbereitschaft möglich zu sein. Was aber der anspruchsdenkende *Patient* nur grimmig gegen *Krankheit* zahlen will, spendiert er als sehnsüchtiger *Konsument* umso lockerer für auch nur eingebildetes *Wohlsein*, Aussehen oder quasi für sein Selbstwertgefühl. Seine Seele soll sich erheben! Das große Ziel ist »Wellness«, die man haben *will*, aber nicht die Gesundheit, die man haben *muss*.

Neben dieser Änderung der menschlichen Einstellung macht die Medizin Fortschritte bei Prothesen, Orthesen, Implantaten aller Art, bei Neuroprothetik und biotechnologischen Ansätzen in der Demenzforschung. Große Hoffnungen setzt die Forschung auf personalisierte oder individualisierte Arzneimittel, die genau auf den Einzelmenschen zugeschnitten sind; sie berücksichtigen seine Allergien, seine bei ihm persönlich auftretenden Nebenwirkungen oder seine DNA.

Therapien, Arzneimittel und deren Konzentrationen/Dosierungen, die ausschließlich für eine Person angewendet werden, müssen erforscht und entwickelt werden. Eine solche Forschung wird sich fast ausschließlich auf Computeranalysen und riesige Datenbanken stützen müssen.

Viele Fachleute glauben, dass sich der nächste große Innovationszyklus nach dem Internet auf alle diese Gebiete rund um den Menschen und seine Wellness beziehen wird. Hier lassen sich fast beliebige neue Geschäftsmodelle erahnen.

Web-Konferenzen

Die neuen Infrastrukturen ermöglichen ein globales Zusammenwirken am Arbeitsplatz. Dort setzt eine Revolution ein, die schon jetzt fast jeden von uns erfasst. Man kommuniziert über elektronische Medien und sieht sich nicht mehr so oft persönlich. Alles wird auf Bildschirmen oder im Telefongespräch erledigt. Telefonkonferenzen bestimmen mehr und mehr den Alltag.

Wir haben viele Jahre gebraucht, um uns daran zu gewöhnen. Früher sind wir zu einem zweistündigen Meeting oft stundenlang angereist und danach ging's wieder zurück. Mit ein paar Gesprächen hinterher und einem Kaffee vorher war damit ein ganzer Arbeitstag einer 35-Stunden-Woche weg. Heute telefonieren wir nur noch die eigentlichen zwei Kernstunden! Viele schreiben dabei nebenbei E-Mails, was sie im Meeting unter den Augen des Chefs nicht dürften.

Die Meetings sind wahrlich nicht so produktiv wie die, die man persönlich besucht, aber die eingesparte Zeit und das Fehlen von Reisekosten machen die Telefonkonferenzen im Ganzen effizienter. Das wollen wir eigentlich immer noch nicht seelisch hinnehmen, aber wir beginnen schon weniger zu reisen.

Im Privatleben beginnen wir mit dem Skypen (VoIP) beziehungsweise der Internettelefonie oder den Internetkonferenzen. Unser Gesprächspartner und wir sitzen jeweils vor einer Kamera, Bild und Ton werden gegenseitig übertragen. Der alte Traum vom Bildtelefon wird langsam wahr. Die Kameras sind schon ganz gut, es ist aber anstrengend, immer richtig im Bild zu sitzen oder zu sein. Für ein paar private Minuten ist es gut genug – für stundenlange Meetings im Beruf keinesfalls. Das ändert sich seit einiger Zeit. Die beste technische Lösung ist derzeit beeindruckend gut, kostet aber

Zehntausende Euro. Man sitzt in einem kleinen Zimmer an einem halbkreis-förmigen Tisch, der an die gegenüberliegende Wand grenzt. Die ganze Wand gegenüber besteht aus einem riesigen Bildschirm, auf dem die andere Hälfte des runden Tisches zu sehen ist. Der steht irgendwo anders in der Welt – und daran sitzt unser Gesprächspartner. Wir sehen ihn gestochen scharf in natürlicher Größe, er sitzt quasi genau wie die echte Person vor uns. Alle, die es je probierten, sagen, damit sei der Durchbruch zu einer hoch zufrieden-stellenden Lösung geschafft. Wie gesagt, so ein Raum mit Riesenbildschirm kostet ein Vermögen – und für das gestochen scharfe Bild braucht man wohl 10 Gigabit/s Bandbreite. (In meinem Wohnort Waldhilsbach beispielsweise will die Telekom ihr DSL nicht ausbauen, ich habe 784 kbit/s, ich brauche also für gute Web-Konferenzen 10000 Mal mehr, oder 100 Mal mehr als KabelBW derzeit maximal durch das Fernsehkabel liefert.) Wir können aber schon jetzt sehen, dass sich die Arbeitswelt in wenigen Jahren ganz neu gestalten wird. Und noch mehr unser Privatleben! Das nämlich werden wir bald nicht mehr strikt vom Berufsleben trennen.

Reales und virtuelles Wohnen & Leben in veränderten Immobilien

Darum haben wir nämlich in Zukunft zu Hause ein Bildschirmzimmer, das wir privat und dienstlich nutzen können. Eine ganze Wand ist dort ein Bildschirm! Das Zimmer wird durch Kameras komplett erfasst, sodass unser Gegenüber alles im Raum einsehen kann, wenn wir auf Konferenzschaltung gehen. Auf der Wand sehen wir dann unseren Gesprächspartner, in einem kleineren Bild im Bild sehen wir uns zur Kontrolle selbst (wie beim Skypen). Wenn der Bildschirm wirklich riesig groß ist, sind viele Teilbildschirme (»Bild im Bild«) denkbar, auf denen unser Computer oder verschiedene Fernsehkanäle laufen.

Am Sonntagmorgen schalten wir zum Beispiel unsere Eltern dazu, unsere Kinder erzählen mit den Großeltern. Der Besuch findet nun öfter statt, die Familie sieht sich viel mehr. Die oft weite Reise zu den Großeltern wird eingespart, auch der häufige Streit, wenn man drei Tage mit Sack und Pack und gegenseitigen Ratschlägen kommt. Wir können Freunde zuschal-ten und auch öfter sehen. Wir unterhalten uns mit einem Freund, der ein Jahr im Ausland studiert. Wir lernen gemeinsam mit einem Austauschschüler in Singapur, den uns die Schule zugeteilt hat – den sehen wir *nur* über die

Wand. Den Nachhilfelehrer holen wir uns auch gleich in die Wohnung, wenn wir ihn brauchen!

Wir können natürlich auch den Arzt zuschalten und ihm unsere Beschwerden über den Bildschirm zeigen. »Ist das hier ernst? Schauen Sie mal!« Wir können Einbrecher über Bewegungsmelder automatisch zur Polizei durchschalten. Wir können mit dem Steuerberater über die Bildschirmwand reden, mit dem Rechtsanwalt, mit dem Versicherungsvertreter, mit dem Finanzbeamten. Alles, wobei man nur reden will und dabei Formulare ausfüllt, kann nun über die Bildschirmwand abgewickelt werden.

Wahrscheinlich braucht jedes einzelne Familienmitglied solch eine Wand für sich?! Die Kinder wollen ja ihre Freunde sehen oder mit der Wand spielen. Brauchen wir also gleich mehrere Kommunikationswände in der Wohnung?

Wie wäre es mit dem Spielen? Kennen Sie Wii Sport? Auf einem Fernseher sieht man zum Beispiel Tennisspieler, und Sie können zum Spieler werden und sich virtuelle Bälle um die Ohren schießen. Mit einem elektronischen Griff kann man so mit dem Fernseher fast real Tennis spielen. Ich habe das mit meinen Kindern zu Weihnachten probiert und hatte hinterher elenden Muskelkater! Wii Sport ist aber nur der bescheidene Anfang. Es gibt Prototypen von kleinen Zimmern, deren Wände alle aus Bildschirmen bestehen. Da können Sie unter fast echten Bedingungen virtuell Squash spielen! Sie können Google Earth dort bald räumlich sehen und wie mit einem fliegenden Teppich über die Erde sausen. Sie können unter sich die Weltkarte verändern und Bodenschätze zeigen und damit in einem virtuellen GIS (Geo-Informationssystem) herumfliegen.

Die virtuelle Wohnwand wird unser Leben entscheidend verändern. Leider sehen wir auch, dass unsere Immobilien nicht für die Einrichtung von Bildschirmwänden gebaut wurden. Wir haben nämlich fast alles zu Fensterfläche gemacht (»alles hell!«) und nur ab und zu im Haus eine Wand für Schränke, Betten oder Küchenzeile stehen gelassen. Alles andere ist architektonisch verkünstelt unterbrochen oder verkantet. Eine schöne Bildschirmwohnung sollte spartanisch gerade sein (»schön dunkel!«). Ich will sagen: Der Einbruch der virtuellen Welt wird eine gigantische Baukonjunktur im realen Leben erzeugen. Die Bildschirmwand ist eventuell dabei gar nicht das Teuerste. Denken Sie an die rasant fallenden Preise der Flachbildschirme, die größer und größer werden. 23-Zoll-Bildschirme kosteten vor nicht langer Zeit so viel wie Autos, heute gibt es sie beim Discounter für jeden erschwinglich.

Auch Hotelzimmer müssen solche Wände haben, sonst fühlen wir uns nicht zu Hause! Alles muss neu konzipiert werden. Wir werden anders leben, anders mit Freunden und Verwandten umgehen, wir können aus der Ferne Alte betreuen, die bald wegen der Überalterung Deutschlands in der großen Mehrheit sein werden.

Die Fernwand ist das Tor zur Welt und zum Wissen.

Virtuelle Welten

Die Bildwand in der Wohnung ist auch das Tor zu den virtuellen Welten. Google Earth ist dabei nur ein ganz kleiner Anfang. Wir werden bald in der ganzen echt dargestellten 3-D-Welt herumspazieren können, nicht nur in so langweiligen Fantasiewelten wie in Second Life. Wir werden dort in Form von Avataren herumlaufen, die uns genau ähneln, das ist wichtig, wenn wir uns »persönlich« treffen oder virtuell Kleidung anprobieren möchten. In einem zweiten, dritten, vierten Leben können wir dann als Drache oder als Megaschönheit herumlaufen und virtuelle Partys feiern.

Wie solch ein Leben genau aussehen wird, lässt sich nur erahnen. Heute funktioniert es nicht richtig, weil unter anderem die Internetbandbreite einfach zu klein ist. Wir müssen zehnmal oder hundertmal mehr Übertragungsgeschwindigkeit bekommen, aber diese neue Welt können wir absehen, denn das digitale Fernsehen erfordert ja schon sehr viel Übertragungskapazität. Werden wir in dieser Welt dann virtuelle Wohnungen haben? Mit echten virtuellen IKEA-Möbeln, die wir in virtuellen Kaufhäusern lizensieren können? Gibt es dann auch ein eBay für gebrauchte virtuelle Autos? Ich fürchte, ich werde hier ganz unwirklich. Ich habe schon einige Artikel über diese Welt geschrieben, werde daraufhin aber sehr schief von der Seite angeschaut – die Leser fragen sich, ob meine satirische Ader mit mir durchgegangen ist. Dabei habe ich wahrhaftig schon im Jahr 1999 in meinem Buch *Wild Duck* die heutige Second-Life-Google-Earth-Kombination exakt geschildert. Man kann schon sehr früh sehen, wie alles in vielen Jahren wird.

Die Ambivalenz der Zukunft

Im Grunde will niemand ernsthaft in die Zukunft sehen.

Wir können die Zukunft in etwa kommen sehen, aber was, wenn wir sie so nicht lieben, wie sie dann sein wird? Wir können uns für eine Zukunft entscheiden, aber was ist, wenn das große Anstrengungen von uns verlangt, und was, wenn jeder von uns eine andere Zukunft möchte?

> Eine Zukunft, die ohne Zutun einfach auf uns zukommen wird,
> ist eine der Lust und des Geschäfts.
> Eine Zukunft, die so aussieht, wie wir sie gern hätten,
> erfordert Gemeinsamkeit und Anstrengung.

Im vorstehenden Abschnitt habe ich Ihnen exemplarisch einige sehr wahrscheinliche Entwicklungen der Zukunft illustriert. Wie fühlen Sie sich? Freuen Sie sich auf eine solche Zukunft, in der die Menschen nicht mehr so sehr für Autos und Häuser sparen, sondern eher für Schönheitsoperationen? Haben Sie kein ungutes Gefühl, wenn die Mediziner Neurotechnologien entwickeln, die dann irgendwie missbraucht werden, um Sportler zu dopen und später mit Biotech und Gentech zu züchten? Muss man sich bald in Arbeitsverträgen verpflichten, täglich »gesunde vitaminartige« Leistungspillen zu schlucken? Was soll dieses ganze Gerede um Großbildschirme? Heißt das nicht, dass wir uns nie mehr persönlich sehen? Werden wir bald nur noch in Dunkelwohnungen sitzen und im Virtuellen leben? All das wollen doch bestimmt nur Schönheitswahnsinnige oder Geschäftemacher, aber doch nicht wir!

Auf der anderen Seite ist es sicher eine allgemein als gut anerkannte Idee, dass man Deutschland zum Land der Umwelttechnologie, des Elektroautos, der Medizintechnologie und des Spezialmaschinenbaus weiterentwickeln könnte. Das würde uns einen guten, auskömmlichen und ethisch einwandfreien Platz in der Staatengemeinschaft schaffen. Wollen wir nun auf diese Karte setzen und energisch nach vorn stürmen? Dann müssten wir sofort das Internet auf die höchste Ausbaustufe hochfahren, die Bildung radikal ausbauen und die Nutzung von Umwelttechnologien und Elektroautos vom Staat her so stark subventionieren, dass sich eine wirklich große Wirtschaftskraft in diesen Gebieten entwickelt. (Das lasse ich hier einmal als meine Behauptung so stehen, ich begründe das im nächsten Kapitel genauer.)

Dann kommen aber doch wieder die klagenden Milchbauern und wollen lieber Kühe statt Elektroautos subventioniert haben etc.

Im Grunde überfordert uns die Zukunft.

Doch eine Zukunft in Richtung Konsum und neuer Lust wollen wir (nur schwach?) mehrheitlich nicht. Für eine Zukunft der Investition in etwas Rechtes fehlt uns die Energie und Entschlossenheit. Immer, wenn Zukunft zur Debatte steht, kommen Ängste hoch. Ich sehe fast immer die folgenden:

- Furcht vor dem Wagnis, gemeinsam auf eine Entwicklung in der Zukunft zu setzen
- Angst vor der Anstrengung, gemeinsam in Strukturen der Zukunft zu investieren
- Weigerung, etwas vom Alten aufzugeben (Kannibalisierung), deshalb Zulassen eines Neuen nur als etwas Zusätzliches, das nichts kostet
- Angst, dass »Lustorientierte« die Welt in ihre niedrige Richtung ziehen
- Angst, dass gewissenlose, gierige Geschäftemacher in eine für sie günstige Zukunft führen
- mangelndes Selbstbewusstsein, gemeinsam in jeder noch kommenden Zukunft Lust und Gier beherrschen zu können
- Angst des Einzelnen, nicht genug für die vorgestellte Zukunft gerüstet zu sein
- Angst des Einzelnen, zu den Verlierern eines vorgestellten Wandels zu gehören
- keine Kraft, echte ethische Entscheidungen zu treffen, deshalb immer nur rationalisiertes verlogenes Beugen unter »Realitäten«

Wir einigen uns nicht, wohin wir wollen. Wir lehnen leider aber auch jeden konstruktiven Vorschlag ab, weil er nicht perfekt ist. Kein Vorschlag ist perfekt, weil wir Teile der lieben gewohnten Vergangenheit nicht in die Zukunft mitnehmen können, zum Beispiel nicht alle Berufe. Es wird Verlierer unter uns geben, die ohnehin gegen jede Zukunft sein werden. Wir sind uns so lange in größter Ambivalenz uneins, bis wir schließlich die Zukunft nehmen müssen, die ohne uns kommt.

Vergleichen Sie das einmal mit der folgenden, nicht unüblichen Diskussion zu Hause: »Was essen wir am Sonntag?« – »Gänsebraten.« – »Nicht im Sommer, lieber Crêpes.« – »Nicht am Sonntag, da sollte es Fleisch geben.« – »Tandoori-Lamm.« – »Das mag nicht jeder.« – »Du nicht, sonst wirklich jeder.« – »Kein Tandoori.« Fünf Stunden später: »Es ist gleich Ladenschluss, wir müssen uns sofort entscheiden, wir haben nur Tütensuppen zu Hause!« – »Hetz nicht so! Tütensuppen schmecken ja ganz gut, deshalb sind schließlich so viele im Keller.« – »Es soll aber ein Festessen geben!« – »Nächsten Sonntag. Wir müssen nichts übereilen. Wir sollten uns vornehmen, schon morgen oder spätestens am Samstagmorgen einmal gemeinsam in den Kochbüchern nachzuschauen, damit wir uns auf etwas Exquisites einigen können.«

Das Entscheiden für eine gute Zukunft erfordert eine gemeinsame, konstruktive Energie. Wir brauchen Zukunftskonstruktivität! Es gibt ja tatsächlich Familien, die sehr viel unternehmen, eben weil sie diese Konstruktivität aufbringen. Andere Familien hängen dagegen herum. Was also wollen wir sein? Was werden wir tun?

Bei allen Zukunftsdiskussionen bestehen die disziplinierten Pflichtdeutschen darauf, dass der Übergang in irgendeine Zukunft vollkommen sauber sein müsste. Sie wollen nur Transformationen der Gesellschaft befürworten, die zu einem ordentlicheren Zustand führen als der jetzige. Sie befürchten Lustorientierung, sinnlosen Konsum und skrupellose Geschäftemacherei. Sie lehnen in diesem Geiste gleich das ganze Internet ab, weil es darin Kinderpornoseiten gibt. Sie wollen keine Biotechnologie, weil es früher oder später Manipulationen an Menschen geben wird, denn viele Reiche werden sich Klone als ihr persönliches Organersatzteillager züchten lassen. Dieselben Pflichtdeutschen verlangen auch, dass die Zukunft mehr oder weniger kostenlos kommt, sie wollen nicht wirklich investieren oder verzichten. Bei politischen Diskussionen verlieren immer die Zukunftsdiskussionen – und dann wird das ganze Geld wieder einmal am liebsten in verfallende Wirtschaftszweige gesteckt, weil dort Arbeitslosigkeit droht. Das Neue bekommt deshalb kaum genügend Aufmerksamkeit. Das Neue steht die ganze Zeit am Pranger, das Leben durcheinanderzubringen. Man verlangt Gesetze, dass sich »durch die Zukunft nichts zum Schlechteren verändert«.

Neben dieser Uneinigkeit im Ganzen ist der Einzelne zerrissen. Er ist sich nicht sicher, ob er als einzelne konkrete Person der Zukunft gewachsen sein wird. Wenn ich hier im Buch »Studium für fast alle« propagiere, steigt der Ingrimm in denen, die nicht studiert haben (»Bin ich also auf dem falschen Planeten?«). Ein Nachholen oder Lernen oder eine neue Ausbildung kommt für praktisch niemanden infrage, der noch nicht komplett arbeitslos ist – und oft selbst dann nicht. Für viele ist die Zukunft eher für die Jüngeren gedacht – die müssten dann eben studieren, aber die Älteren bleiben bei ihrer gewohnten Vorstellung vom eigenen Leben. Die Älteren verlangen, dass sie in der Zukunft mindestens so viel »haben« wie heute und mindestens so viel »sind« wie bisher – ohne etwas dafür tun zu müssen. »Ich habe dreißig Jahre hart gearbeitet und Beiträge gezahlt. Das reicht.«

Und schließlich gibt es über dem Gemeinsamen und dem Einzelnen noch das übergeordnet Ethische. Es stellen sich Fragen: Wollen wir die Gentechnik verbieten, damit die Zukunft sauber oder risikofreier ist? Sollen wir wegen ihres großen Nutzens gleich damit loslegen oder noch warten? Mit Gentechnik könnte man sehr viel mehr Nahrung produzieren. Afrikaner müssten nicht verhungern. Wenn wir also Gentechnik verbieten, schlafen wir ruhiger – aber weit weg sterben Menschen an Unterernährung. Was wollen wir? Was tun wir? Ich glaube: Wir sind an dieses Verhungern in Afrika seit Jahrzehnten durch das Fernsehen gewöhnt und blenden es einfach aus.

Oder: Die moderne Medizin kann das Leben eines Menschen meist noch um ein Jahr verlängern, was aber bestimmt ein Jahresgehalt eines Arztes kostet und bald mehr als die Krankenkassenbeiträge eines ganzen Lebens. Wie entscheiden wir? Ich glaube: Gar nicht – wir lassen es die Ärzte tun, denen wir einfach nicht genug Geld geben. Dann müssen sie entscheiden. Wir werden ihnen die Schuld geben, wenn sie nach unserer Meinung falsch entschieden haben (»Ungerechte unsoziale Todeskomitees!«). Dann aber ist klar, dass die Ärzte nach »objektiven Kriterien und finanzieller Effizienz« entscheiden. Im Klartext: Ein Computer entscheidet über unser Leben, weil kein Mensch die Last der Ethik auf sich nehmen will.

Oder: In Japan werden mit naturgetreuen Nachbauten von Frauen (Echthaar, 37 Grad Temperatur, gute Einstellungen) heute schon profitabel Maschinenbordelle betrieben. Wenn sich nun alle Singles so eine Maschine wie einen Hometrainer in den Keller stellten? Wäre es das Ende der Paarbeziehungen, der Ehe sowieso und der Kinder? Oder adoptieren wir nur noch fertig ausgetragenen Design-Nachwuchs? Wie entscheiden wir das? Ich glaube und fürchte: Wir werden es totschweigen und es irgendwie tun.

Ethik ist die einen Standpunkt gebende Lehre, die überlegt und schließlich auch festlegt, was der Mensch tun *soll*. Die Frage, was wir tun sollen, wird aber besonders im Wahlkampf ausgeklammert. Ohne Wahlkampf diskutieren wir am liebsten gar nicht.

Ethische Diskussionen sind nicht ohne Schmerz und verlangen Ernsthaftigkeit und Verzicht auf Opportunismus. Gibt es so etwas noch?

In völlig zerrissener Weise ist jedem klar, dass sich etwas ändern muss, aber keiner will sich tatsächlich zu etwas entschließen. Deutschland fehlt diese Zukunftskonstruktivität. Es ist nicht fehlende »Zuversicht« oder leidige »Glas-halb-voll-Mentalität«. Die überbordende Ambivalenz und der mangelnde Zukunftswille führen am Ende dazu, dass wir mit den »Tütensuppen« der vorpreschenden Länder zufrieden sein müssen.

Zukunftskonstruktivität – so sehen es unsere Kinder

Für unsere Kinder gibt es gar nicht so etwas wie »Zukunft«, denn sie haben noch keine Vergangenheit. Kinder haben automatisch das Selbstbewusstsein für ihre Zukunft des Erwachsenseins. Sie müssen sich nicht fürchten, dass ihnen etwas weggenommen wird – sie leiden nicht unter einem vergangenen Besitzstand.

Sie haben Lust auf ihr späteres Leben und wollen sich gerne für ein gutes Leben rüsten. Wenn sie dafür zuerst einmal ein Abitur bestehen sollen, dann tun sie eben das.

Kinder sind zukunftskonstruktiv, weil Zukunft für sie einfach Aufwachsen und Entfalten bedeutet.

Kinder bestellen ohne Probleme Bücher bei Amazon, weil sie den Niedergang der Buchhandlungen nicht beweinen müssen. Sie fotografieren digital, weil sie sich schon immer Bilder auf dem Bildschirm anschauen – wo sonst? Nur Mama hat noch ein Album und Papa einen Diaprojektor. Was ein Beamer ist, weiß Papa nicht.

Kinder sind viel ethischer als Erwachsene – nur anders! (Ich fragte einmal in der Schule eine Gruppe von etwa 12-Jährigen ganz trocken und unverfroren, weil ich herausbekommen wollte, was sie so im Internet tun: »Könnt ihr mir mal so einen Porno per Mail schicken?« Da schauten sie sehr böse und einer schrie mich an: »Du bist verheiratet, ja schämst du dich nicht! Die Filme sind nur für Kinder! Pfui Teufel, du hast doch eine Frau!«)

Kinder haben die Freiheit, die Zukunft mit den ganz naiven Kinderaugen zu betrachten und sich eine solche auszusuchen, die ihnen gefällt. Sie suchen sich dann gar nicht so sehr eine perverse oder egoistische aus! Das denken nur wir selbst, weil wir Erwachsene geworden sind. Wir selbst haben auch einst unsere Zukunft gegen unsere Eltern gewählt. Lange Haare sind heute normal und erlaubt, Frauen dürfen Hosen tragen und Schwule sind selbstverständlich geachtete liebe Mitbürger, die unsere Eltern noch voll Abscheu mit dem Bann des Strafgesetzbuches ins Zuchthaus warfen. Unsere Eltern haben sich verzweifelt gegen unsere Fernsehsucht gestemmt und sind ihr am Ende selbst verfallen. Nun stemmen wir uns gegen die Internetsucht unserer Kinder.

Immer dasselbe: Die neue Generation geht voran – ganz unbekümmert in neues Gefilde, und wir Älteren versuchen sie zurückzuhalten, weil wir sie im vergangenheitsdestruktiven Geiste in den Gefahren umkommen sehen.

Kinder sehen die Zukunft ganz einfach neu, weil sie auf der grünen Wiese starten. Sie sind nicht in die Abhängigkeiten des Lebens verflochten, auch nicht in verflixten Familienstrukturen gefangen. Sie gehen in die Schulen, die wir ihnen bieten. Sie werden gerne ein Jahr ins Ausland gehen, sie werden sich einen der ganz neuen Berufe wählen. Für sie ist die Zukunft einfach so, wie sie mit ihnen beginnt.

Ich selbst gehe auf die sechzig Jahre zu – und ich sage mir das immer wieder. Ich beginne, konsequent zwischen einer wirklichen Argumentation und der Larmoyanz eines alten Menschen zu unterscheiden. Ein Beispiel: Die IBM hat um das Jahr 2000 herum begonnen, die festen Büroplätze abzuschaffen. Alle nötigen Arbeitsmittel sind ja im Laptop. Jeder kann arbeiten, wo er will. Per Funk und UMTS bin ich überall im Büro, jeder hat ein

Handy. Außerdem sind die meisten viel unterwegs, ich selbst bin vielleicht an zwei Tagen der Woche an meiner normalen Arbeitsstätte in Mannheim. Es ist wirklich Verschwendung, dann ein eigenes großes schönes Büro zu haben, wie es früher für mich selbstverständlich war – in der Uni und bei IBM. Aber ich leide unter der Arbeit auf der Bürofläche – auch heute noch. Es ist nicht mehr so schlimm, aber immer noch da. Ich arbeite lieber zwischen Büchern. Zu Hause kann ich das. Die IBM-Bibliothek ist abgeschafft worden. Man hat berechnet, dass die meisten Bücher *nie* angefasst werden. Es ist billiger, sich Bücher bei Bedarf von Amazon schicken zu lassen, und zwar jedes einzelne Mal, wenn man in ein Buch schauen will! Wussten Sie das? Allein die Bibliothekarin kostet mehr als alle Amazon-Rechnungen zusammengenommen. Als ich vor Jahren aus meinem großen Büro mit Büchern, Blumen und Neckarblick ausziehen musste und nur mit meinem Laptop allein sein sollte, hat es mir für Monate das Herz gebrochen. Ich habe überlegt, ob ich mir eine andere Stelle suchen soll.

Und heute sitzen lauter junge Leute um mich herum. Wenn ich jetzt sagen würde, ich säße lieber zwischen Büchern, würden sie lächeln. Wer nimmt noch Bücher in die Hand? – Ich selbst auch kaum noch! – Google und »Digitale Bibliothek«! Wenn ich klagen würde, ein eigenes Büro haben zu wollen, würden sie lachen, weil wir doch kaum »da« sind! Wir kommen höchstens noch zu den seltenen persönlichen Meetings zusammen!

Und dann schaue ich, sinnierend über die gute alte Zeit, aus dem Fenster und sage mir: »Sie kennen es eben nicht anders.« Und der Alte in mir stänkert: »Die da wissen gar nicht, wie man gut arbeiten kann. Sie waren noch nie in einer solchen Situation.« Man hat sie bei ihrer Bewerbung bei IBM in der Arbeitsfläche herumgeführt und ihnen gezeigt, wie sie arbeiten werden. Das haben sie also gesehen und gewollt.

Ich nicht. Ich habe seelisch gesehen etwas anderes mit dem Vertrag unterschrieben. Das ist es, was in mir gräbt ...

Ich will Sie nicht mit zu vielen Beispielen langweilen: Verstehen Sie, dass es nicht ganz klar ist, was berechtigte Klage ist und was nur Jammer? Damals hatte ich kein DSL zu Hause und kein UMTS überall ...

Ich habe für mich selbst beschlossen, die Jungen zu fragen, was sie vom Neuen denken. Ich lebe bei etwas Glück noch so lange! Ich werde bestimmt nicht alles mitmachen, aber ich sehe, wie die Jungen eine andere Welt erzeugen, die viel mit Fitnesscentern, Event-Hopping und iPods zu tun hat. Die Jungen essen viel mehr Koriander, weil Jamie Oliver das so will, und fordern als Sympathisanten der »Piratenpartei« Internet als Bürgerrecht überall. Die Jungen würden zwei Wochenstunden Persönlichkeits-Einzel-coaching in der Schule ganz normal gut finden und kein Problem mit dem wegfallenden Latein haben. Aber wir Älteren? Wir klappen bei solchen Ideen sofort seelisch zusammen.

> Wir Älteren weigern uns implizit, eine Zukunft für unsere Kinder zu schaffen. Wir sind immer dabei, unsere eigene Zukunft zu bauen und zu verbessern, aber wir erleben diese gar nicht mehr richtig.

Unsere Kinder können sehr viel konstruktiver sein, weil sie das Alte nicht kennen und einfach wieder einmal neu anfangen. Lassen wir sie daher viel mehr mitbestimmen und helfen wir ihnen, dabei keine groben (uns) bekannten Fehler zu machen.

Bei Unternehmensgründungen beginnen oft ganz junge Erfinder, ein neues Produkt an den Markt zu bringen. Sie sind in vielen Fällen wirklich genial, aber sie haben keine Ahnung von Werbung, Märkten, Kunden oder Management. Da hat es sich bewährt, schon pensionierte erfahrene Führungskräfte den Aufsichtsrat leiten zu lassen, sodass sie dem jungen Unternehmen als sogenannte »Business Angels« helfen können. Im wirklichen Leben sollten wir Ältere in diesem Sinne auch helfen – als »Future Angels«. Die Jungen bestimmen weitgehend, wohin sie wollen, und wir Älteren zeigen ihnen, wie das zu schaffen ist. Diese Zusammenarbeit der neuen Richtung mit der alten Erfahrung ist sehr wichtig – Sie kennen ja die dynamischen Möchtegern-Jungmanager, die alles neu machen und auch selbst können!

Ich koche leidenschaftlich gerne. Mein Sohn Johannes übernimmt dieses Hobby nach und nach. Er sucht Rezepte im Internet und ist Chefkoch. Er sagt, was es gibt, und ich helfe noch eine Weile, dass es schmeckt. Jetzt essen wir oft ganz anders, unsere Welt des Essens ändert sich. Neues kommt, alte Leibgerichte gehen. Heraklit: *Pánta rhei, alles fließt; nichts bleibt, wie es ist*. Oder bei Platon wiedergegeben: *Pánta chorei kai oudèn ménei, alles fließt und nichts bleibt; es gibt nur ein ewiges Werden und Wandeln.* Glücklich ist, wer dieses Fließen der Welt mit den Jungen zusammen genießen kann.

Die Jungen könnten sich mit einer Zukunft Deutschlands als führendes Land der Umwelt-, Gen-, Nano-, Medizin-, Biotechnologie einverstanden erklären – mit allen Konsequenzen. Sie hätten auch die Selbstsicherheit, die sicher auftretenden Begleitprobleme unter Kontrolle zu halten. Lassen wir die Jungen sagen, wohin es geht, und helfen wir Älteren den Jungen, dass sie keine groben Fehler machen.

(Wir haben doch einst auch die Kernkraftwerke gebaut und die Eckpfeiler zur Finanzkrise gesetzt – nur haben wir uns nicht sehr viel von Elder Statesmen dabei helfen lassen, unsere Fehler zu vermeiden. Und jetzt wollen wir lieber gar nichts mehr anfangen, wobei man Fehler machen könnte?!)

Orientierung an gemeinsamen Zukunfts-Leitbildern

In den Nachrichten sehen wir meist nur Sportler oder Popstars als positive Leitbilder, manchmal auch Jungunternehmer, die es schnell zur ersten Milliarde gebracht haben.

Neben diesen wenigen kümmern wir uns mehr um Unglücke und Verbrecher als um die konstruktiven Seiten des Lebens. Eine Katastrophe, weinende Frauen, dazu eine Spekulation über die Schuldigen – dies bringt sofort einen sehr simplen Politikervorschlag hervor, deshalb eigens die Verfassung zu ändern, damit die Partei des Vorschlagenden populistisch Stimmen gewinnt.

Ja, auch Erdbeben und Amokläufe müssen aufgearbeitet werden! Aber wo bleibt das Positive? Wir brauchen sehr viel mehr Vorbilder, an denen wir uns beim Wandel zur Zukunft hin orientieren.

Früher sagte man wohl Musterschüler zu solchen »Wesen«, die uns eher verhasst waren. Man muss diese Rollenvorbilder ja nicht penetrant den Kindern als Befehlsschablone vorführen (»Wir lieben dich, Kind, wenn du genau wie jener bist – werde sein Abziehbild«), es reicht, wenn wir den Vorbildlichen mehr Präsenz und Aufmerksamkeit in unserer Welt schenken. Wir lassen sie einfach sie selbst sein und so handeln.

In meiner Firma werden hohe Fachpositionen nur mit Mitarbeitern besetzt, die ein »Role Model« abgeben. An ihnen soll leuchtend sichtbar sein, wie Mitarbeiter mit allen nötigen Kompetenzen und einer vorbildlichen Persönlichkeit aussehen. Wir stellen uns das so vor: In Gedanken führen wir den neu beförderten Mitarbeiter allen anderen Mitarbeitern am Ort vor, die ihn ja bereits kennen. Wir sagen ihnen: »Dieser hier ist befördert.« Oder: »Das ist euer neuer Chef.« Dann blicken wir in die Augen der Menschen. Sind die grau? Gibt es Gemurmel? Unwillen? Oder akzeptierendes Augenleuchten?

Nichts ist kulturell so wertvoll wie Vorbilder.

Dazu können wir natürlich immer noch Goethe und Planck zählen, aber im Grunde brauchen wir Vorbilder einer Art, wie sie morgen die Großen sein werden.

Wir müssen nicht nur geeignete menschliche Vorbilder auf die Bühne stellen, sondern auch stärker Leitbilder in der Sache entwickeln. Wie wollen wir später leben? Der Weg in die quartäre Gesellschaft gelingt nicht mit Appellen. Er beginnt mit einem festen gemeinsamen *konkreten* Entschluss, nicht mit täglich neuen Vorschlägen besonders vor Wahlen.

Ich erinnere mich noch immer nach langen Jahren an die Forderung des damaligen Verkehrsministers Georg Leber, der in den 60er-Jahren forderte, dass kein Deutscher mehr als zwanzig Kilometer von einer Autobahnausfahrt wohnen sollte. Man sprach vom »Leber-Plan«.

Der war wirklich *konkret*. Denn eine solche Forderung bedeutet, dass echt etwas getan werden muss.

1961 erklärte US-Präsident John F. Kennedy vor dem Kongress: »I believe that this nation should commit itself to achieving the goal, before this decade is out, of landing a man on the Moon and returning him safely to the Earth. No single space project in this period will be more impressive to mankind, or more important in the long-range exploration of space; and none will be so difficult or expensive to accomplish (...).« Wir kennen das, kurzgefasst auf Deutsch, so: »In zehn Jahren sind wir auf dem Mond.«

Das ist auch konkret. In der Folge arbeiteten um die 400000 Menschen zehn Jahre lang daran und schafften es.

Ich habe diese Leitbilder einmal für einen politischen Programment-wurf als extrem gute Beispiele hingestellt und gefordert, dass wir einen ähn-lichen Entwurf wagen könnten: »In fünf Jahren ist jedes Haus mit doppelt so schnellem Internet verbunden als man vernünftigerweise braucht – und dieses Verhältnis behalten wir für die weiteren zehn Jahre bei. Dazu be-schließen wir ein Gesetz mit echten Terminen. Dann wird es in Deutschland einen Aufschwung in der Nutzung geben und Firmen werden Anwendungen entwickeln, die bei niedrigen Bandbreiten nicht laufen würden. So gewinnen wir einen Vorsprung vor anderen Ländern.« Die Sitzungsteilnehmer befür-worteten diesen Vorschlag euphorisch und gaben eine Empfehlung an ein Ministerium ab.

Daraufhin kam nach einigen Wochen die Idee für eine Art Wett-bewerb zurück: Etliche Fachexpertengruppen sollten Vorschläge für Deutsch-lands Visionen abgeben. Die besten Vorschläge kämen auf Plakate. Es lagen schon ein paar Gedanken als Beispiel dabei.

Ich war so ärgerlich darüber, dass ich mich nicht mehr erinnere, wie sie lauteten. Schwach sarkastisch ausgedrückt lauteten sie: »Deutschland ist Innovation« und »Deutschland nach vorn«. Können Sie meinen Zorn ver-stehen? Man versteht allgemein gar nicht mehr, was ein *konkretes* Leitbild ist. Man verwechselt ein Leitbild mit einem Werbebanner, Slogan & Logo.

In 20 Kilometern auf die Autobahn, in zehn Jahren auf den Mond, jetzt sofort 1 Gbit/sec Internet in jedes Haus, das sind konkrete Ansa-gen, kein Traum, kein Wahlkampf, keine Stimmungsmache. Bei Leitbildern, wie ich sie verstehe, ist klar, dass nun angepackt, investiert und gearbeitet wird.

Ich will nicht so etwas wie: »Deutschland ruft euch zu: Ingenieur studieren ist Zukunft«. Warum verzichten wir nicht konkret auf die Studien-gebühren für die benötigten Studienabschlüsse? Warum gibt es nicht noch kleine Stipendien dazu?

Wäre es je zur Prosperität der 60er/70er-Jahre gekommen, wenn wir »Autobahn hat Vorfahrt« oder »Deutschland wird großspurig« auf Plakate gedruckt hätten, anstatt Autobahnen zu bauen?

Das Denken nur einmal auf einmal verändern

Dasselbe gilt für Visionen. Was soll eine Vision wie »Wir werden Nummer 1« oder »Wir sind für Weltfrieden«?

Eine schöne Erklärung zu Visionen ist die in solchen Zusammenhängen fast standardmäßig zitierte von Antoine de Saint-Exupéry (die in keinem seiner Bücher zu finden ist, ihm aber zugeschrieben wird):

Wenn du ein Schiff bauen willst, so trommle nicht Männer zusammen, um Holz zu beschaffen, Werkzeuge vorzubereiten, Aufgaben zu vergeben und die Arbeit einzuteilen, sondern lehre die Männer die Sehnsucht nach dem weiten, endlosen Meer.

Bei Leitbildern und Visionen geht es darum, die Energie aller Menschen oder Mitarbeiter zu bündeln, sodass sie alle auf ein gemeinsames Ziel hinarbeiten. Sie sollten auch bei ihrer Arbeit konkret wissen, ob sie jetzt gerade – in jedem Augenblick – dem großen Ziel näher kommen oder nicht. Die Sehnsucht nach dem Meer weiß, was das Ziel ist: In See zu stechen.

Energie bündeln heißt: Jeder teilt die Sehnsucht nach dem »Meer«. Saint-Exupéry meint, dass die Männer gut und mit heißem Herzen arbeiten, wenn sie von Sehnsucht erfüllt sind. Wer also in See stechen will, sollte sie mit dieser Sehnsucht füllen. Wenn die Männer erfüllt sind, ist das meiste getan.

Das wird nicht einmal ansatzweise begriffen. Manager aller Firmen nehmen den Satz von Saint-Exupéry auf und beginnen, die Männer die Sehnsucht zu lehren, dass der Gewinn für die Aktionäre steigt und der Wert der Optionen für Executives. Manager halten das für eine fabelhafte Idee. Ich habe eigentlich noch keinen getroffen, der vorher darüber nachgedacht hätte, wie wahrscheinlich es ist, dass nach seinem Appell die Mitarbeiter in ihrer Mehrheit von dieser Sehnsucht nach mehr Gewinn erfüllt sind. Das sind sie doch so gut wie nie, oder? Das Management weiß nicht, was Sehnsucht lehren bedeutet. Es denkt, es könnte die Sehnsucht nach etwas beliebig Vorgegebenem einfach befehlen – so wie alles andere auch: »Hallo Human Resources, wir kommunizieren Ihnen hiermit, dass unsere Firma ganz sicher mehr Gewinn macht, wenn Sie von Sehnsucht verzehrt sind. Wir geben das

Sehnsüchtige hiermit als zentrale Strategie unseres Unternehmens aus. Wer auf dem Flur ohne Sehnsucht erwischt wird, muss mit disziplinarischen Maßnahmen rechnen. Wir messen die Sehnsucht wöchentlich und steigern sie dadurch nachhaltig.«

Das ist jetzt sarkastisch. Statt Sehnsucht sagt man übrigens im Management-Slang »Begeisterung« ...

Noch einmal: Die Idee von Visionen und Leitbildern ist das Mobilisieren aller Herzen auf ein Ziel. Es geht nicht darum, ein Ziel nur in den Kopf zu hämmern. Wer »Gewinn verdoppeln« nur ins Hirn klopft, ohne die Herzen zu erreichen, erzeugt Ärger und wilde Empörung unter den Mitarbeitern. Insbesondere eint er eben nicht die Herzen, sondern entzweit und spaltet sie weiter.

Gute Visionen und Leitbilder bringen unendlich viel in Bewegung, weil eine einzige Vision das Gesamtverhalten steuert.

Heute werden täglich neue Vorschläge für Deutschland laut: Steuern senken oder erhöhen oder auch nicht, Gesundheitskarte einführen – vielleicht noch später, digitale Personalausweise für Zahlungen verwenden oder auch nicht, Internet ausbauen – vielleicht später. Für jedes Einzelproblem wird alles täglich neu diskutiert: Wie viel kostet das? Wer bezahlt es? Ist es sicher? Wann überhaupt? Ist es eilig? Haben sich über Nacht die Prioritäten verändert? Hat die *Bild*-Zeitung etwas dazu geschrieben? Noch vor der Wahl oder nach welcher?

Die Experten für die Gesundheitskarte beklagen sich, dass kein Umdenken in den Köpfen stattfindet. Die für den Ausweis Zuständigen finden das auch. Die Steuerexperten beschweren sich über sture Köpfe, die Internetprovider ebenso. »In den Köpfen muss sich etwas ändern. Das Bewusstsein muss sich wandeln. Überall nur Bedenkenträger. Alle sind ewig Gestrige.«

Fakt ist, dass alle nur befehlen wollen, aber keinerlei Sehnsucht oder Perspektive für die einzelnen Herzen erwecken. »In zehn Jahren auf dem Mond« erweckt so viel Sehnsucht und Gänsehaut, dass Millionen Menschen zu fiebern beginnen. Haben wir solche Sehnsucht? Ja, haben wir, aber bisher nur mit Autofähnchen für den Gewinn der Fußball- oder Handballweltmeisterschaft. »Public Viewing ist gemeinsame Sehnsucht.«

> Eine große Vision oder große Leitbilder leiten über Sehn-
> sucht einen *einzigen* Wandel im Denken ein, der auf viele
> verschiedene oder gar alle Teilgebiete ausstrahlt.

Wir müssen eigentlich nur *einmal* umdenken, *einmal* in die neue Zeit gehen und nicht alles einzeln ausstreiten. Was tun wir wirklich? Wir setzen alle Projekte einzeln um.

Beispiel: Bei der Gesundheitskarte werden endlose Privatdatendiskussionen geführt. Darf jemand etwas über meine Krankheiten wissen? Diese Diskussion stoppt alles, weil zu wenig Kraft da ist, um ein Umdenken einzuleiten. Oder: Beim digitalen Personalausweis wird ebenso debattiert. Wer darf was über mich wissen? Getrennt!

Wieder bleiben die Fronten starr. Ich will sagen:

> Jede einzelne kleine Reform oder Maßnahme ist für sich zu
> klein, um ein Umdenken in den Köpfen zu erreichen. Deshalb
> scheitern fast alle Zukunftsprojekte.

Was wäre, wenn man eine große Zukunftsvision hätte, alles auf einmal zu ändern? Das bedeutete nur ein einziges Umdenken. Das würde gehen.

Das Herstellen von großer allgemeiner Gemeinsamkeit gelingt für kleine Vorhaben nicht! Warum wird das immer versucht? Man kann mit großer Gemeinsamkeit nur solche Vorhaben verwirklichen, die in ihrer Größe zur Gemeinsamkeit in angemessenem Verhältnis stehen.

Große umfassende Infrastrukturentscheidungen wie »in 20 Kilometern auf der Autobahn« oder »in zehn Jahren auf dem Mond« sind so groß, dass Tausende einzelner Projekte einfach mitlaufen, ohne Streit – alle in die große Richtung. Die Regierung sollte sich mit solchen großen Strukturentscheidungen befassen, nicht mit Einzelprojekten. In diesem Sinne schlage ich eine Änderung in der Wirtschaftspolitik vor.

Strebende infrasoziale Marktwirtschaft!

Wenn nur Wettbewerb und der freie Markt über alles entscheiden, wird mindestens in Krisenphasen das Klima für den arbeitenden Menschen zu rau. Das wollen wir nicht hinnehmen.

Die Idee unserer deutschen sozialen Marktwirtschaft verlangt von den Wirtschaftsakteuren ganz generell Fairness und Rücksicht auf die Gemeinschaft und jeden Einzelnen. Der Staat wird in der Rolle gesehen, unerwünschte Konsequenzen einer vollkommen freien Marktwirtschaft zu korrigieren oder zu dämpfen. Der Staat übernimmt notwendige Aufgaben, deren Erfüllung am Markt nicht angeboten wird, zum Beispiel die Schulausbildung oder den Straßenbau in strukturschwachen Gebieten. Der Staat kümmert sich darum, dass es nicht zu scharfen Konjunkturschwankungen kommt. Für Hilfebedürftige und Notleidende spannt er ein soziales Netz.

Die Idee der sozialen Marktwirtschaft sorgt sich um den Menschen, der unter den Folgen der reinen Marktwirtschaft leidet. Ihr geht es aber viel zu wenig um die Zukunftsausrichtungen und deren neue Infrastrukturen. Soziale Marktwirtschaft verhütet menschliche Härten, die durch Konjunkturschwankungen entstehen, oder sie gleicht solche aus.

Nun aber gehen wir von der tertiären Dienstleistungsgesellschaft in die quartäre Wissensgesellschaft über. Das ist keine Konjunkturdelle, sondern ein grundlegender Wandel. Wir brauchen eine Wirtschaftspolitik oder eine Wirtschaftsform, die diesen Wandel zukunftskonstruktiv gestaltet.

Der Markt selbst leistet das nur ungenügend, wie ich im Buch bereits ausführlich gezeigt habe. Der Markt ist dabei, Effizienzgewinnen nachzujagen und die halbautomatischen Dienstleistungsberufe in den Niedriglohnsektor zu drücken. Der Markt sorgt nicht von selbst für eine Wir-Infrastruktur, für mehr Bildung oder ein voll ausgebautes Internet.

Der Markt besteht aus vielen Unternehmen, die gerade jetzt in der Finanzkrise um das Überleben kämpfen. Für den großen Wandel haben die Unternehmen kein Geld – ja nicht einmal Zeit, dem Wandel gebührende Aufmerksamkeit zu schenken. Der Markt wird erst nach Ingenieuren und Akademikern verlangen, wenn die neue Zeit da ist – und wenn es keine Akademiker gibt und ihre Ausbildung viele Jahre dauert. Der Markt passt sich an. Der Markt erfindet Einzelnes neu, aber er kann aus seiner Zersplitterung heraus kein Ganzes konzipieren.

Insbesondere ist der Markt nur sehr schwer dazu imstande, neue Infrastrukturen aufzubauen. Meist zeigt eine Erfindung, dass etwas im Markt Erfolg haben könnte, dann investieren einige Unternehmen in erste Produkte, die aber nach ganz verschiedenen Normen gebaut sind. Verschiedene Speicherkarten für Kameras, verschiedene CD- oder DVD-Formate, verschiedene Kabel und Stecker, jedes Handy hat eine andere Aufladestation. Der innovative Markt erzeugt ein um den Standard kämpfendes Chaos. Die Verbraucher hüten sich beim Kaufen. Sie wissen nicht, »welche Norm sich durchsetzt«.

Nur reines Chaos! Wie endet es? Am Markt kommen zusätzliche Produkte auf, die nach Multi-Normen arbeiten. Es gibt Multi-DVD-Brenner und Multi-Kartenlesegeräte. Das Handy muss für den Urlaub Triband-fähig sein. Wehe, man telefoniert ins Ausland oder im Ausland! Wehe in ein fremdes Netz! Die verschiedenen Normen der Marktanbieter sind Ausdruck ihres Kampfs um Vorherrschaft und schaden dem Verbraucher und Kunden, zum Teil vorsätzlich wie bei Telefonaten in andere Netze oder Abhebungen an fremden Bankautomaten.

> Die reine Marktwirtschaft führt ohne Vorgaben der Gemeinschaft zuerst zu schlechten und sicher unsozialen Infrastrukturen, die sich dann unter quälend langer Kompromissbildung langsam verbessern, aber nie wirklich wie aus einem Guss erscheinen.

Sehen wir auf das aktuelle Internet: Die großen Telekoms bauen nur in den Citylagen schnelle Netze, nicht aber in kleinen Ortschaften, wo es unrentabel ist. Deutschland ist deshalb gespalten, es öffnet sich eine digitale Schere. Nun kommen Wettbewerber der großen Telekoms und stellen in dörflichen Gegenden große Funkmasten auf, um dort schnelles Internet über Funk anzubieten (WIMAX-Standard). Die Telekoms wollen aber nicht, dass die Funkanbieter Marktanteile gewinnen, und bauen immer dann das Kabelinternet aus, wenn dort ein Funkmast errichtet wird – auf diese Weise werden die Funkanbieter ruiniert oder schwer abgebremst. Das ist in einer freien Marktwirtschaft vollkommen legitim, aber es führt dazu, dass die ländlichen Gegenden noch sehr viel länger kein vernünftiges Internet bekommen. Kleine Unternehmen müssen nun aus diesen Gegenden abwandern, weil sie ohne schnelles Internet kaum noch gut arbeiten können. Wenn aber die Unternehmen fliehen, dann auch die Arbeitsplätze. Das Ringen um die Vorherrschaft des freien Marktes über die Infrastrukturen hat also destruktive Auswirkungen auf ein ganzes Land.

Achten Sie bitte in diesem Beispiel auf ein immer und immer wiederkehrendes Muster: Jede neue Infrastruktur wird erst in Ballungsräumen eingeführt, weil dort gleich gut verdient wird. Dort tummeln sich mehrere Anbieter und bekämpfen sich zum Schaden der Kunden. Irgendwann bleiben zwei bis drei verschiedene Infrastrukturanbieter übrig, zum Beispiel die Betreiber von verschiedenen Mobilfunknetzen auf verschiedenen Frequenzen (in den USA). Die Landbevölkerung wird erst viel später versorgt, weil dort kein großes Geschäft zu machen ist. Die Folge: Jede der neuen Infrastrukturen, die erst in den Ballungsräumen ausgebaut werden, liefert stets neue Gründe für Landflucht. Die Megacitys saugen alles auf, obwohl sie eigentlich keiner will.

Wenn ich in ein kleines Dorf umziehe und ein Haus miete, dann kann ich sicher sein, dass es dort Strom und Trinkwasser gibt. Das ist seit meiner Jugend so. Damals war es aber absolut nicht selbstverständlich, einen guten Fernsehempfang zu haben. Später gab es einen nahen Autobahnanschluss. Immer kommt das Land später dran – oft viele, viele Jahre später. Heute ist es das Internet, morgen ist es das digitale Fernsehen. Ich habe bei der Deutschen Telekom nachgefragt, was ich für ein schnelles Internet tun muss.

Das Callcenter antwortete mir wie aus der Pistole geschossen: »Umziehen!«
In Brandenburg lohnt es sich kaum, bei dünner Besiedlung eine Arztpraxis zu
eröffnen. Gymnasien? Lohnen sich nicht. Kaufhäuser? Auch nicht.

Wollen wir diese ewige Landflucht, weil der Markt keine breit zugänglichen Infrastrukturen schaffen kann? Wollen wir am Ende in sündhaft
teuren Zweizimmerwohnungen aufeinander hocken, mit Großbildschirm und
Doppelgarage im Keller? Kinderlos bleiben? Zu Stadtneurotikern mutieren
und das ganze schöne Land sonst leer stehen lassen?

Nein, Deutschland muss ein infrastrukturstarkes oder besser ein zu-
kunftsstrukturstarkes Land werden, nicht nur ein soziales.

Deutschland braucht eine infrasoziale Marktwirtschaft.

Der Staat muss einfach für das in der Wirtschaft sorgen, was notwendig
ist und wozu der freie Markt unfähig ist: für das Soziale und Kulturelle,
für die Infrastrukturen und die Zukunftsrichtung. Einzelne Innovationen
schafft der Markt allein – warum mischt sich der Staat ein? Ich will mit Ihnen
nun darüber nachdenken, was getan werden soll und was gelassen werden
muss.

Infrastrukturen sind wichtiger als Innovationen

Es wird kaum verstanden, wie wichtig Strukturstärke ist. Wir reden immer
nur über die Erfindungen und die Innovationen. Die meisten Menschen verstehen schon nicht einmal, was eine Innovation ist – sie verwechseln fast alle
Innovation mit Erfindung.

Wir kennen den Erfinder der Glühlampe, Thomas A. Edison. Was
aber nützt eine Glühlampe ohne Strom?

Was sind
o Autos ohne Straßen?
o Autos ohne Tankstellen und Pannendienste?
o Kaffeemaschinen ohne Trinkwasserleitungen?

174

- ○ Schiffe ohne Häfen?
- ○ Flugzeuge ohne Flughäfen?
- ○ Bücher ohne Buchhandel oder Bibliotheken?

Es ist viel leichter, ein Auto zu erfinden, als ein ganzes Straßennetz zu bauen, Verkehrsschilder zu entwickeln, Gesetze zu erlassen und den TÜV vorzuschreiben. Die Struktur ist am Ende fast alles.

> Die Infrastrukturen für Erfindungen sind
> wichtiger als die Erfindungen selbst.

Neulich ist dem amerikanischen Präsidenten Obama ein für Europäer furchtbarer Lapsus unterlaufen. Er äußerte die Vorstellung, dass die Amerikaner das Auto erfunden hätten! Wahrscheinlich meinte Obama also, dass Ford das Auto erfand, wenn man das etwas weiter gehend interpretiert. Das erzürnt uns hier in Europa sehr. Ja, ärgern wir Deutsche uns weiter, nicht einmal Edison hat die Glühbirne erfunden! Er erfand 1879 nur die Wendel der Glühbirne aus Wolfram, mit der die Glühbirne erst vernünftig funktioniert. Eine Kohlenfadenlampe erfand der Deutsche H. Göbel dagegen schon ein Vierteljahrhundert früher, aber 1854 gab es noch keinen richtigen Strom ... Und noch viel früher (1841) gab es Lampen vom Franzosen F. Moleyns, die mit Platindraht funktionierten ...

Edison erfand den wirklich brauchbaren Faden und die Schraubfassung. Noch heute steht auf unseren Glühbirnen »E 27«, wobei das E für Edisonsockel steht. Edison sorgte auch für Kraftwerke – den Energieerzeuger Edison International finden Sie noch heute auf dem Kurszettel der New Yorker Börse.

Neulich regte sich jemand furchtbar über die amerikanische Arroganz im Zusammenhang mit Obamas Fehler auf – das klang in etwa so: »Für die Amis hat der Ford das Auto erfunden, Edison die Glühbirne und Bell das Telefon. Sie verstehen nichts, absolut nichts. Sie haben nur die Fabriken, die Kraftwerke und die Flugplätze erfunden, ja, meinetwegen auch die Telegrafenmasten, die Internet-Nameserver und so ... da war jeweils überhaupt kein Tiefsinn dabei, der kam immer von hier! Benz erfand das Auto! Göbel die Glühbirne! Reis das Telefon! Das CERN das Internet! Alle Intelligenz kommt aus Europa! Die Amis machen nur was Praktisches und dann viel Geld draus, sonst haben sie keinerlei ehrenvolle Verdienste!« So höre ich es oft. Und die Politiker klagen: »Deutschland ist Patentweltmeister, aber wir bringen die Erfindungen nicht in den Markt.« Das liegt meiner Ansicht nach vor allem an der zu großen Verehrung der Erfindung und des Erfinders. Der Nobelpreis ist hierzulande höher angesehen als die erste verdiente Milliarde mit der Innovation, die auf der Erfindung basiert. Viele Erfinder sind mit der erworbenen Ehre allein schon total glücklich und sehen ihre Mission als erfüllt an. Am Markt etablieren? Eine Firma gründen und Geld machen? Das muss der typische Deutsche nicht – dann wäre er ja wie ein Amerikaner!

Nehmen Sie es ruhig hin: Da haben die Deutschen eine falsche Auffassung. In der kommenden Wissensgesellschaft geht es nicht darum, dass jeder viel weiß oder erfindet. Es gilt, vom geschickten Umgang mit Wissen zu profitieren und damit Geld zu verdienen. Das ist hierzulande nicht klar. Und hier muss sich wirklich sehr viel in sehr vielen Köpfen ändern.

Selbst bei IBM gibt es noch ganz schön viele Erfinder! Ich habe selbst in der IBM im Jahr 2007 mit einem Team von etwa 15 Freiwilligen ein internes Wikipedia eingeführt. Unsere Bluepedia ist mit ihren über 1000 Autoren so erfolgreich geworden, dass die IBM Corporation sie aus IBM Deutschland weltweit übernommen hat. In dieser Zeit, wir waren mit Bluepedia gerade fertig geworden, klagte ein Top-Manager, dass IBM mehr Innovationen haben könnte. Und an mich: »Was haben Sie selbst so als Cheftechnologe geleistet?« Ich führte Bluepedia an. Er sagte: »That's nothing new.« Ich erwiderte: »It's not an invention, it's just an innovation«, und wollte nur sagen, dass es nicht reicht, etwas zu kennen, sondern dass es um das Handeln geht – um das Nutzbarmachen einer Erfindung. Er nickte und später wurde Bluepedia als Innovation für einen Innovationspreis in der IBM nominiert. Man rief mich vom Preiskomitee an und fragte, worum es dabei ginge. Ich erklärte es und bekam wieder dieselbe vorwurfsvolle Frage zu hören: »So what? That's definitely not new.« Ich erwiderte stoisch: »It's not an invention, it's just an innovation.« Es ist einfach nicht aus den Köpfen zu bringen, dass nur Erfindungen geehrt werden, nicht die Umsetzung. Fast alle Wissenschaftler an den Universitäten ehren nur das Neue, eben weil sie auch nur dafür Doktortitel und Professorenstellen bekommen. Ich habe schon hier im Buch einige Absätze früher behauptet, dass fast alle Menschen Innovation mit Erfindung verwechseln – und dazu gehören ganz sicher auch die Wissenschaftler. Über die noch viel weiter gehende Frage der Infrastrukturen zerbricht sich daher erst recht niemand den Kopf.

Infrastrukturen als Gemeinschaftsaufgabe

Infrastrukturen entstehen oft sehr schlecht in einem freien Markt, weil

- sie auf Standardregeln und Normen basieren müssen, auf die sich der Markt nicht gut frei einigen kann oder will,
- sie oft »soziale« Preisgestaltungen erfordern, damit sie allgemein zugänglich werden – der Markt aber hat keine soziale Ader,
- für sie oft eine Flächendeckung notwendig ist, die aber nicht wirtschaftlich ist,
- sie oft im Ganzen sehr teuer und zu risikoreich sind und sie daher Unternehmen überfordern,
- für sie Gesetze und Rahmenbedingungen geändert werden müssen, was nicht in der Hand des Markts liegt und vom Markt her als unkalkulierbares Risiko gesehen werden muss,
- der Markt keine Strukturen »aufzwingen kann« – er kann nur anbieten, aber keine Standards mit Macht durchsetzen,
- der Markt bei allem Schlamassel immer noch hofft, der Staat werde am Ende alles richten.

Das Internet hat sich nur deshalb so schnell durchgesetzt, weil es von Anfang an standardisiert war und weil es viele Gratisinhalte bot. Programme wie Adobe Acrobat Reader, Netscape, Internet Explorer und Firefox wurden verschenkt, sodass sich der Standard schnell durchsetzte. Wahrscheinlich brachen nur deshalb keine Unternehmensweltkriege aus, weil damals niemand glaubte, man könne damit ein großes Geschäft machen. Als schließlich immer mehr Unternehmer das Geld aus den Werbebannern zu riechen begannen, hatten wir alle schon den Netscape Browser und damit ein einheitliches Verständnis davon, was Internet ist und was nicht.

Heute dehnt sich das Internet auf die Welt der Blackberrys und Handys aus – nicht mehr aus technischer Pionierfreude, sondern weil man ein Geschäft damit machen will. Jetzt drängen sich mehrere Anbieter, die Standards dafür zu setzen. Softwarefirmen verbünden sich mit Handyherstellern und Netzbetreibern für erbitterte Kämpfe um die Weltnormen. Die Suchmaschinenbetreiber kämpfen um die Weltherrschaft! Auch hier haben wir das Glück gehabt, dass wir am Anfang über Yahoo und fast noch über Google lachten. Da durften sie sich ungehindert ausbreiten. Seit es aber um viel Geld geht, versuchen sich die Parteien mit allen Bandagen gegenseitig zu blockieren.

Stellen Sie sich vor, wir wollten solche Strukturen angehen:
- Telemedizin mit Patientendaten im Netz
- One-Click-Pay im Internet
- Culture Technologies: Lehrmaterialien im Netz

Was geschieht daraufhin bei uns? Jahrelanges Geschrei um die Privatheit der Patientendaten blockiert jedes gemeinsame Vorgehen. Ich sehe mich vor dem Großbildschirm in meinem Zimmer, vor mir mein Hausarzt. Ich habe eine Stimmbandreizung. Kann ich damit reisen und die zugesagte Rede halten? Der Arzt bittet mich, vor dem Bildschirm meine Zunge herauszustrecken. Er schaut sie an. »Sieht nicht schlimm aus. Ich verschreibe Ihnen etwas per E-Mail. Ach, in Ihrer elektronischen Akte steht, Sie sind dagegen allergisch. Also ein anderes Medikament. Ist an Sie raus! Ihre elektronische Akte müsste Ihnen eine Mahnung geschickt haben, Sie sollten recht bald die Tetanusimpfung auffrischen. Wollen Sie nicht doch bei mir vorbeikommen? Ah, ich sehe, Sie waren schon beim Impfdiscounter im REWE-Markt neben dem Schlüsseldienst. Oh, das versteh ich, ich gehe da selbst auch hin, der impft ja nur den ganzen Tag Leute und hat dann alle Impfstoffe immer frisch da. Ich kann das für Sie nicht leisten, ich muss immer von Fall zu Fall über die Apotheke bestellen. Machen Sie es gut! Ich stelle Ihnen jetzt eine Rechnung. Bitte klicken Sie auf ›Okay‹. 20 Euro. Gut, hat geklappt. Herzlichen Dank. Ihre Krankenversicherung hat eine elektronische Kopie.«

Ich klicke, 20 Euro sind ohne weitere Logins und Passwörter abgebucht, fertig. Einmal im Jahr gehe ich im Internet auf die Website meiner privaten Krankenversicherung und schaue, ob ich die Arztrechnungen erstattet bekommen will oder ob ich die Beitragsrückerstattung wegen Schadens-freiheit in Anspruch nehme. Ich wähle und klicke einmal. Das Geld kommt wieder zu mir zurück. Fertig.

Ich hätte das gerne genau so, weil ich in dieser Weise irre viel Zeit spare. Meine Daten kann jeder Arzt sehen. Was spricht dagegen? Obwohl an-dere Länder wie Schweden entschlossener vorangehen, haben wir Deutsche wieder Bedenken.

Es kann hierzulande Jahrzehnte dauern, bis die folgenden Fragen beruhigende (nicht nur richtige) Antworten finden: Wie werden meine Daten gespeichert und welche? Wer darf sie sehen? Darf ich sie selbst sehen? Es könnten brisante Daten sein! (»GD hat Krebs, einen Genschaden und leidet an Schizophrenie« – ups, das wusste ich gar nicht ...) Sollen alle meine bis-herigen Röntgenaufnahmen gespeichert werden oder nur die letzten? Darf mir die Akte E-Mails mit Mahnungen schreiben, vielleicht sogar Strafzah-lungen androhen, wenn ich nicht zum Gesundheits-TÜV komme? Fragen über Fragen, die im Zusammenhang mit jahrelangen Diskussionen über Gesundheitskarten aufflammen. Vor lauter Streit geschieht nichts. Wie wird die Zahlung der 20 Euro abgewickelt? Durch meine Bank? Durch ein System der Ärzte, die dafür Gebühren verlangen? Über die Handyrechnungen bei der Telekom? Was passiert dann mit armen Bürgern, die kein Handy haben? Wie geschieht die Bezahlung für eine Internetberatung bei einem Notfall? (»Hier vor dem Bildschirm liegt ein Unbekannter. Herzattacke? Ja, okay, wir bringen ihn ins Krankenhaus? Ich zahle die 20 Euro jetzt aber nicht.«)

Für solche Zahlungsprozesse und -regeln wird sich eine ganze In-dustrie bilden. Das gibt erneut Stoff für Jahre des Streits um Pfründe.

Wer plant diese neuen Infrastrukturen? Das geschieht heute so, dass man »alle Fachleute an einen Tisch setzt«. Da ein guter Teil dieser Experten oder Lobbyisten in der neuen Struktur nicht mehr gebraucht wird, kommt es zu endlosem Gerangel und Abwehrkämpfen. »Der Markt« oder »alle Zuständigen« sind nicht in der Lage, eine gute, neue Infrastruktur einzu-richten.

Was passiert, wenn wir Schulunterricht nach neuesten Culture Technologies anbieten wollen? Die Länder werden sich nicht einigen, ob das gut ist und wer es bezahlt. Der Lehrplan ist schon auf Jahre festgeschrieben, die zentralen Prüfungen auch. Müssen jetzt nicht alle Schulfächer neu geordnet werden? Kommen nicht viele neue Fächer dazu? Welche fallen weg? Wenn welche wegfallen – was geschieht mit den Lehrern?

Ich muss dazu wohl nicht viel mehr sagen. Das Einrichten neuer Infrastrukturen ist härteste Arbeit unter dem Getümmel von Interessengruppen. Diese Arbeit dauert mit Sicherheit länger als bis zur nächsten Wahl. Unser Staat ist deshalb eher unwillig, sich an die Arbeit zu machen. Niemand hat einen Sinn für die Dringlichkeit von Reformen. Wenn je Reformen oder neue Strukturen beschlossen werden, sehen sie wie ein Flickenteppich von Kompromissen aus – nicht aber wie eine gute Lösung für die Kunden, Bürger oder Schüler. Reformen werden nur unter höchstem Druck angepackt. Die Parteien zerreden jeden beliebigen Vorschlag, gut oder schlecht.

Der Staat befasst sich allenfalls mit Strukturerhaltung oder mit dem Betreiben der Strukturen. Änderungen sind eine ungeliebte Aufgabe und Reformen sowieso. Das neue Aufbauen von Zukunftsstrukturen ist gar nicht als Aufgabe des Staates erkannt.

Lassen Sie es mich etwas sarkastisch so ausdrücken (Verzeihung für meine Ungeduld; ich erlebe solche Streitigkeiten zu oft):

Infrastrukturen lassen sich oft durch den Staat nicht bauen, weil

o sie auf Standardregeln und Normen basieren müssen, auf die sich die Parteien nicht gut frei einigen können oder wollen,

o sie oft »soziale« Preisgestaltungen erfordern, damit sie allgemein zugänglich werden – die Parteien aber prügeln sich, was und wer sozial ist – und ob man es sein soll,

o für sie oft eine Flächendeckung notwendig ist, die aber nicht wirtschaftlich ist und deshalb Geld vom Staat erfordert, das dieser nicht hat bzw. anderweitig versprach,

o sie oft im Ganzen sehr teuer und zu risikoreich sind und daher für Regierungen ein Wiederwahlrisiko bedeuten,

o für sie Gesetze und Rahmen geändert werden müssen, wozu sich der Staat nicht aufraffen kann,

o der Staat keine Strukturen »aufzwingen kann« – weil er bei Wahlen abgestraft wird,

- der Staat bei allem Schlamassel immer noch hofft, dass Privatinvestoren für das Problem gefunden werden können, die am Ende alles richten.

Dabei ist es klar, dass der Staat vom Prinzip her für die Infrastrukturen zuständig sein muss und auch kraft seiner Macht im Prinzip dazu fähig ist.

In einem Unternehmen ist es schließlich auch klar, dass der Boss für die Strukturen zuständig ist – wer sonst? Wenn er versagt, wird er ersetzt. In unserer Demokratie aber können wir als Wähler nur die Regierung durch den Zwillingsbruder Opposition ersetzen, also eigentlich nicht viel tun. Der Wähler hat keine Wahl.

Jetzt aber ohne Sarkasmus: Die Infrastrukturen eines Staates bestimmen sein Wohlergehen und determinieren große Teile seiner Kultur. Und ich habe Ihnen mit dem Vorstehenden dies ausführlich begründet:

> Geht es um den Aufbau der Infrastrukturen der Zukunft,
> versagen sowohl der freie Markt als auch die
> soziale Marktwirtschaft!

Wenn aus Strukturen Zukunftsstrukturen werden sollen, müssen sie aus der Gemeinschaft kommen, oder die Strukturen existieren als sich ewig anpassendes Flickwerk vor sich hin.

Diejenigen Staaten, die sich Zukunftskonstruktivität auf die Fahnen geschrieben haben, werden die anderen dominieren und zum Nachziehen zwingen. In einer sich wandelnden Welt darf nur der Voranschreitende ganz er selbst sein und sein Geschick bestimmen. Wir sollten nicht warten wollen, bis »irgendetwas kommt«, wie es eben kommt. Wir müssen unsere Wirtschaftskultur aktiv auf die Zukunft vorbereiten.

Es ist schon oft gesagt worden: Es muss ein Ruck durch Deutschland gehen. Vor allem wir Wähler müssen zukunftskonstruktiv stimmen, sonst bekommen wir eine Regierung, die wir verdienen. Wir denken aber mehrheitlich, den großen Ruck vermeiden zu können, weil wir im äußersten Fall schwach jammernd immer noch das nachmachen könnten, was aus Amerika kommt.

Aber das amerikanische Jahrhundert ist vorüber. Wir können nicht mehr lange über den Atlantik schauen, wie etwas geht oder nicht. Wir oder spätestens unsere Kinder werden dann die Normen und viele Kulturelemente aus Asien übernehmen müssen. Wollen wir also nicht doch selbst anpacken? Als Gemeinschaft?

Aber nicht so:

Fehler Nummer 1: Gießkannenförderung von Einzelinnovationen

Statt etwas Konkretes für die Zukunft zu tun, kann man einen Preis ausschreiben:

- o   Ideenbewerb um die beste Erfindung
- o   Erfinder des Jahres
- o   Gründer des Jahres
- o   Jungunternehmer des Jahres

Wenige tausend Euro Preisgeld und eine ehrenamtliche Jury, die ihre Tätigkeit als wertvollen Punkt in den Lebenslauf übernehmen kann, reichen aus, um große Presse bei einer Preisverleihung zu haben. In der Zeitung ist immer ein völlig unbekannter Erfinder zu sehen, der unsicher dreinschaut und mit einem großen Scheck im Arm plump dasteht – daneben aber gratuliert ihm ein Politiker, der im Grunde suggeriert, durch das Ausschreiben des Preises die Leistung des Erfinders eigentlich selbst hervorgebracht zu haben. Tenor: »Dieser Erfinder zeigt, was alle tun könnten, und ich fördere das! Deutschland ist unter meiner Führung auf dem richtigen Weg.«

Natürlich geht kein Ruck durch Deutschland. Deshalb muss irgendwann geklotzt werden. Förderprogramme werden ausgeschrieben, die junge Unternehmen oder Erfinder fördern. Wissenschaftler bekommen Doktorandenstipendien. Firmen und Wissenschaftler arbeiten gemeinsam an Entwicklungen. Firmen verschiedener Länder arbeiten zusammen. Das wird jeweils so in den Förderbedingungen festgeschrieben, weil vergangene Erfahrungen das nahelegten. Wissenschaftler nehmen die Fördergelder nämlich sehr gerne mit und produzieren damit schon geplante wissenschaftliche Publikationen. Erfinder produzieren natürlich nur Erfindungen und keine Innovationen.

Und Unternehmen beantragen Fördergelder, um etwas auf Staatskosten entwickeln zu lassen, was sie sonst sowieso auf eigene Kosten entwickelt hätten oder was so risikoreich ist, dass sie es selbst nie mit eigenem Geld anfangen würden.

Die neuen Programme werden *deshalb* komplizierter. Wissenschaftler müssen jetzt mit Firmen zusammenarbeiten oder mit Forschern anderer Länder. Firmen verschiedener Branchen und anderer EU-Länder sollen gemeinsam arbeiten (»interdisziplinär«) und Neuland beackern. Dann arbeiten Menschen zusammen, die sich nicht kennen und weit auseinander arbeiten. Kann so jemals eine »Garagenfirma« entstehen? Die Förderprogramme sind wegen der Missbräuche überkompliziert. Deshalb kann nichts Gutes herauskommen, weil das Komplizierte jede echte Innovation verhindert.

> Komplizierte Förderprogramme verhindern den direkten Missbrauch der Gelder, erschweren aber dadurch echte Innovation so sehr, dass zart keimende Pflänzchen mit Sicherheit sterben.

Es gibt ein paar Grundregeln für Innovation! Die stehen überall, an jeder Wand. Sämtliche Förderprogramme aller Couleur und aller Behörden verletzen diese Grundregeln ganz systematisch. Denn die wichtigste Erfahrung der Innovation lautet: »Über 95 Prozent aller erfolgreichen Innovationen werden von einer einzigen Person von der Idee bis zur ersten Milliarde durch Dick und Dünn bis zum Erfolg getrieben. Der Unternehmer und Pionier ist das Wichtige, nicht die Idee.« Denken Sie zum Beispiel an Edison, Bill Gates, Benz, die Gründer von IBM, Amazon, Porsche, Yahoo, SAP, MLP, Würth, dm, Adidas, Puma, Escada, Boss, Consors etc. etc. etc. Das ist bekannt! (Was würde ein Förderprogramm zur Gründung von Amazon oder Yahoo oder eBay sagen? Sie wissen es schon: »Was ist daran neu?«)

Was aber fördern die Förderprogramme und Wettbewerbe? Ideen!

Die Gelder gehen überwiegend an Firmen oder Professoren, die dann zur Umsetzung der Idee einen Mitarbeiter oder Doktoranden einsetzen, der eben kein Entrepreneur ist, sondern nur ein Ausarbeiter einer fremden Idee – dafür bekommt er ein Gehalt oder einen Doktorhut (immer seltener beides zugleich). Ich habe noch nie gesehen, dass Menschen brennen, eine ihnen übergebene Idee umzusetzen, für die zudem jemand anderes die Lorbeeren erntet: Es geht nicht ohne eigenes Herzblut. Geld allein garantiert nicht diesen unbedingten Willen zum Erfolg – ja, sehr oft korrumpiert es ihn!

Oft werden Fördergelder einfach verschwendet. Man kann offenbar damit sogar Profite erzielen. Ich habe schon viele Werkstudenten getroffen und genug Leserbriefe bekommen, die mir einen guten Trick verrieten: Die Förderprogramme zahlen oft das halbe Gehalt der beteiligten Wissenschaftler. Man wählt dann für die Durchführung des Programms ältere, sehr hoch bezahlte Mitarbeiter und lässt das Projekt faktisch von niedrig bezahlten Mitarbeitern durchführen, am besten von den besagten Werkstudenten oder gar von kostenlosen Diplomanden. Die älteren Mitarbeiter fackeln nur die Statusmeetings ab. Mit diesem Trick kann ein Unternehmen sogar echten Profit mit Fördergeldern machen, auch wenn nichts beim Projekt herauskommt.

Ich habe noch nicht erlebt, dass man die *Unternehmer* in einem Assessment daraufhin anschaut, ob sie überhaupt dazu geeignet sind, eine Idee bis zur erfolgreichen Innovation im Markt zu entwickeln. Ich habe noch nicht erlebt, dass man sie für Innovationen & Entrepreneuring trainiert! Nein, es werden Businesspläne auf Papier erstellt und studiert! (Neuerdings schreibt man fast gar nichts mehr, man gibt nur Präsentationen mit schönen Tabellen ab – hier werden keine Gründe in ganzen Sätzen mehr formuliert.)

Andere Grundregeln der Innovation sagen: Erfolg hat nur, wer es persönlich schafft, die Besten um sich herum zur Mitarbeit zu begeistern. Oder: Entrepreneure treffen so gut wie sicher auf unerwartete Hindernisse und auf Kundenverhalten, das anders als erwartet ausfällt. Dies sind die Momente tiefster Erkenntnis. Deshalb muss ein Unternehmer raus! raus! raus! Er muss den Markt fühlen und seine Idee adaptieren. »Rapid adjustment to reality« heißt das oder »Schnelle Anpassung an Kunden und Markt«.

Kann das ein Doktorand? Sieht er überhaupt Kunden? Ist er überhaupt in der Lage, außen in der Wirtschaftswelt auf Augenhöhe mit seinen Partnern oder Kunden zu sprechen?

Das ist ein ernstes Thema, dass ich hier nur streifen kann. Ich will sagen: Die Förderprogramme missachten jede ganz normale Erfahrung der Innovation in so ungeheuerlichem Ausmaß, dass ihre Wirkungslosigkeit im falsch aufgesetzten Programm vorprogrammiert ist.

Das klingt jetzt herb kritisch bis überkritisch. Aber es ist leider nicht einmal der wichtigste Punkt. Es ist noch schlimmer:

> Es wird nicht erkannt, dass einzelne Erfindungen oder
> »Innovationen« am Markt so lange überhaupt nichts
> bewirken können, wenn die Infrastrukturen nicht stimmen.

Kann man Elektroautos bauen ohne Stromtankstellen oder Akkuaustauschnetz? Wie weiß man, was ein Kunde akzeptiert? Kann man digitale Kameras ohne Internet, Papierbildservices oder Spezialdrucker in der richtigen Weise erfinden? Soll man Solarzellenforschung zu einem Zeitpunkt betreiben, wo wegen des astronomischen Preises niemand dafür interessiert sein kann?

Wenn man Innovationen ohne Kunden versucht, wird alles sehr theoretisch. Und das ist bei fast allen diesen Förderprogrammen der Fall.

Was sollte man tun? Statt die Unternehmen und die Forschungen einzeln zu fördern, kann man die Infrastrukturen schaffen. »In 20 Kilometern sind wir auf der Autobahn.« Oder man kann den Marktpreis von Zukunftstechnologien künstlich senken. Man fördert Katalysatoren, Rußfilter oder Eigenheimsolaranlagen. In Frankreich werden zum Beispiel die Käufer von Elektroautos subventioniert. Früher hat Frankreich allen Bürgern BTX-Boxen geschenkt, um schnell ins Homebanking-Zeitalter einzuziehen. Solche Interventionen sind richtungsweisend für die Zukunftsmärkte. Sie verschwenden kein Geld für das Einzelne.

Wenn zum Beispiel am Markt Elektroautos mit Gewinn verkauft werden können, weil der Staat die Anschaffung für Private subventioniert, dann werden die Unternehmen bestimmt sofort solche Autos entwickeln. Wenn der Markt da ist, rennen alle los! Nichts hält sie mehr. Es wird einen Wettlauf geben! »Der Markt wird heiß.« Glauben Sie denn, dass man jetzt die Erfinder noch besonders motivieren muss, Elektroautos zu erforschen und zu bauen, wenn die Käufer warten? Können Sie sich vorstellen, dass die Unternehmen noch Rat brauchen, wie sie interdisziplinär mit anderen Firmen oder Universitäten zusammenarbeiten können?

Lachen Sie jetzt nicht laut heraus bei dem Gedanken, ein Automobilproduzent würde seine Entwicklung dann immer noch wegen der Ersparnis mit Werkstudenten ausprobieren?

> Der Staat muss die Zukunftsstruktur mit weithin sichtbarer Hand vorbereiten. Das Einzelne regelt sich dann wirklich nach der »unsichtbaren Hand« des Markts wie von selbst.

Ich schrieb diesen Abschnitt ganz zufällig am 19. August 2009. Heute, am 20. August, schreiben die Zeitungen ganzseitig über Elektroautos. Es ist Wahlkampf in Deutschland. Noch fünf Wochen bis zur Bundestagswahl. Wenn Sie dieses Buch lesen, ist es 2010, also ist das schon wieder Schnee von gestern. Die Rhein-Neckar-Zeitung titelt auf Seite 1: *Koalition schiebt das E-Auto an.* Der Verkehrsminister wird zitiert: »Aus Deutschland sollen die Standards kommen, die in Europa und international angewendet werden.« Und weiter sagte er: »... mit der Umstellung auf Elektroautos stehe eine Revolution bevor, die von Deutschland aus bestimmt werden sollte. Wenn die Bundesrepublik federführend sei, könnten riesige Märkte erschlossen werden. Dafür müssten deutsche Autoindustrie und Wissenschaft jedoch mitziehen.«

Was tut die Bundesregierung kurz vor der Wahl dafür, dass Deutschland alle Konkurrenz aus allen Ländern der Welt unter ihre Standards zwingt? Sie gibt ohne konkrete Erläuterung für zwei Jahre ganze 500 Millionen Euro an weiteren Fördergeldern aus. Und das hilft? Ein paar Millionen für die Weltherrschaft? Ich finde nach ein paar Minuten Googeln diesen Satz im Internet, ganz exemplarisch, damit Sie sich ein Bild machen können, wie wenig 500 Millionen Euro sind. Es heißt über den Opel Vectra 2004: »Eine Milliarde Euro Entwicklungskosten stecken in dem Auto, gebaut wird es in einer nagelneuen Fabrik in Rüsselsheim, in die Opel weitere 750 Millionen Euro investierte.« Was sind dann 500 Millionen Euro aus der Fördergießkanne, um Deutschland so weit nach vorn zu bringen, dass alle anderen Länder unsere Standards übernehmen?

Die Bundesregierung lehnt es im Gegensatz zu Frankreich, Japan, USA und China ab, den Kauf von E-Autos zu subventionieren. Also werden in diesen anderen Ländern zuerst Autos fahren und dort die Infrastrukturen und deren Normen entstehen. Und diese Standards werden wir aus diesen Ländern importieren. Und im Handelsblatt heißt es: »Die Asiaten haben einen großen Vorsprung bei Lithium-Ionen-Speichern. Batterieproduzenten wie die chinesische BYD (Build Your Dreams) planen Elektroautos, ohne jemals ein Fahrzeug mit Verbrennungsmotor gesehen zu haben.« Und ich füge hinzu: »... so wie Amazon noch nie etwas mit einer Buchhandlung zu tun hatte.« Amazon und BYD sind wie kleine Kinder, sie haben keine Vergangenheit. Sie sagen nicht, wie heute die Automobilproduzenten Deutschlands in der Zeitung sinngemäß: »Das traditionelle Verbrennungsauto wird noch lange dominieren. Wir werden es weiter auf Benzinverbrauch optimieren und noch lange nicht aufgeben.« Genau daran werden wir sterben – am Festhalten.

In Indien, Korea, Singapur, Brasilien und China hält niemand fest. Es ist dort viel, viel leichter, zukunftskonstruktiv zu sein. Hier gibt es nur Alibi-förderung und Selbstgefälliges über das erfolgreiche Deutschland. Und wenn nicht gerade Wahlkampf ist, sogar gar nichts.

Fehler Nummer 2: Gießkannenrettung von Vergangenem

Derweil rettet die Abwrackprämie die Automobilunternehmen, die viel zu große Benzinmotoren bauten, die nun langsam keiner mehr haben will. Dadurch können sie ein volles Jahr ganz ohne Forschung für die Zukunft weiter Gewinne machen.

Ich will das nicht zu sehr kritisieren, es ging dabei ja um die Rettung in der Finanzkrise. Aber es ist typisch für Deutschland, das Vergangene über die Zeit des Todes hinaus zu retten.

Es mag sinnvoll sein, Konjunkturdellen durch Rettungsaktionen aufzufangen, damit die Arbeitsplätze erhalten bleiben. Aber die Arbeitsplätze in der primären Wirtschaft (Bergbau, Landwirtschaft), die in der sekundären Wirtschaft (Massenproduktion) und in der tertiären Welt der Dienstleistungen (Banken, Versicherungen, Reisebüros, Verwaltungen aller Art) werden wegen des Eintritts in den quartären Sektor auf jeden Fall verloren gehen.

Punkt. Lassen Sie uns einfach den Realitäten in die Augen schauen. Lassen Sie uns die Zukunft aufbauen und der Vergangenheit Ade sagen.

Subventionen erhalten Altes und ermutigen dabei, Modernisierungen weiter aufzuschieben oder wieder einmal zu unterlassen. Subventionierte Unternehmen verbleiben in Deutschland und verlagern keine Produktion ins Ausland; das mag gut erscheinen, zementiert aber Verluste auf ewige Zeit, wenn in Deutschland nicht zu Weltmarktkosten produziert werden kann. Subventionen schützen vor dem Wettbewerb, das ist zuerst gut, aber sie ermutigen nicht, beherzt am Wettbewerb teilzunehmen – man wird bequem gehalten. Subvention ermöglicht die Weiterproduktion von Produkten, die kein Kunde mehr zum normalen unsubventionierten Preis kaufen würde. Etc. etc.

Aber: Subventionen retten für eine Weile Unternehmer, Unternehmen und Arbeitsplätze – alle sind zufrieden und bringen vor allem Wählerstimmen und gute Presse.

Fehler Nummer 3: Hybris im Hype

Wir wissen es alle: Hochmut kommt vor dem Fall. Leider erkennen wir Hochmut in uns selbst so schlecht. Die Reiche dieser Welt zerbrechen hauptsächlich an Überschätzung. Oder, wenn wir es einmal umdrehen und von der anderen Seite her sehen, an Unterschätzung des Neuen, des Feinds oder des Wettbewerbs. Das Neue ist seltsam (Gründung von Yahoo) oder wir glauben nicht, dass wir es wollen (Internetbanking). Die Qualität des Neuen ist am Anfang elend (erste Digitalbilder) oder es lässt sich schwer damit arbeiten (Batterien der Laptops und Digicams sind immer gleich leer). Deshalb wird das Neue sehr oft verachtet.

Ich will Ihnen einen immer wieder zu beobachtenden Mechanismus aufzeigen, wie das Neue kommt, verachtet wird und wie es anschließend das noch hochmütig lachende Alte einfach beerdigt.

Die Gartner Group ist weltbekannt für ihre Analysen der Neuheiten in der Informations- und Kommunikationstechnik. Das Börsenkürzel für

Gartner an der New Yorker Börse ist deshalb auch schlicht »IT«. Gartner gibt regelmäßig für alle neuen Technologien an, wie weit sie schon auf der Hype Curve sind. Die zeige ich Ihnen in der folgenden Abbildung. Alles ist in Englisch – ich habe die Kurve noch nie wirklich in Deutsch gesehen –, die Kurve lernt jeder in der IT Tätige wie mit der Muttermilch kennen, und zwar genau wie nachstehend.

Die Gartner-Hype-Kurve

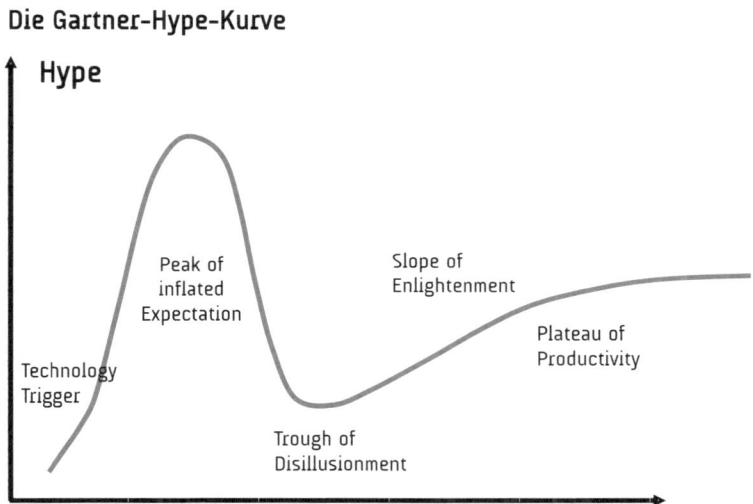

Die Kurve betrachtet den Hype (»Medienrummel«, to hype up bedeutet auch »sich einen Schuss Rauschgift setzen«) über die Zeit. Am Anfang hat jemand eine neue technologische Idee (»Technology Trigger«). Am Markt kommt Gemurmel auf, ob sich da nicht ein ganz großes Geschäft am Horizont abzeichne. Da steigt sofort die Aufmerksamkeit der Presse, der Hype steigt rasant an. Alle überschlagen sich vor Begeisterung. Das liegt oft an den Presseleuten, die sehr froh sind, endlich einmal über etwas Neues schreiben zu können. Sie stürzen sich auf das Neue und treiben den Hype nach oben. Dadurch werden die Leser und Hörer ganz neugierig – alle wollen mehr darüber wissen! Nun schreiben sich die Redakteure und Blogger die Finger wund. Der Hype erreicht eine Spitze: »The Peak of inflated Expectation«, die Spitze einer aufgeblasenen Erwartung.

Jetzt wollen die Leser aber einmal das Neue wirklich sehen. Ist es wirklich so toll? Das neue Navi? Das neue iPhone? Die ersten Leute probieren es aus und mäkeln herum. Das Navi merkt im Fußgängermodus nicht, dass ich mich im Zentrum der Stadt umdrehe, sagt immer noch »geradeaus« und ich bin verwirrt. Das GPS findet den Satelliten erst nach 10 Minuten, das ist aber gerade die Zeitspanne, in der ich mich nicht auskenne, wenn ich aus dem fremden Innenstadtparkhaus zurück nach Hause fahre. Das neue Handy hat eine schlechte Antenne für das Internet. »Ah«, sagen wir, »die Idee ist nicht schlecht, aber es passt nicht zu uns und lässt sich schlecht verwenden. Wir kaufen es nicht, es ist viel zu teuer. Wir warten, bis es funktioniert und viel billiger ist. Außerdem warten wir, bis es viele andere haben, die fragen wir dann.«

Der Hype klingt ab. Die Journalisten stürzen sich auf den nächsten Hype. Die Medien berichten nicht mehr davon. Die Kunden sind desillusioniert, die Produzenten enttäuscht. »Trough of Disillusionment« = »Tal der Tränen«.

Nun lernen die Produzenten fieberhaft, wie die Innovation zu retten wäre, ihnen geht ein Licht auf (»Enlightenment«) und sie bauen schließlich etwas wirklich Taugliches. Das merkt die Presse gar nicht, weil es still und langsam geschieht und keiner mehr so genau darauf achtet. Die ersten Kunden kaufen jetzt das Neue. Unmerklich werden die Produkte besser und billiger (»Plateau of Productivity«). Sie sind jetzt da.

Die echte harte Arbeit findet in der Phase zwischen der Desillusion und dem langsamen Erkennen statt, wie das Neue wirklich in unser Leben passt. Meist muss erst die Infrastruktur mitwachsen (da ist sie wieder!). Beispiele:

o Batterien der Laptops müssen länger halten.
o Alle Straßen müssen im Navi korrekt sein.
o Für Internetbanking müssen genügend Leute Internet haben.
o Für Internetshopping müssen die Daten sicher sein.
o Für Digitalbilder muss es bei REWE Papierabzüge zu bestellen geben.
o Handy-Telefonate sind einfach zu teuer, was viele böse auf dieses Neue macht.
o E-Auto-Akkus sind zu schwer, zu groß, zu teuer, das Aufladen dauert die ganze Nacht.

Erst wenn die begleitenden Probleme des Neuen gelöst sind, lässt sich die breite Mehrheit der Menschen darauf ein.

Das Neue kommt im Rummel, es enttäuscht dann fast alle, berappelt sich aber und macht seine Hausaufgaben, bis die Menschen das Neue gut genug finden.

Das vielleicht beste und größte Beispiel ist der Rummel um das ganze Internet. Um das Jahr 2000 herum brach die ganze »dot.com mania« aus. Wir alle kauften die Aktien mitten im Hype, der dann der Desillusion wich. Die Kurse stürzten ins Nichts. Heute aber ist das Internet überall – ganz ohne Rummel und ohne Manie.

So weit das Neue. Wie reagiert das Alte?

Um Ihnen das zu erklären, habe ich mich hingesetzt und eine neue Kurve für Sie kreiert. Ich nenne sie Hybris Curve (die Kurve der frechen Selbstüberschätzung). Das Wort Hybris ist griechisch-deutsch, in Englisch heißt es eigentlich »hubris«, aber dann klingt es nicht gut mit dem Wort Hype zusammen.

Schauen Sie also auf meine Hybris Curve:

Die Hybris Curve

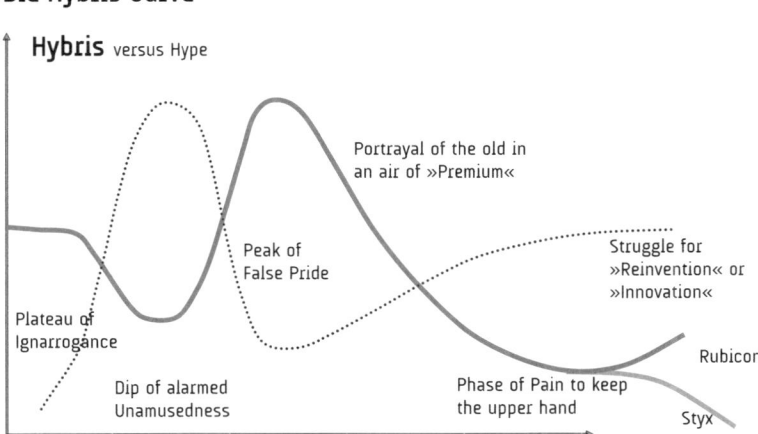

Wenn das Neue oder eine neue Technologie kommt, wird sie vom Alten vollkommen ignoriert. Das Alte interessiert sich gar nicht für das Neue. »Chinesen können selbst produzieren? Na und? Die verstehen das Problem doch gar nicht! Wie schaffen sie denn die Waren hierher? Welcher Deutsche wird sie kaufen?« Oder: »Internetbanking ist billiger Quatsch. Man wird nicht beraten. Die Daten sind unsicher.« Oder: »Digitale Bilder haben keine Qualität.«

Unabhängig vom Alten aber kommt der Rummel in die Medien. Die schreiben über die gelbe Gefahr, den Tod der klassischen Banken (Bill Gates: »Banking is necessary, banks are not«) oder über die Möglichkeit, Bilder als MMS zu verschicken.

Nun ist das Alte »not amused« oder »nicht amüsiert« – so formuliert man »Verärgerung« im englischen Adel. Das Alte leidet unter dem Rummel. Es befürchtet, dass die dummen Verbraucher auf Betrüger und Bauernfänger hereinfallen.

In der nächsten Phase rauscht das Neue in das Tal der Tränen. Die Mängel des Neuen werden in der Presse ätzend offen gelegt. »Internetbank stürzt für mehrere Stunden ab! Kunden ohne Geld!« Jetzt reibt sich das Alte vollkommen hochmütig die Hände und grinst schadenfroh und selbstzufrieden: »Es ist nicht alles Gold, was glänzt! Wir sagten es immer: Flausen, nichts als Flausen. Wir sind schon Jahrzehnte als Banker/Diafilmproduzent im Geschäft, wir wissen, wie der Hase läuft.« Diese Stelle in der Hybris Curve nenne ich »Peak of False Pride« oder Höhepunkt des falschen Stolzes.

Genau in dieser Zeit, wo das Neue hart an der Beseitigung seiner Schwachstellen und an der Grundlegung der neuen Infrastrukturen arbeitet, blendet das Alte das Neue komplett in freudigem Hochmut aus.

Dann aber beginnen die Kunden das Neue zu begrüßen. Sie laufen der Telekom und den klassischen Banken weg, sie probieren Navis und kaufen keinen jährlichen SHELL-Atlas mehr. Jetzt ist das Alte gereizt und schimpft auf das Neue, indem es auf die noch letzten Mängel hinweist: »Wir liefern Qualität! Wir beraten! Wir sind Fachleute! Bei uns ist alles sicher! Wir garantieren! Wir hätscheln Stammkunden!« Dieses ärgerliche Premium-Gerede des Alten nützt ihm nicht. Ganz im Gegenteil, genau durch dieses Premium-Gerede versäumt es, Reformen des Alten einzuleiten. Es gerät ins Hintertreffen, wovon es sich nie mehr erholen wird.

Das Neue steigt jetzt auf, das Alte feuert Tausende Mitarbeiter, spart sich tot, gibt immer höhere Rabatte (»Telefon drei Monate frei!« – »Nur wenig teurer als Internetbanking«), beutet die Stammkunden aus, die nichts merken (»Schläfer«), und hofft, es gehe alles vorüber.

So geht das Alte an Hybris zugrunde. Wenn es am Ende ist, kann es sich manchmal entschlossen in die neue Zeit bewegen, was man heute »reinvention« oder Neuerfindung nennt. Doch das hochmütige Alte benötigt viel Herzensenergie, um diesen Rubikon zu überschreiten. Meist geht es deshalb über einen anderen Fluss, den Styx. (»Wir suchen einen Partner, der uns aufkauft und noch eine Weile als Schatten unserer selbst so weitermachen lässt wie bisher.«)

Ich habe gerade aus dem aktuellen Wahlkampf berichtet. Elektroautos sind Hype! Die Presse stürzt sich auf dieses Thema, weil sie im Sommerloch ist. Alle werden zu Elektroautos befragt! »Im Jahre 2020 sehen wir etwa eine Million E-Autos in Deutschland, das bedeutet, dass in elf Jahren schon etwa zwei (»lausige«) Prozent der Autos mit Akku fahren. Bis dahin ist es ein langer Weg. Natürlich wollen wir alle eine saubere Umwelt, aber dafür muss der Ladestrom aus erneuerbaren Energien stammen. Auch bis dahin ist es ein langer Weg. Wir sehen im Augenblick keine Alternative zum Verbrennungsmotor. Die Möglichkeiten, noch viel mehr Benzin durch Optimierung der herkömmlichen Motoren zu sparen, sind längst nicht ausgereizt. Es hat keinen Sinn, zu viel über eine baldige Revolution zu faseln. Wir als Industrie kennen den Markt seit Jahrzehnten genau und sind auf der Höhe der Zeit.«

Verstehen Sie, was ich sagen will? Das E-Auto ist auf der Hype Curve ganz oben – mit Absicht, weil der Hype Wähler fängt. Das etablierte Alte hält aber »den Ball flach« und redet abschätzig. Wenn die E-Autos demnächst kommen, werden die Althersteller die mangelnde Batterielaufzeit bemängeln (wie vorher bei Kameras und Laptops) und auf »Premium« schalten. Dann kommt der Tod. Die Silberfilmhersteller für klassische Fotokameras haben etwa ein Jahr nach dem Beginn des Papierbilderservice durch Supermärkte fassungslos in der Presse geweint, sie hätten nie – nie – nie gedacht, dass alles so schnell kommen würde.

Hören Sie nochmals den O-Ton eines deutschen Ministers: »Aus Deutschland sollen die Standards [für E-Autos] kommen, die in Europa und international angewendet werden.« Wie klingt das? Nach Hybris. Es klingt wie: »Wir haben in Deutschland sowieso immer die besten Autos, wir produzieren sie dann eben mit einem anderen Motor, okay, wenn ihr wollt, kein Problem – wir sind sowieso immer die Besten. Damit aber gar nichts schiefgeht und sich niemand Sorgen machen muss, stiften wir von der Regierung 500 Millionen Euro für zwei Jahre und hoffen, dass der Wähler das honoriert.«

Bitte – so kann man das Neue nicht angehen.

Zukunftsstrukturen sind die besten Konjunkturprogramme

Dieser Titel ist praktisch selbsterklärend, oder?

Ich will trotzdem vieles bisher im Buch Gesagte noch einmal in Erinnerung rufen und beispielhaft ein paar Infrastrukturen als Konjunkturprogramm empfehlen. Keiner dieser Vorschläge ist neu. »Not an invention, just an innovation.« Jeder läuft aber, wie fast jede Innovation, auf eine Menge Arbeit hinaus. Infrastrukturen für die Zukunft entstehen nicht einfach so.

Internetausbau (vor allem anderen)

Große Kapazität: Im Zentrum aller zukünftigen Infrastrukturen steht das breitbandige Internet. Ich sprach schon die Großbildschirme an, die mit vielen Bild-im-Bild-Anwendungen ein sehr schnelles Internet erfordern. Das digitale Fernsehen kommt im Internet.

Wenn wir im Internet einkaufen, sollten wir Produkte in größerer Auflösung sehen können, sie könnten sich wie auf einer Töpferscheibe drehen, oder Models könnten die Textilien vorführen.

Die Spiele-Industrie kann immer nur so gute Spiele liefern, wie die Grafikkarten hergeben. Die Tageszeitungen könnten uns als personalisierte (PDF-)Druckdatei zugeschickt werden, sie kommen nicht mehr als Papier und werden automatisch nach unseren Wünschen zusammengestellt (»Nur Fußball mit Schwerpunkt Bayern, Kochrezepte und die Schachecke«). Versuchen Sie schon heute einmal, Ihre Zeitung bei news2paper.com zu bestellen!

Alle diese Anwendungen wie Second Life, virtuelle Konferenzen, Live-Events online anzuschauen (die Heidelberger Schlossfestspiele oder die Waldhilsbacher Kerwe oder den Elternabend des Gymnasiums während einer weiten Dienstreise), muss möglich sein.

Immer online, zu 99,99 Prozent der Zeit: Viele Anwendungen erfordern, dass das Internet immer und überall verfügbar ist. Notrufe, Fernpflege, Überwachung des schlafenden Babys im Kinderzimmer daheim von der Party aus: Da müssen wir sicher sein, dass wir immer online sein werden.

Jeder online: Internet muss für alle verfügbar sein. Mittelfristig werden wir per Internet wählen. Heute schon muss man sich per Internet bei den US-amerikanischen Behörden vor einem US-Flug anmelden. Es gibt keine andere Möglichkeit mehr. Aus rechtlichen Gründen muss jeder eine Adresse haben. Jeder muss ihm zum Beispiel ein Einschreiben schicken können. Ebenso sollte jeder gesetzlich verpflichtet sein, eine Mailadresse zu haben, unter der er gemeldet und erreichbar ist. Die heutige Briefpost hat keine Zukunftschance.

Standards setzen: Das Land mit dem schnellsten und am besten verfügbaren Internet zieht die Erfinder und Innovatoren aus aller Welt an, die neue Geschäftsideen oder neues Nützliches zuerst dort ausprobieren können. Die Kunden, die Mitarbeiter und Konsumenten des besten Landes, können durch ihre Resonanz bestimmen, »was geht und was nicht«. Das Land mit dem besten Internet darf seine Kultur am besten in die virtuelle Welt einpassen. Es ist nicht gezwungen, anderen Ländern alles nachzumachen, weil die es schon lange so haben.

Wissen im Internet

Die von mir geforderten »Culture Technologies« habe ich ja schon eingehend besprochen. Warum lassen wir Google alle Bücher scannen und ins Netz stellen?

Warum tippen »wir« sie nicht gleich selbst ab, damit alle Schriften unserer Kultur als digitaler Text vorliegen? Stellen Sie sich vor, überhaupt alles, was unsere alten Bibliotheken als Schätze enthalten, wäre digital verfügbar! Wie viel Forschung wäre da für Literaturwissenschaftler möglich! Viele Jahrhunderte und Jahrtausende von Gehältern könnten wir nebenbei einsparen, weil sie nicht mehr blätternd suchen müssten. Alle Schätze wären jetzt vom Laptop aus sichtbar, es gäbe keine weggeschlossenen Quellen mehr, die nur gegen Antrag unter Aufsicht persönlich angesehen werden können.

Warum sind nicht alle Noten digital im Netz? Man speichert sie digital und kann sie bei Bedarf einfach zu Hause ausdrucken. Warum müssen wir teure Partituren kaufen?

Warum haben wir kein Kunstwerk-Wikipedia? Alle Bilder der Welt – frei von Copyright, in beliebig hoher Auflösung. Warum stellen wir nicht die schönsten Kinderbilder nach Themen und Jahrgangsstufen in ein riesiges Online-Museum ein und bewundern sie dort?

Ich brauche für Präsentationen nicht so sehr Bilder, sondern Fotoobjekte, also nicht ein rechteckiges Bild, sondern zum Beispiel *nur* einen Apfel, nur einen Tannenzapfen oder sehr oft ein Firmenlogo. Diese Fotoobjekte könnten wir auch in einem Wikipedia bereitstellen, oder?

Diese ganzen Archive des Wissens müssten im Prinzip vom Staat aus nur angestoßen werden, der die Internetplattform errichtet und pflegt, dazu müssten vielleicht noch Fragen des Copyrights geregelt werden. Das aber schafft Google ja auch. Warum handeln wir nicht und dichten Google an, die Weltherrschaft übernehmen zu wollen?

E-Bildung

In derselben Form können wir alles Schulwissen ins Netz stellen und von dort aus eine Revolution der Lehre in Angriff nehmen.

Das Schwierige wird sein, die nötigen Gesetze dafür zu schaffen. Der Einheitlichkeitswahn der zentralen Prüfungen führt dazu, dass nun fast nichts mehr verändert oder modernisiert werden kann, weil jede Änderung wieder durch alle Länder und Gremien muss. Einheitlichkeit ist meist mit Unflexibilität verheiratet.

Wieder sehen wir: Es ist technologisch relativ einfach, viel bessere Bildungsinhalte zu erstellen – aber das Ändern der Rahmenrichtlinien ist die Hölle. Mindestens hier, bei der Bildung, sitzt Deutschland in einer Infrastrukturfalle.

Bessere Perspektiven für Ingenieure & Co

Deutschland muss den Abiturienten eine Perspektive bieten, wenn diese ein Studium beginnen. Zu oft sehen Studenten, dass ihnen sichere Jobs mit einem XY-Studium verheißen werden, sie aber später mit gutem Examen auf der Straße stehen. Sie lesen natürlich »Eine Million MINT-Studenten gesucht!«, aber können sie es wirklich ernst nehmen?

Hier wäre der Staat in der Pflicht, antizyklisch zu handeln. Das ist ein frommer Wunsch, ich weiß. Aber in schlechten Zeiten könnte der Staat die Assistenten und Doktoranden einfach mit vollen Gehältern bezahlen, anstatt sie wie heute mit halben Stellen fast unwürdig zu behandeln. Dann könnten viel mehr Spitzentalente an der Uni verbleiben, die der Forschung zugute kommen, bis der Arbeitsmarkt draußen wieder besser ist. In Zeiten der Flaute soll man an Dingen arbeiten, die wichtig, aber nicht dringend sind. Bei starker Konjunktur geht man dann mehr an das Dringende.

Bezahlen im Internet und digitale Identität

Es ist einfach schrecklich, sich im Internet in jedem Shop neu anzumelden. Wir geben zähneknirschend zigmal die Adresse und das Konto ein. Unsere Daten werden dadurch immer unsicherer. Irgendwer verkauft unsere Daten dann doch.

Viele von uns benutzen aus lauter Verzweiflung immer das gleiche Passwort, weil wir uns nicht so viele merken können und weil wir keine lange Liste mit uns herumschleppen wollen. Stellen Sie sich vor, einmal wird so ein Passwort geknackt! Dann kann man bei Ihnen alles andere auch plündern!

Ich bin gar kein exzessiver Internetnutzer, denke ich, aber ich selbst habe so einige Accounts im Internet: Telekom, Bahn, Lufthansa, Delta, Hertz, Amazon, del.icio.us, Amex, Bank 1, 2, 3, Strato für meine Homepage, E-Mail für meine Homepage, Abebooks, eBay, moneybookers, Smith & Barney für die IBM, eine Bank für Belegschaftsaktien, meinen Sciblog, wo ich publiziere, Delphion für Patente, Springerlinks bei meinem Verlag, Officio zum Bestellen der Buchhüllen für von Ihnen bestellte signierte Bücher. Das sind jetzt alles nur die »dienstlichen« oder »obligatorischen« Accounts, die ganz privaten behalte ich einmal für mich, ich bestelle aber öfter Bordeaux, Gewürze, Küchenutensilien oder auch Kleidung im Internet.

Ich will mich nicht immer neu anmelden! Ich wünsche mir eine sichere digitale Identität. Ich zeige einfach jedes Mal meinen elektronischen Personalausweis vor und es ist meinem Gegenüber ganz sicher klar, dass ich das bin. Auf meinem Personalausweis sind zusätzlich noch drei bis fünf Profile gespeichert wie bei Amazon auch: einmal Adresse plus Konto, einmal Adresse plus Kreditkarte, einmal Firmenadresse mit Konto, einmal Adresse plus Kreditkarte plus Kragenweite/Ärmellänge/Bundweite etc., einmal Adresse plus Krankenversicherungsnummer mit Allergien/Blutgruppe/Organspende-Ja-Nein.

Diese Identität könnte auch im Handy sein, mit dem ich dann zahlen kann.

Es wäre gut, wenn man vereinbaren könnte, bei kleinen Beträgen viel niedrigere Bürokratiestufen einzuführen. Zwei Beispiele: Ein kleines Kind schickt eine SMS an seine Oma. »Oma, drücke jetzt die 5, dann bekomme ich von dir 5 Euro Taschengeld für das Kirschenfest!« Die Großmutter drückt 5 und die Enkelin ist glücklich. Oder: Sie lesen meine Kolumne im Internet auf meiner Homepage. Sie beginnen auf der Startseite zu lesen, es interessiert Sie. Dann drücken Sie auf »Weiterlesen«. Ein Fenster poppt jetzt hoch: »Für das Lesen dieser Kolumne wird um einen Beitrag von 10 Cent gebeten. Drücken Sie OK oder auf weiter umsonst lesen.« Wenn Sie dann nett zu mir sind, drücken Sie OK, ich bekomme jetzt einfach 10 Cents, ohne weiteres Drücken von irgendwelchen Knöpfen, weil bei Ihnen im Computer einmal eine Mini-Zahlfunktion eingerichtet ist. Meine Kolumnen haben derzeit knapp 6000 Leser abonniert, viele andere lesen sie sporadisch ohne Anmeldung. Ich würde bei den zwei bis drei Kolumnen im Monat nicht reich, aber ich könnte als Halbreicher schon keinen Hartz-IV-Antrag mehr stellen.

Ich will sagen: Es werden ganz andere Berufe in der digitalen Welt möglich, wenn man alle kleinen Dinge einfach per Click bezahlen könnte. Ich brauchte gestern einen Artikel der *Süddeutschen Zeitung* für das Schreiben des Buches, mein Exemplar ist schon im Papiermüll unten in der Tonne. Er ist online leicht zu finden und kostet 2 Euro. Das ist kein Problem, das würde ich bezahlen – aber wieder ein neuer Account, ein neues Passwort? Nein, ich habe die Ausgabe wieder aus dem Altpapierstapel herausgezogen – nicht wegen des Geldes, sondern wegen der unmöglichen Infrastruktur! Denn die *SZ* wird bestimmt den Artikel nur herausrücken, wenn ich meine Mailadresse und eine zusätzliche Portion meines Lebensweges verrate: »Sind Sie Abonnent? Warum nicht? Wenn Sie den Newsletter nicht wollen, klicken Sie hier. Sie bekommen ihn dann nicht, aber Sie können ihn jederzeit abbestellen, wenn er doch kommt.« Ich seufzte bei diesen düsteren Gedanken und ging lieber in den Keller. So geht mir das oft!

Man könnte über Bildschirm Nachhilfelehrer zuschalten, am Ende will der 10 Euro, wir klicken OK, fertig. Wir könnten über Bildschirm einen Berater bitten, mit uns kurz über die Chancen der Aktie China Real Estate Opportunities zu diskutieren! (Die hat die Abkürzung CREO wie lateinisch »Ich erschaffe«, da muss ich sie schon deshalb kaufen.) Wir suchen ärztlichen Rat im Internet, wir suchen einen Rat, wie wir ein Computerprogramm bedienen sollen, oder wir rufen einen Ortskundigen in Faliraki an, ob das Esperos Village Hotel gut ist. Wir fragen jemanden über Bildschirm, was das für eine Firma ist, bei der wir uns bewerben ... Vieles könnte bis zu 10 Euro kosten! Klick, fertig.

Immer geht es darum, dass ich mit irgendjemandem nur EINMAL einen Kontakt habe und nur dieses eine Mal bei ihm bezahlen möchte. Für dieses eine einzige Mal lohnt sich »der Zirkus« nicht. Wenn das Zahlen im Internet einfach so wie beim Bargeld möglich wäre, gäbe es Tausende und Hunderttausende neue Arbeitsplätze.

Das glauben Sie nicht?

Ich drehe mein Argument einmal um:

Stellen Sie sich vor, wir müssten im Urlaub für jeden Ouzo oder jede Eiskugel immer erst einen neuen Account eröffnen und ein Passwort wählen, dann die Adresse eingeben etc. Würden Sie dann noch viel Geld ausgeben? Würden Sie nicht! Sie wären so sehr genervt, dass Sie die ganze Zeit in einem All-inclusive-Hotel blieben. Merken Sie, wie viele Arbeitsplätze wegfallen würden, wenn das Bezahlen in der realen Welt so kompliziert wäre?

Wir brauchen in Deutschland einen Standard für das Bezahlen im Internet, der so sinnreich ist wie das Einführen der EC-Karte einst!

Wer fühlt sich zuständig? Wahrscheinlich muss das vom Staat aus »befohlen« werden, weil die Lobbys der Banken, der Handyhersteller, der Telekoms und der Kreditkartenbetreiber sich in Jahrzehnten nicht einigen können. Nein, das muss Deutschland machen, wer sonst?

E-Rechnungen

Ein guter Teil unserer Arbeit befasst sich mit dem Ausstellen, Bezahlen und Bearbeiten von Rechnungen. Bei eBay müssen wir die Überweisungen noch per Internetbanking erledigen oder gar zur Bank gehen. Handwerkerrechnungen müssen ebenso beglichen werden, aber sie werden aufgehoben, damit sie bei der Steuer geltend gemacht werden können. Wenn sie beim Finanzamt liegen, brauchen wir sie womöglich noch für eine Reklamation – besser also, wir kopieren alles. Alle Rechnungen sind vom Aussteller praktisch selbst neu ausgedacht. Ein vernünftiges Format gibt es nicht. Wir suchen also immer, wo die Kundennummer und die Bankverbindung stehen. Alle kopieren, schreiben ab und heften ab.

Wir könnten unendlich viel Geld und Mühe sparen, wenn die Rechnungen als standardisiertes Datenfile kämen, am besten per E-Mail oder wie ein von Maschinen lesbares Parkticket, wo alles draufsteht. Ich könnte auf den File klicken und dann fragt der Computer: Bezahlen? Dabei listet er schon meine Internetbankkonten auf. Ich klicke auf das Konto, das ich zum Bezahlen verwenden möchte, und es erscheint eine fertig ausgefüllte Überweisung, einfach so, ohne Einloggen in die Bank. Dann fragt der Computer wieder »OK?«. Nach dem Zustimmen gebe ich das Passwort für die Bank ein, dann eine TAN, fertig. Bei kleinen Beträgen könnte es einfach ohne alle Passwörter gehen.

Die Rechnungen könnten zu den Einkommensteuerformularen passend gemacht werden. Wir hängen sie einfach elektronisch an die elektronischen Formulare der Steuererklärung dran. Sie könnten auch wie ein E-Mail-Anhang an dem Kontoauszug hängen!

Diese Infrastruktur vernichtet eine Menge Arbeitsplätze, fürchte ich. Aber wir brauchen sie für eine moderne Zeit. Im Grunde muss »der Staat« einfach die Normen festlegen, wie also die Pflichtfelder der elektronischen Rechnungen in einem File-Format gespeichert werden.

Software für Kleinunternehmer

Für Handwerker, Ärzte und Kleingewerbetreibende ist das Ausstellen von Rechnungen ein größerer Arbeitsblock. Das Wechseln des Autobremslichts ist schneller getan als das Ausdrucken der Rechnung. Könnten wir nicht für alle Handwerker- und Gewerbearten eine Art Betriebssoftware haben, wie es die für Ärzte, Apotheken und Hotels ja schon gibt?

Kann nicht der Friseur auch so eine Kasse wie bei McDonald's bekommen, wo Tasten drauf sind für Dauerwelle, Nassschnitt oder Färben? Der Friseur tippt seine Leistung ein wie »Kurzhaarschnitt«, danach den Anfang des Kundennamens, also D...U...E... Sofort fragt der Computer: Dueck, Gunter oder Dueck, Monika? Der Friseur wählt den Namen, die Rechnung ist fertig. Sie wird nun mit einem Programm bearbeitet.

Der Kassenrechner weiß nun, wann jeder Kunde kam und was gemacht wurde. Er sieht, welcher Geselle welche Leistung erbracht hat und wann. Der Friseur kann sehen, ob die Kunden nun seltener kommen und welche Kunden wegbleiben. Die könnte er, wenn er sie auf der Straße trifft, fragen, warum sie nicht zufrieden sind.

Das Programm erstellt ihm automatisch eine Steuererklärung für Einkommen und Mehrwertsteuer. Es könnte auch erlauben, dass Kunden den Friseurtermin über das Internet buchen, indem sie sich in einen Kalender eintragen. Dann könnten wir auch am Abend noch für morgen früh einen Termin bekommen. Über das gleiche Programm bestellt der Friseur neuen Haarschaum und Färbemittel etc. Rechnungen werden gleich über die angeschlossene Bankverbindung beglichen.

Für jede Berufsgruppe brauchen wir eigentlich eine Kleinbetriebssoftware, die genau den Anforderungen des jeweiligen Berufs entspricht. »Nun kann man endlich normal arbeiten.«

Menschen, die handwerklich begabt sind, haben oft kein gutes Händchen für »Bürokram«. Eine Kasse bei McDonald's aber kann nun wirklich jeder bedienen. Es wird dann viel einfacher sein, ein Handwerksmeister zu werden, weil das Geschäftliche erleichtert ist. Der Handwerker hat jetzt auch gute Chancen, wenn er nur wirklich meisterlich im Handwerk ist.

Mit einer Dienstleistungssoftware für Meisterbetriebe und Kleinunternehmen könnten viele, die heute nur als Geselle oder Angestellte eingesetzt werden, ein Berufs-»Upgrade« anstreben.

Telemedizin und Fernpflege

Wie weiter vorn bereits ausgeführt, kann man damit Leben retten, Menschen Klinikaufenthalte ersparen und die Aufnahme ins Pflegeheim um Monate oder gar Jahre hinauszögern.

Die Infrastrukturen aber fehlen: Nicht überall ist Internet, mobil über Funk für den Herzschrittmacher schon gar nicht. Was zahlt die Pflegeversicherung? Was kann ein Arzt per Bildschirm regeln? Macht er sich strafbar, wenn er am Bildschirm falsch diagnostiziert, man ihm aber nachweisen kann, dass er richtig gelegen haben müsste, wenn der Patient körperlich erschienen wäre?

Das alles sind Probleme der Infrastruktur, nicht der Technologie im engeren Sinne. Erfunden ist schon alles, aber es ist noch keine Innovation in Sicht.

E-Olympiade mit akzeptierten Spielen

Immer wieder rufen Stimmen nach einem Verbot vieler Internetspiele. Erwachsene, die nicht im Internet zu Hause sind, haben das Gefühl, das Leben ihrer Kinder nicht mehr unter Kontrolle zu haben. Warum entwickelt die Gemeinschaft keine wirklich guten Spiele, wie es im realen Leben das Schachspiel ist? Mit Weltmeisterschaften im Internet?

Ich lasse es bei diesem kurzen Statement, es ist zu viel Emotion in diesem Spiel. Die Gemeinschaft steht einfach dabei und fordert bei jeder Gelegenheit Verbote schon vorhandener Spiele, weil angeblich manche dieser Spiele zu Gewalt verführen. (Und ich werde emotional, weil ich sehe, dass bei jeder Gewalttat ganz konkrete Waffen verwendet werden, die aber nicht wirklich verboten werden sollen, weil es noch Goldmedaillen im Tontaubenschießen gibt oder weil Menschen Jagd auf Tiere machen müssen.)

E-Auto im weiteren Sinne

Über die Elektroautos habe ich schon genug geschrieben. Lesen Sie doch einmal E wie Elektronik-Auto! Warum gibt es keinen normierten Schacht im Auto wie für das Autoradio?

Wenn Sie ein Auto ohne Autoradio kaufen, ist dort ein leerer Schacht hinter einer Blende. Sie können dann fast in einen Supermarkt gehen und sich irgendein Radio kaufen bis hin zu Hi-Fi-Anlagen, die teurer sind als das Auto selbst. Jedes Autoradio hat dieselbe normierte Größe, passt genau in den Schacht – und dahinter liegen normierte Anschlüsse, an die es angeschlossen werden kann. Eine halbe Stunde Arbeit und es läuft!

So etwa vor zehn Jahren arbeitete ich in einer IBM-Arbeitsgruppe mit, die neue Anwendungen für Computer ausloten sollte. Da forderte ich einen solchen Schacht. Wieder war die Idee für meine Kollegen zu simpel, außerdem doch eine Sache der Automobilindustrie?! Ich versuchte, mit Autofirmen in Deutschland in Kontakt zu kommen. Null Interesse. Man verwies darauf, dass das Zentrum der Automobilindustrie in Detroit sei. Ich erwiderte, dass man damit bei gehobenen Modellen beginnen müsste, also bei BMW, Mercedes, Audi, Porsche. Ich scheiterte an jeder Ecke und gab es auf. Vor einigen Monaten jammerte ich wieder einmal bei einem amerikanischen Manager aus Detroit. Er meinte, da sei Detroit die falsche Adresse, da wäre doch Deutschland besser?!

Meine Meinung: Wenn wir einen Schacht für Computer hätten, würde es eine gigantische Erneuerungswelle im Auto geben. Wir könnten während der Lebenszeit eines Autos den Computer zwei- oder dreimal wechseln. Wir hätten bald welche mit integriertem Navigationsgerät, mit Internetfernsehen und einem Wecker, wenn wir gleich bei eBay bieten müssen. Kinder könnten hinten Videospiele spielen oder in E-Books lesen. Autozulieferer könnten einzelne Funktionen der Elektromotoren vom Bordcomputer steuern lassen ...

Die Idee des Schachts ist trivial. Man muss »nur« alle Hersteller der Autos an einen Tisch setzen und sich auf die Maße einigen. Am besten nimmt man dieselben wie beim Radio. Oder man setzt nur hinter das Radio ein paar USB-Anschlüsse und lässt es zu, dass die Computer dann eben das Radio noch mit drin haben. Das aber wollen die Radiohersteller nicht, die uns die serienmäßigen Radios zu absoluten Räuberpreisen mitliefern.

Merken Sie, wie ein kleines Sollloch im Auto so viel Energie freisetzen kann? Wie viele Arbeitsplätze es schaffen würde? Und wie viel Innovation das bedeuten würde?

Solarzellen

Deutschland nahm von Anfang an eine führende Rolle in der Solarenergie-Industrie ein. Im Jahre 2008 zählte die Hightechbranche rund 14000 Mitarbeiter nur bei den Herstellern im engeren Sinne. Insgesamt arbeiten viele Male mehr Menschen in dieser Zukunftsbranche. Deutschland hatte den Einbau von Solarzellen subventioniert und förderte diese Industrie. Der Ertrag der Anlagen auf unseren Dächern stieg und stieg, weil die Anlagen die Sonnenenergie mit jeder Technologiegeneration besser ausbeuteten. Die Preise für die Anlagen fielen fast so schnell wie die der Computer. Überschüssiger Strom kann für 20 Jahre für einen guten Preis (2009 für 43 Cents pro KW, 2010 für 40 Cents) ins Netz eingespeist werden. In südlichen Ländern wie Italien und Spanien wird der Dachstrom in ein bis drei Jahren billiger sein als der aus der Steckdose.

Die Anzahl der Hausbesitzer mit Solaranlagen wächst explosionsartig. Die Gewinne der Firmen fließen ...

Aber unsere Solarindustrie hat sich mit ihrem großen Durchbruch auch eine heftige Krise eingehandelt. Denn nun werden überall in der Welt Solaranlagen-Produktionen hochgefahren, vor allem in China. Deutschland dominiert nun die Industrie nicht mehr. Die Chinesen produzieren billiger. Trotz der überschäumenden Nachfrage der Hausbesitzer gibt es schon Überkapazitäten in der Produktion!

Das alles zeigt, dass wir hierzulande Großartiges leisten und ganz neue Industrien etablieren können. Wenn es aber an die Massenproduktion geht, wird diese Arbeit an die jungen aufstrebenden Länder abgegeben.

> Deutschland entwickelt die Zukunft.
> Die billige Herstellung geschieht woanders!

Warum gründen Deutsche keine Firmen in China dafür? Warum versuchen sie die Massenproduktion hier? Wir sind nur in der Wissensgesellschaft in dem Maße besser, wie wir beim Monatsgehalt teurer sind.

Deshalb: Keine Massenproduktion hierzulande! Wir müssen weiter und weiter – immer vorn sein. Es gibt in den USA und China schon erste Prototypen von Folien auf normalen Fensterscheiben, die die Sonne schlucken ...

Weiter! Weiter! Einmal eine gute Infrastruktur bedeutet nicht immer eine gute Infrastruktur. Der Weg in die Zukunft endet nicht.

Masterplan Zukunft Deutschland

Die zukunftskonstruktive Marktwirtschaft wird durch den Staat unterstützt, der die Infrastrukturen der Zukunft immer neu bestimmt. Der Staat moderiert die Definitionen der zukünftigen Standards und finanziert all das von der Infrastruktur, was der Markt im Wettbewerb nicht in Einigkeit zu erstellen vermag.

Der vor der Bundestagswahl 2009 vom SPD-Kanzlerkandidaten Frank-Walter Steinmeier konzipierte »Deutschland-Plan« enthielt Elemente eines solchen sinnvollen Vorgehens. Leider war er natürlich ein kurzfristig vorgelegtes Wahlprogramm und wurde auch als solches sofort abgetan. Ich gebe seine Eckpunkte trotzdem kurz als »typische Wunschzettelpunkte« wieder und setze sie gleich ins Licht meiner Thesen hier im Buch – es geht mir darum, die bloße Idee einem ernsthaften Willen gegenüberzusetzen:

- ○ Schaffung von vier Millionen neuen Arbeitsplätzen, davon zwei Millionen in der Industrie (Ist das viel oder auch nur genug? Es fallen ja viele Arbeitsplätze bei den Dienstleistungen weg oder wandern in den Niedriglohnsektor. Was bedeutet es »netto«? Diese Feinheit eignet sich natürlich nicht für einen Wahlkampf, da habe ich Verständnis.)
- ○ Zitat Steinmeier: »Mit mehr Energie- und Rohstoffeffizienz erneuern wir die Wirtschaft in Deutschland. Zugleich werden wir Ausrüster der Welt mit neuen Produkten, die die Umwelt schützen und Ressourcen schonen.« – Und weiter über Dienstleistungen: »Auch hier sind zwei Millionen neue Arbeitsplätze erreichbar, die Hälfte in der Gesundheitswirtschaft, 500 Tausend in der Kreativwirtschaft.« (Die Richtung stimmt in etwa, aber werden die Arbeitsplätze in der Gesundheitswirtschaft die niedrig bezahlten Pfleger in Heimen sein, die die Überalterung unserer Gesellschaft erfordert? Es entstehen da zwar Arbeitsplätze, aber die Finanzierung ist unsicher. Dass

Deutschland »Ausrüster der Welt« *werden* soll, ohne dass Steinmeier wirkungsvolle Maßnahmen vorschlägt, ist im Sinne des Buches hier absolut gefährliche Hybris des Alten: »Wir sind Premium.«)

o   Bildung und Ausbildung sollen »Leitprojekt« einer guten Wirtschaftspolitik werden. Wegen des Fehlens von fähigen Ingenieuren beziehungsweise Absolventen in den MINT-Fächern sollen 200 neue Professuren geschaffen werden. (Wer es genau wissen will, findet unter www.studentenpilot.de die vollständige Liste von 346 Hochschulen in Deutschland, darunter auch alle Kunsthochschulen und FHs. Was sind da schon 200 zusätzliche Professuren? Kann man überhaupt mit ein paar Leuten mehr die Welt retten? Wie schafft man es, dass die Studenten nun plötzlich Mathe lieben? Brauchen wir überhaupt neue Professuren, wo doch die Hörsäle in den MINT-Fächern nur halb voll sind?)

o   Die Forschungsausgaben in mittelständischen Betrieben sollen stärker gefördert werden (durch Gießkannenprogramme? Forschung in der Krise ist viel zu langsam, Innovationen müssen her!).

o   Kommunikation und Verkehr: Die Kommunikations-, Energie- und Verkehrsnetze sollen zu »Lebensadern der Volkswirtschaft« ausgebaut werden. Steinmeier setzt sich für Verkehrstelematiksysteme und intelligente Stromnetze ein.

o   Steinmeier fordert einen »Neustart der sozialen Marktwirtschaft«.

o   Eine »Allianz für den Mittelstand« soll die Wirtschaft aus der Krise führen.

Und so weiter. Ich habe das Deutschland-Programm 2020 zuerst in der *SZ* am Morgen des 4. August 2009 unter dem Titel »Rückholprogramm für vergrätzte Wähler« gefunden. Ich habe spontan gedacht: »Sehr gut, die Richtung stimmt! Wenigstens die!«, dann aber im zweiten Nachdenken: »Es hilft nichts, wenn die Richtung stimmt. Man muss auch gehen wollen und wirklich gehen. Will die ganze SPD gehen? Weiß sie, wie viel Arbeit das bedeutet? Freut so ein Programm den Wähler? Macht der sofort begeistert mit? Steht er auf und geht entschlossen in die Zukunft?« Und dann merkte ich, dass wieder dieselben Richtungsdebatten angestoßen würden. Stimmt die Richtung?

Ja, sie stimmt, aber die anderen Parteien haben das Deutschland-Programm sofort in der Luft zerrissen, weil die reflexhafte Widerrede gegen alles zur deutschen Demokratie zu gehören scheint.

Im Grunde scheint niemand wirklich an einem Deutschland-Programm inhaltlich interessiert zu sein. Alle lieben es eben, einen Aufhänger für gute Talkshow-Kämpfe zu bekommen. Den lieferte die SPD vor der Wahl, und das war's.

Kennen Sie das »Fat Smoker Syndrome«, das Syndrom des fetten Rauchers? Das wird in einem fabelhaften Buch besprochen, in *Strategy and the Fat Smoker* von David Maister (der von mir selbst meistgelesene Management-Guru). Es gibt noch eines über das Thema, das ist bekannter: *The Knowing-Doing Gap* von Jeffrey Pfeffer und Robert I. Sutton.

Der »fette Raucher« kennt sein Problem. Alle sehen das Problem, es gibt keinerlei Uneinigkeit über das Problem. Alle wissen, *was* zu tun ist, auch der schwere Raucher. Jeder weiß, *warum* das Problem gelöst werden sollte oder sogar muss. Jeder weiß auch, *wie* das Problem gelöst werden kann, diese Lösung ist dem Raucher selbst bekannt.

Aber es geschieht nicht viel. Der fette Raucher verzichtet ab und an auf eine Zigarette, hält sich vielleicht einen ganzen Tag fern und beginnt alle paar Wochen oder Monate eine fabelhafte Diät.

> Das Schwerste im Leben ist es, unter Ablenkungen
> und Versuchungen wirklich das zu tun,
> was langfristig das Beste für uns ist.

Auch das ist bekannt. Es steht in jeder Bibel. (z. B. Matthäus 7, Vers 13: Gehet ein durch die enge Pforte. Denn die Pforte ist weit, und der Weg ist breit, der zur Verdammnis abführt; und ihrer sind viele, die darauf wandeln. Ebd., Vers 18: Ein guter Baum kann nicht arge Früchte bringen, und ein fauler Baum kann nicht gute Früchte bringen.)

Wahlprogramme klingen mindestens in der heutigen Zeit fast immer wie der neueste Tagesvorsatz eines Stimmensüchtigen. Statt der Ankündigung der neuen Entziehungsdiät des fetten Rauchers wird eben eine neue Richtung vorgegeben. »Alle Welt wird unsere Standards übernehmen, wir fördern die Forschung.« Und dann wird nach der Wahl ein bisschen davon wirklich *versucht*, weil es ja versprochen war. Es geschieht aber nichts.

Es hilft nichts, Politiker zu wählen, deren Richtung stimmt. Man muss solche wählen, die gehen wollen und wirklich gehen! Das sagt die Bibel doch: Ein guter Baum kann nicht arge Früchte bringen.

> Man muss den richtigen Willen wählen,
> nicht die willige Richtung.

Schauen wir uns einmal ein anderes Land an. Ich habe den Masterplan des Stadtstaates Singapur gelesen. Der klingt inhaltlich nicht irrsinnig anders als ein Deutschland-Programm, aber in jeder Zeile ist echter Wille. Der auf zehn Jahre ausgelegte *Singapore iN2015 Masterplan*, so heißt es in der Überschrift aus dem Jahre 2006, »offers a digital future for everyone« – er eröffnet für jeden Bürger die digitale Zukunft. Es gibt noch andere Masterpläne für Singapur, zum Beispiel einen für die Regierung, genannt *iGov2010*, der sich um e-Government kümmert. Wenn Sie mögen, suchen Sie diese Masterpläne im Internet und atmen Sie die Ernsthaftigkeit hinter den Plänen beim Lesen ein. Singapur wird bis 2015 erreichen, dass überall in der Stadt das Internet über Hotspots per Funk erreichbar ist (»überall und immer«) und dass 90 Prozent der Haushalte über einen Breitbandanschluss verfügen. Alle Haushalte (100 Prozent) mit Schulkindern sollen einen Computer besitzen. Um das ganze Land auf Vordermann zu bringen, geht die Regierung selbst voran und engagiert sich vor allem für eine digitale Revolution in der Staatsverwaltung. Sie hilft ausgesuchten Unternehmen, bestmögliche Internetpräsenzen aufzubauen, die als Beispiele für alle dienen. Ziel: Alle Unternehmen glänzen im Internet, Singapur will international führend sein und die besten Arbeitskräfte ausbilden (»develop a savvy workforce«).

Ich zitiere einige Sätze aus den Ankündigungen zum iN2015 Masterplan von Singapur aus dem Jahre 2006. Ich möchte Ihnen zumuten, die Sätze im originalen Englisch zu lesen, weil der Wille zur Umsetzung besser herauskommt. Den will ich ihnen ja als Beispiel zeigen – im Gegensatz zu Lippenbekenntnissen oder Wunschdenkkonzepten. Ich fasse die Punkte gleich anschließend in Deutsch zusammen.

In harnessing infocomm technologies for the key economic sectors, some key recommendations include the use of personalised services to enhance healthcare, education, tourism and e-government; seamless delivery of financial services and supply-chain management.

The Next Generation National Infocomm Infrastructure will be put in place by 2012, capable of delivering broadband speeds up to 1 Gbps, and offer pervasive connectivity around the country. The infrastructure will also be IPv6 compliant and will enable an exciting host of new broadband-enabled services and applications, such as immersive learning experiences, telemedicine, high definition TV, immersive video conferencing and grid computing. (Please see Annex for updates on Next Generation National Infocomm Infrastructure.)

Und der Regierungsvertreter fügt hinzu:

The iN2015 Masterplan is not only about economic competitiveness. We will also be exploring ways to ensure that the elderly, less-privileged and people with disability can also enjoy connected and enriched lives for self-improvement and life-long learning. This is to bridge the digital divide and create opportunities for all.*

Die Regierung will also das Internet auf möglichst 1 Gb/s ausbauen, schon den neuen Internetstandard IPv6 einführen und alle Bereiche rund um Gesundheit, Erziehung, Tourismus, e-Government, Finanzdienstleistungen und Logistik erneuern und dort vor allem personalisierte Services einführen. Die Regierung will neue Lernerfahrungen im Internet fördern und überall Webkonferenzen ermöglichen.

Der Regierungsvertreter betont, es gehe nicht nur um die ökonomische Wettbewerbsfähigkeit Singapurs. Ältere, Unterprivilegierte und Menschen mit Behinderungen sollen sich an der digitalen Welt erfreuen (ja – »enjoy«!). Es geht der Regierung um ein lebendigeres, reicheres Leben, um Selbstentwicklung und lebenslanges Lernen. Die Regierung will keine digitale Armut aufkommen lassen, alle sollen im Internet gleich sein.

Spüren Sie den Willen in diesem Plan? Kein »hätte, müsste, wäre schön«, sondern ein Wille, der sich sowohl auf die Wirtschaft als auch auf die Zukunft und auf die Kultur der Menschen bezieht.

---

* Von: http://www.igov.gov.sg/News/Media_Releases/20June2006_+SingaporeiN2015MasterplanOffersADigitalFutureForEveryone.htm

Wenn wir diesen Willen doch auf Deutschland übertragen könnten! Wenn wir doch auch einen Masterplan 2020 hätten, der die Zukunftsstrukturen der Technologien, der Wirtschaft und der Kultur festlegt und dem wir mit unbeirrbarem Blick folgen! So würde ich mir infrasoziale Marktwirtschaft vorstellen.

Nun habe ich Ihnen die Lage geschildert und die Notwendigkeiten aufgezeigt. Ich habe Ihnen die Chancen der Zukunft dargestellt. Und ich fröstele bei dem Gedanken, ich hätte nur dem »Fat Smoker« gesagt, er solle doch abnehmen, dann gehe es ihm besser.

Wir müssen jetzt alle zusammen wollen, verstehen Sie? Gehen wollen und wirklich gehen. Keiner soll das moralische Recht haben, stehen zu bleiben. Unsere Kultur als Ganzes muss den Willen in sich tragen. Der Masterplan muss in unsere Herzen hinein.

Marktwirtschaft ist ein System, nicht so sehr Container eines Willens. Sozialismus ist eher wie ein Traum, keine Idee des Willens. Kapitalismus dagegen enthält schon den Willen zum Geld, oder? Das macht ihn stark. Es ist nicht sein Regelwerk, sondern die innewohnende Kraft.

> Strebende infrasoziale Marktwirtschaft sollte
> eine große gemeinsame Lust zur Zukunft enthalten,
> auch eine Vorfreude auf uns selbst, die uns Kraft gibt,
> die Richtung zu halten und zügig voranzuschreiten.

Oder sehr frei nach Goethe: Wer immer strebend sich bemüht, erlöst sich schon im Leben selbst.

Unsere Zukunft ins Herz und ins Grundgesetz!

Kritik des Grundgesetzes

Im Grunde müssten wir uns in unserer Verfassung wenigstens die Absicht verankern, zuversichtlich gemeinsam die Zukunft zu meistern. Wir werden in den nächsten Jahrzehnten immer deutlicher merken, wie sehr uns die Religion und die christliche Kultur fehlen, die wir Stück für Stück als veralteten Ballast über Bord werfen. Früher sind wir schon allein deshalb tüchtig gewesen, weil wir ein Gefühl für die sprichwörtliche Arbeitsethik hatten. Heute brauchen wir offenbar fast nur noch »richtig gesetzte Anreize«. Wir sind frei, egoistisch zu sein.

Das Grundgesetz von 1949 wird sicherlich unter dem Eindruck der finsteren Vorzeit entstanden sein und beginnt denn auch mit der Unantastbarkeit der Menschenwürde im ersten Paragrafen. Die Menschen sind gleich und gleichberechtigt, sie haben Glaubens- und Meinungsfreiheit. Die Familie erzieht die Kinder und das Schulwesen untersteht dem Staat. Deutsche haben das Recht, sich auch demonstrierend zu versammeln und Vereine und Gesellschaften zu gründen. Sie haben das Recht, den Arbeitsplatz frei zu wählen. Die Wohnung ist unverletzlich, das Eigentum und das Erbe sind geschützt. Männer unterliegen der Wehrpflicht.

Das ist der wesentliche Teil unserer Grundrechte, wie sie in den ersten 19 Paragrafen formuliert sind. Und da steht neben all dem, was wir dürfen und was der Staat für uns schützen soll, auch tatsächlich neben der

Wehrpflicht noch eine Pflicht: »Eigentum verpflichtet. Sein Gebrauch soll zugleich dem Wohle der Allgemeinheit dienen.« (§ 14 (2))

Es klingt so wie: Das Eigentum wird vom Staat geschützt, es soll aber nur in voller Verantwortung für das Ganze gebraucht werden.

Weiß man nun, wozu Eigentum verpflichtet, außer dazu, hohe Steuern zu zahlen? Liegt der Sinn darin, den Staat zu ermächtigen, Reichensteuerkreationen oder Enteignungen aller Art zu legitimieren? Ich verstehe diesen Satz im Grundgesetz nicht so richtig. Ich habe gestöbert, ob es jemand anderes weiß. Und ich fand sofort einen FAZ-Artikel »Erklär' mir die Welt« (Folge 43) zur Frage »Warum und wozu verpflichtet Eigentum?« Aber auch da wird nur nachgedacht, was Eigentum ist und dass der Paragraf allzu allbedeutend und damit nichtssagend ist ...

»Eigentum verpflichtet« scheint eine Art Lieblingstitel für Zeitungsartikel oder Essays zu sein, die irgendeinen Unhold verhöhnen wollen, der mit wirtschaftlicher Macht menschenverachtend umging oder mit Firmen inklusive der Mitarbeiter Roulette oder Monopoly spielte. Heuschrecken machen ungestraft Geld damit, dass sie durch Aushöhlung von Reserven das Pleiterisiko einer Firma so stark erhöhen, dass die Arbeitsplätze in Gefahr kommen. Niemand beruft sich jedoch auf die Geltung des Grundgesetzes. Alle kommentieren nur zynisch, dass es mit Füßen getreten wird.

Hauseigentum verpflichtet aber schon! Ein Vermieter muss für all das Vorsorge tragen, was seine Mieter zu Schaden kommen lassen könnte. Vor Gerichten werden Mieterklagen verhandelt: Muss der Hausbesitzer Sicherheitsglas in die Haustür einbauen, wenn der Mieter ein Kind bekommt, das nun bald durch die Tür ins Haus fallen könnte? Muss der Hausbesitzer Schmerzensgeld zahlen, weil länger unbemerkter Schimmelbefall in der Wohnung das Asthma des Mieters verschlimmert hat? Musste der Vermieter ein Schild mit Dachlawinengefahr anbringen? Genauso pingelig sind die Unfallschutzvorschriften in Produktionsbetrieben oder die Pausenregelungen für Lkw-Fahrer: Eigentum darf keine Menschen körperlich zu Schaden kommen lassen.

Aber die Seelen anscheinend schon – Manager treten sie oft mit Füßen. Firmeneigentümer retten sich durch Entlassungen. Das Firmeneigentum eines Einzelnen steht höher als all die Familienschicksale der ruinierten

Arbeitslosen. Das kümmert den Gesetzgeber anscheinend weniger als der Streit um die Schneeräumungspflicht am frühen Morgen.

Warum erweitern wir das Grundgesetz nicht um mehr Pflichten? Wenn Vermieter Mieter nicht einfach hinauswerfen können – warum dürfen dann Unternehmer die Mitarbeiter feuern? Auf der anderen Seite: Warum dürfen Vermieter Mietnomaden nicht einfach hinaussetzen? Warum darf man offensichtlich untüchtigen Mitarbeitern nicht kündigen?

Sind nicht Eltern zu bestmöglicher Erziehung verpflichtet – nicht nur berechtigt? Warum streiten sie sich mehr um Sorgerechte als um Sorgepflichten?

Müssen nicht Menschen mit Intelligenz, hohem Geschick oder guten Begabungen diese nicht auch im Beruf nutzen? Dürfen sie einfach in den Tag hineinleben und auf Unterstützung der Gemeinschaft vertrauen?

Darf und soll

Warum reden wir immer nur über den Schutz der Menschenrechte? Warum nicht auch einmal über die Menschenpflichten oder die Verantwortung des Menschen? Rechte legen fest, was man darf und was man nicht darf. Ethik kümmert sich um das, was sein soll. Rechte sind wie ein Zaun. Es gibt eine Seite innerhalb des Rechts und eine außerhalb. Ethik definiert die Mitte, die Weisheit, das Rechte, das Maßvolle, den Sinn. Davon würde ich einiges schon in unsere Verfassung einfließen lassen.

Ich weiß, dass im Jahr 1997 den Vereinten Nationen eine Allgemeine Erklärung der Menschenpflichten (»Universal Declaration of Human Resposibilities«) übergeben wurde, die unter anderen von Helmut Schmidt, Valéry Giscard-d'Estaing und Jimmy Carter unterzeichnet war. Die Erklärung fordert vom Menschen Menschlichkeit, Toleranz, Partnerschaftlichkeit, Friedfertigkeit, gegenseitige Achtung, Wahrhaftigkeit, Integrität und so weiter.

Diese Erklärung finde ich zu wenig konkret oder zu pauschal. Sie klingt wie der Rat an den »Fat Smoker«, mit Völlerei und Rauchen Schluss zu machen. Ich meine: Die Richtung der Erklärung stimmt ganz genau, aber es ist kein Wille darin – nur ein Appell mit Ewigkeitswert. Nützt der? So wie der Masterplan von Singapur mehr Willen enthält als der zu abstrakte übliche Deutschlandplan irgendeiner deutschen Partei, so hätte ich gerne mehr Drang in der Formulierung.

... Jetzt habe ich aber so sehr »draufgehauen«, dass ich natürlich quasi den Kopf auf den Block lege, wenn ich selbst Vorschläge mache. Ich fürchte mich jetzt vor Ihnen ...

Ich versuche trotzdem tapfer ein paar Erklärungen, die vom Gedanken des »darf und soll« durchzogen sind.

Der Mensch lebt in einer Gemeinschaft mit anderen. Er darf und soll sich frei persönlich entwickeln. Er darf und soll sich einer erfüllenden Arbeit widmen, die der Existenzsicherung und Bedürfnisbefriedigung dient, aber auch um einen Beitrag für das Ganze und die Gemeinschaft bemüht ist.

Eltern erziehen ihre Kinder zu freien Menschen, zur Pflichterfüllung, zu Gemeinschafts- und Verantwortungsgefühl, Neugier und Offenheit, Empathie und Selbstdisziplin. Kinder dürfen und sollen werden, wozu ihre Begabungen sie befähigen und wohin ihre eigenen Wünsche sie leiten.

Die staatlichen Bildungsinstitutionen dürfen und sollen die Eltern bei den Erziehungsaufgaben tatkräftig und zielführend unterstützen.

Erzieher, Sozialhelfer, Lehrer, Professoren und alle anderen Betreuer im Bildungssystem tragen neben ihrer individuellen Aufgabe auch die Verantwortung für das Ganze und dessen Kultur. Sie dienen dem allgemein Menschlichen.

Die Wirtschaft ist ein Teilsystem des Staates. Sie dient der Bedürfnisbefriedigung aller Bürger an Gütern und Dienstleistungen. Die Wirtschaft ist nicht nur für die Deckung des Konsumbedarfs zuständig. Sie kümmert sich nachhaltig um den allgemeinen, allmählich steigenden Wohlstand und investiert in eine gesunde Zukunft aller. Dazu arbeitet sie Hand in Hand mit den Staatsorganen zusammen, die für die Bereitstellung bestmöglicher Infrastrukturen und Rahmenbedingungen sorgen.

Führungsverantwortliche im Wirtschaftssystem sind im weiteren Sinne auch Verantwortungsträger in der ganzen Gesellschaft und somit über den Rahmen eines speziellen Unternehmens hinaus dem Menschen im Mitarbeiter und der menschlichen Gemeinschaft verpflichtet.

Das Erziehungs- und Bildungssystem und die Landeskultur sind entscheidend wichtig für das Wirtschaftssystem, das auf gut ausgebildete, fähige und verantwortungsvolle Persönlichkeiten als Arbeitskräfte zurückgreifen kann. Das Wirtschaftssystem steht deshalb selbstverständlich in der Pflicht, das Florieren aller menschlichen Fähigkeiten zu unterstützen – auch über den Rahmen des jeweils eigenen Unternehmens hinaus. Das Wirtschaftssystem kümmert sich um gute Arbeitsbedingungen, um die Aus- und Weiterbildung der Mitarbeiter und übernimmt eine angemessene Teilverantwortung für deren Familien.

Die Zukunft ist die Zeit, in der unsere Kinder und Enkel frei entfaltet leben sollen. Neben der Aufgabe ihrer hingebenden Erziehung hat die Gemeinschaft die Aufgabe, die Natur, das Staats- und Wirtschaftswesen, die Kultur und das erworbene Vermögen in einer würdigen und immer auch modernen Form von Generation zu Generation weiterzugeben.

Die Gemeinschaft der Deutschen als Ganzes, aber auch jeder Einzelne ehrt solche Bürger, die sich in besonderer Weise verantwortlich hervortun: für das Menschliche, die Kultur, das Soziale, die Natur und die Umwelt, für die Kunst und die Wissenschaft, für das Blühen der Wirtschaft und das Ansehen des Staates. Das Ehren der Vorbilder setzt die nötigen hohen Maßstäbe für das, was sein soll.

Solche Formulierungen würde ich festlegen, wenn es nach mir ginge.

Festlegen, was der Mensch in der Zukunft sein soll

Die Allgemeine Erklärung der Menschenpflichten hat einen verborgenen Haken. Sie sagt im Grunde ganz einfach, dass der Mensch vom Typ Y sein soll. So aber wird er in den meisten Staaten zu den meisten Zeiten nicht behandelt. Besonders am Arbeitsplatz ist der Mensch für die Manager vom Typ X, selbst viele Kinder sind heute immer noch vom Typ X für ihre Eltern. Es ist also nicht damit getan, dass der einzelne Mensch sich wie ein Typ Y zu benehmen bemüht – denn in einer X-Kultur wird er mit großer Sicherheit scheitern, wenn er nicht gerade zu einem gewissen Märtyrertum bereit ist.

Kann man sich in totalitären Staaten einfach gegen die allgemeine Forderung des absoluten Gehorsams stellen und für sich selbst Mensch in höherem Sinne sein?

Ich habe früher im Buch verschiedene Kulturen genannt. Viele Staaten leben in der Kultur der Diktatur einer Partei, eines Einzelnen oder einer Lehre. Wer nun in solchen Staaten die Allgemeine Erklärung der Menschenpflichten ernst nehmen will, muss den Staat als solchen infrage stellen. Deshalb ist die Erklärung zwar überall zu lesen, wo sie nichts infrage stellt, aber sie kann nicht wirklich hoffen, einen weltweit anerkannten Standard zu definieren.

In einer kommenden Wissensgesellschaft aber ist der von innen heraus verantwortliche Mensch notwendig – um es noch mal zu betonen: *notwendig* – zusammen mit verantwortlichen Managern, Politikern, Eltern, Erziehern und Lehrern. Wir können mit den X-Menschen in der sich automatisierenden Dienstleistungsgesellschaft nicht erfolgreich in die neue Zeit gehen.

> Wir müssen festlegen, was der Mensch für uns ist,
> damit er so werde.

Die ganze Philosophie streitet sich darum, was der Mensch ist: ein Ebenbild Gottes oder ein vernunftbegabtes Tier, das immer noch primär von seinen Urtrieben beherrscht wird? Die einen Philosophen heben den Menschen idealistisch in den Himmel, und die anderen mutmaßen in ihm Böses, was erst spät in der Menschheitsgeschichte seit Sigmund Freud wirklich wissenschaftlich und nicht bloß spekulativ untersucht wird.

Für alle diese Menschenbilder gibt es gute Beispiele. Ich selbst habe einmal als Vorbereitung für meine philosophische Trilogie viele Kurzlebensläufe von Philosophen durchgelesen und dann immer geraten, welche Lehre sie wohl verbreiteten. Na klar – es kam heraus, dass ihre Lehre gut zu ihrer Lebensgeschichte passt. Und ich habe mir beim Denken über meine Philosophie immerfort sagen müssen, dass ich die Wahrheit und nur die Wahrheit finden will, nicht mich selbst! Ich wollte den Fehler nicht selbst begehen, den ich gefunden zu haben glaubte.

Menschen unterscheiden sich unter anderem in Bezug auf ihre Lebhaftigkeit und ihre Haltung zu anderen Menschen. Wenn sie vor harte Probleme gestellt werden, laufen sie weg, passen sich an oder kämpfen (nach Karen Horney). Wenn sie sich mit Menschen auseinandersetzen, geben sie nach, diskutieren das Gerechte oder sie setzen sich durch (mit harschen Worten oder verführerischem Ton). Diese menschlichen Spielarten jeder Couleur gibt es immer!

Aber in verschiedenen Kulturen – so mein Hauptargument – sind jeweils andere Strategien die besten!

In einer X-Kultur setzt sich der Stärkere oder Ranghöhere durch. Der Rangniedere kuscht oder macht sich unsichtbar. Eltern, Manager, Lehrer und Professoren haben immer Recht – Kinder, Mitarbeiter oder Schüler nie.

In einer Y-Kultur ist das Kämpfen, Durchsetzen oder Dominieren verpönt und unter Tabu gestellt. Eher schüchterne und bescheidene Menschen wie Mathematiker, Informatiker, Ingenieure oder allgemein Wissenschaftler müssen nicht weglaufen, müssen nicht kämpfen oder sich nicht sklavisch anpassen – man vermeidet in einer solchen Kultur einfach, dass Menschen vor harte Probleme gestellt werden. In einem solchen Klima des Y-Vertrauens können sie ohne Furcht diskutieren, was das Weise und Gerechte ist.

In einer X-Kultur können sich Y-Menschen nicht entfalten, weder als Chef noch als Mitarbeiter. Sie wollen ja weder herrschen noch gehorchen. In einer Y-Kultur sind viele X-Menschen ohne Halt. Niemand befiehlt den X-Mitarbeitern in einer Y-Kultur, was sie tun sollen, jeder erwartet, dass sie das selbstverantwortlich entscheiden. Niemand gibt den X-Managern in einer Y-Kultur direkte Macht – sie dürfen nicht schlicht befehlen, sondern sie müssen überzeugen und mitreißen.

Wenn Deutschland also erfolgreich in die quartäre Exzellenzgesellschaft will, muss es sich kompromisslos entscheiden, im Ganzen ein Y-Klima herbeizuführen. Wir müssen selbst bestimmen, dass wir jeden Deutschen ab sofort wie einen Y-Menschen begreifen und sehen. Wir werden von ihm verlangen, dass er ein Y-Mensch ist oder noch wird. Wir werden ihm sagen, dass er als Individuum der Allgemeinen Erklärung der Menschenpflichten genügen soll. Die Kultur *muss* »Y sein« und verlangt vom Einzelnen, dass er es sein *soll*.

> Die wichtigste Infrastruktur der kommenden Wissens-
> gesellschaft ist die Kultur des integren selbstverantwortlichen
> Menschen, der einen starken Sinn für die Gemeinschaft und
> für Ethik allgemein mitbringt. In einer solchen Kultur wird
> nicht jeder Mensch zu einem von der Kultur gewünschten,
> aber die von der Kultur gewünschten Menschen sind
> maßgebend in dieser Kultur.

Auf das Entstehen einer Kultur kann man schlecht schlicht warten – wir müssen beschließen und umsetzen. Ich würde – wie gesagt – diese Kultur gleich implizit im Grundgesetz verankern. Das wäre immerhin schon einmal eine Entscheidung. Und wenn wir für die Veränderung jahrelang diskutieren müssten, wäre es auch kein Unglück. Wir müssen so dringend über unsere Kultur reden! Nur – wie fangen wir es an, dass diese Auseinandersetzung beginnt?

Eine Staatsenergie für Zukunftsvorstellung und Menschenbild!

Wir brauchen eine Art Staatsgewalt, die sich mit den kulturellen Fragen befasst, seit die Kirchen keine durchgreifende Normierungskraft mehr haben. Das Christliche weiß sicher: »Jesus sieht den Menschen wie Y oder einen verlorenen X-Menschen«, auch wenn die Kirchen mit zunehmender Größe selbst zu hierarchischen Ordnungen großer Systeme neigen und dann oft auch X-Erscheinungen hervorbringen.

Für eine Y-Kultur passt der Begriff der Gewalt nicht. Eine »Staatsgewalt für Kultur, Menschenbild und Zukunft« geht natürlich ganz an ihrem Selbstverständnis vorbei. Deshalb habe ich »Staatsenergie« geschrieben.

Ich habe einmal lange mit einem traurigen Betriebsrat konferiert, der vollkommen überzeugt war, dass eine Y-Behandlung der Mitarbeiter sicher einen größeren Profit brächte als bisher. Ich erklärte mit dick aufgetragenen Worten salbungsvoll und scharf provozierend, dass ich alle Betriebsräte einfach abschaffen und in die Wüste jagen würde. Sie schwiegen und schauten mich erwartungsvoll an.

»Alles muss weg. Und an die Stelle der Betriebsräte setzen wir einen unabhängigen Vorstand oder Geschäftsführer, der unkündbar und unabhängig im Unternehmen für das Menschliche und die Zukunftsrichtung sorgt und damit die Rolle einer Kirche im Staat wahrnimmt. Und so, wie ihr alle euch als Menschen für dieses Unternehmen einsetzt – so glaube ich, dass eigentlich dies euer Traumjob ist – und nicht der Betriebsrat.« Da seufzten sie, schwiegen und nickten leise.

Unsere X-gewordenen Systeme brauchen vielfach wieder eine kulturelle Umkehr für die neue Zeit. Wie schaffen wir das? Brauchen wir eine Art Oberhaus aus Elder Statesmen, die die neue Kultur vertreten? So, wie ein junges Unternehmen gut daran tut, erfahrene »Business Angels« in den Aufsichtsrat zu holen, damit sie Beistand leisten?

Wir haben ja alle möglichen Gremien, Wissenschaftsräte und »Weisen«, die Empfehlungen erarbeiten und Studien erstellen. Na und? Machen uns Studien Sehnsucht? Lassen uns Empfehlungen aufspringen und losrennen?

Wir brauchen Menschen, Menschen und noch einmal Menschen, die uns Vorbilder und Leitbild sind. Kultur ist etwas Lebendiges, nichts in PowerPoints und dicken Dokumenten Ausgearbeitetes. Kultur entsteht nicht durch akademische Empfehlungen für Regierungen. Die Wissenschaftler und Wirtschaftsweisen sollen selbst wie Einstein vor die Kamera kommen und die Gesellschaft im Herzen zu etwas bewegen, nicht die abgeschliffenen Beschlüsse »erläutern« und auf die Gnade hoffen, dass die gestressten Politiker ihre Studien sofort euphorisch begrüßen, wenn sie zufällig die eigenen Positionen unterstützen.

Können wir nicht einem Oberhaus aus noch quirligen Erfahrenen ein öffentliches Forum geben, damit sie die Diskussion um die bewegenden Fragen führen und in Gang halten? Vorbildliche Menschen müssen nach vorn!

Haben wir denn nur Helmut Schmidt und Richard von Weizsäcker in Deutschland, denen wir an den Lippen hängen? Können wir nicht Hunderte mehr davon ernennen (haben wir die?), damit in etwa sichergestellt werden kann, dass in den öden Fernsehtalks auch öfter einmal Weisheit regiert?

Bürgerpartizipation – eine Frage der Ehre

Wenn wir schon in eine überalternde Gesellschaft rutschen – warum nutzen wir nicht das ganze Potenzial der Weisheit, der Erfahrung, der Liebe und Hilfe?

Das Vereinswesen kränkelt – die Jungen frequentieren lieber das Fitnessstudio (»Ich muss da hingehen, ich habe bezahlt!«). Hilfe unter Nachbarn wird weniger selbstverständlich, man kennt sich nicht mehr so sehr. Die Regierung sorgt sich, dass die Partizipation der Bürger zurückgeht. Was kann man tun?

Ich glaube, dass sehr viele Menschen gerne helfen und Ehrenämter wahrnehmen würden, aber es gibt keine Ehre mehr! Wer etwas Großes leistet, erhofft sich Dank und Ehre der anderen. Wenn man aber die anderen im Dorf gar nicht mehr kennt? Was habe ich von einem Bundesverdienstkreuz, wenn außer mir keiner davon weiß?

Wir brauchen nicht nur eine Kultur des Wissens, der Zukunft und eines Menschen nach der Allgemeinen Erklärung der Menschenpflichten. Wir brauchen auch eine Kultur des Dankes, der Ehre oder auch des Ansehens oder der Reputation.

Für Reputation tun wir viel! Wir bezahlen extra für eine goldene Kreditkarte. Wir legen oft extremen Wert auf eine positive Bewertung bei eBay. Ich selbst bin echt stolz auf über 300 zu hundert Prozent gute Bewertungen. Meine Reputation ist auch davon abhängig, was über mich in den bald hundert Rezensionen meiner Bücher bei Amazon steht. Meine Nachbarn schauen sogar rein – ohne die Bücher lesen zu wollen. Aber ich weiß nur ungefähr, was meine Nachbarn an langjährigen Verdiensten bei der Feuerwehr, beim Roten Kreuz oder beim ruhmreichen SV 08 Waldhilsbach erworben haben.

Ich wünsche mir den Aufbau eines Deutschland-Portals für Reputation, Ehre & Ehrenämter im Internet. Jeder Bürger bekommt dort auf Wunsch eine eigene Seite wie bei Facebook oder Xing. Dort kann er selbst aufzählen, was er schon alles geleistet hat, wenn er will – in einer Art Lebenslauf. Der Clou aber ist: Vereine, Städte, Gemeinden, Länder, die Bundeswehr – wer immer – können Ehrungen auf diese Seite von Amts oder Vereins wegen dort eintragen. Beispiele:

- ∘ 2004 bis 2009 Mitglied im Vorstand des Akkordeonvereins
- ∘ 2009 bis 2013 Mitglied des Bundestages
- ∘ 2002 bis 2005 Schriftführer und Schatzmeister im Verein der Schulfreunde XY
- ∘ 2001 erster Preis beim Regionalwettbewerb von »Jugend musiziert«

Jeder Bürger darf jeden Eintrag löschen oder Wiedereintragung beantragen, aber natürlich nicht selbst eintragen. Das machen die Offiziellen mit einem elektronischen Stempel. Noch schöner wären Videos von der jeweiligen Laudatio oder Bilder von der Verleihung eines Preises. Bei »Jugend musiziert« die Siegeraufnahme? Merken Sie, wie rührend wir uns im Einzelfall um die Ehrungen unserer Mitbürger kümmern könnten?

Ich habe solche Vorschläge bei diversen Veranstaltungen des Staates vorgebracht. Die Resonanz war gut, trotzdem kamen immer noch leise »Ja-aber«-Bedenken. Die Kultur ist noch nicht so weit. Aber das wird schon.

Wenn wir ein bisschen auf unsere Einträge stolz sind, so wie Kinder bei positiven Facebook-Kommentaren oder Sticker-Geschenken und Smileys bei Yearbook, dann werden wir wohl einige Energie mehr für ehrenamtliche Arbeit einsetzen. Wir werden uns beim Arbeiten für die Allgemeinheit wieder freuen, hinterher stolz sein zu können.

E-Democracy

Wie gehen wir überhaupt mit unserer Staatsform um? Ändert die sich nicht auch, weil das Internet eine bessere zulässt?

Im Augenblick reicht die Fantasie noch nicht so weit. Wir können uns elektronische Wahlen vorstellen, wenn alle Bürger einen Internetanschluss und eine Pflicht-Mailadresse haben. Oder man könnte genug öffentliche Internetkioske aufstellen.

Man könnte Foren zu bestimmten Themen einrichten, Plattformen für »Piraten« oder Greenpeace bereitstellen, Online-Streitgespräche von

Politikern mit Punkten bewerten oder kommentieren etc. Wir könnten die Abgeordneten unseres Wahlkreises ab und zu im Internet reden lassen. Sie könnten uns monatlich informieren, was sie für uns getan haben, so wie unser Chef ein monatliches Abteilungsmeeting veranstaltet. Über interaktives Internet geben wir unserem Abgeordneten unsere wertvolle Meinung oder eben oft auch nur unseren Senf dazu. Die Demokratie wird mit Sicherheit lebendiger werden können, wenn wir alle das wollen.

Vielleicht könnten wir auch konstruktiver diskutieren? Könnten wir nicht auch »gelbe, grüne oder schwarze Gürtel« für Umweltfragen oder die Kenntnis von Stammzellenproblematiken vergeben, indem wir Prüfungen im Internet ablegen und dann an Probeabstimmungen für Fachleute teilnehmen dürfen? Das gäbe ganz neue Erkenntnisse neben den allgemeinen Volksumfragen! Man kann ja zum Beispiel nicht allen Leuten die Fachfrage »Sollte die Geldmenge M3 weiter stark steigen dürfen?« stellen, aber wer Wirtschaft studiert hat, weiß damit etwas anzufangen.

IBM veranstaltet seit einigen Jahren einmal im Jahr einen »Jam«, eine große Zusammenkunft der Firma zur Diskussion von Zukunftsrichtungen, zu neuen Produktideen und auch einmal zum Festlegen der höchsten Werte in unserer Firma. Bei diesen Jams nehmen so etwa 50 000 der 400 000 Mitarbeiter teil. Die Jams gehen über zwei, drei Tage, damit im Prinzip jeder für ein paar Stunden Zeit finden kann. Experten für bestimmte Themenblöcke moderieren die Diskussionen, beantworten Fragen und nehmen die guten Ideen auf. IBM ermuntert auch Kunden und Familienangehörige der Mitarbeiter, bei diesen Diskussionen dabei zu sein.

Ist dieses Modell nicht ein wahrer Exportschlager für größere Gemeinden, die einmal Fragen ihrer Umgebung mit den Politikern und Fachleuten diskutieren?

Könnten nicht Wissenschaftler solche Gesamtdiskussionen darüber im Internet führen, woran sie forschen wollen, wie die Erfahrungen der anderen mit den neueren Bachelorstudiengängen sind, welche Uni fabelhaft gut bewertete Vorlesungen zu einzelnen Themen anbieten kann, die als Beispiel andernorts verwendet werden können? Könnten sich nicht viele Schulen gemeinsam »treffen«? Oder nur deren »Theater-AGs« zu Fragen der guten Aufführbarkeit oder zum gegenseitigen Ausleihen von Kostümen?

Denken Sie immer an die zukünftigen Großbildschirme im Wohn-zimmer. Die ganze Welt kann jetzt eingeladen sein. Wir sind weiter vom Nachbarn entfernt als früher, aber alle Menschen sind nun fast so nahe wie eben dieser Nachbar.

Zusammenfassend: »Mein lichtblaues Parteiprogramm«

Manchmal möchte ich mich auch einmal vor Kameras stellen und *Halt!* schreien. Aber in eine der bestehenden Parteien würde ich nicht gerne eintre-ten. Ich fürchte mich, Wahlen gewinnen zu müssen, wo ich doch nur etwas für Deutschland bewirken will. Im Prinzip könnten die Parteien alle etwas bewirken, all das hier im Buch Vorgeschlagene ginge ja auf die christliche, die soziale, die freie Art wie auch nach der Art des grünen Lebens. Worauf warten »die« denn? Auf Piraten, die ihnen die Macht entreißen?

Unsere Demokratie verpflichtet einen Abgeordneten, im Sinne des Gemeinwohls zu handeln, aber ein einzelner Wähler ist frei, nach seinem Belieben und seinem finstersten Interesse zu wählen. Niemand verpflichtet ihn, durch verantwortliches Wählen den Staat und die Gemeinschaft zu för-dern. Er kann wählen, wer ihm am meisten verspricht – und das tut er auch in großer Zahl. (Ins Grundgesetz müsste: Der Wähler darf und soll in freien Wahlen seine Stimme dem Gemeinwohl verpflichtet abgeben.)

Der Wähler verdirbt damit durch Missbrauch der Wahlfreiheit die Demokratie. Er honoriert Unethik der Abgeordneten und verlangt dann Ethik von ihnen – nachdem seine Versprechen erfüllt wurden. Protestwähler schaden dem Staat ganz bewusst, indem sie noch schädlichere Abgeordnete wählen, als sie es eigentlich eigentlich vorhatten. Man müsste eine Ethik-partei wählen dürfen, eine für die Zukunft und das Beharren auf dem ge-sunden Menschenverstand. Manchmal juckt es mich, so etwas anzufangen. Ich würde mit Ihnen gerne die Zukunft abstecken – zwischen dem Realen heute und dem Wolkigen morgen müssen wir den Horizont anpeilen, da wo Himmel und Erde zusammenstoßen. Eine Horizontbewegung sollte man haben! Parteifarbe: lichtblau wie unser Planet von außen.

Und ich würde vertreten:

- energischer Eintritt Deutschlands in die quartäre Wissenskultur
- Pflicht des Staates, Zukunftsstrukturen aufzubauen
- Einstellung von Dauer-Subventionen für Sterbendes
- Anstreben einer Exzellenzkultur durch Ausbau eines Bildungssystems, das multikompetente junge Menschen hervorbringt und entwickelt
- ethische Werte der Zukunftskultur in das Grundgesetz
- Einrichtung eines »Oberhauses« für Zukunft und Ethik, als Ersatz für die zu einflusslose christliche Kultur
- Steuerung der Wirtschaft als Einrichtung, die Prosperität des Landes zu sichern, indem sie auf Strategien vertraut, die einen breiten Mittelstand erhalten
- Deutschlands Ausbau zu einem Land der Spezialmaschinentechnologien, der Medizin, Gen-, Bio-, Umwelt-, Nanotechnologien
- Deutschland zum Mutterland der »Culture Technologies« entwickeln, als Keimzelle des »Brighter Planet«.

Und wenn Sie sich so anschauen, was ich will, klingt das wieder verdächtig pauschal, wie ein Programm 2050 einer großen Partei, die von allen gewählt werden will. Der Unterschied ist, dass ich es wirklich von Herzen will.

Versteht man diesen riesigen Unterschied, auch wenn er nur wie ein feiner, lichtblauer Hauch ist?